ISBN 0-8373-5344-0

44 COLLEGE LEVEL EXAMINATION SERIES/CLEP

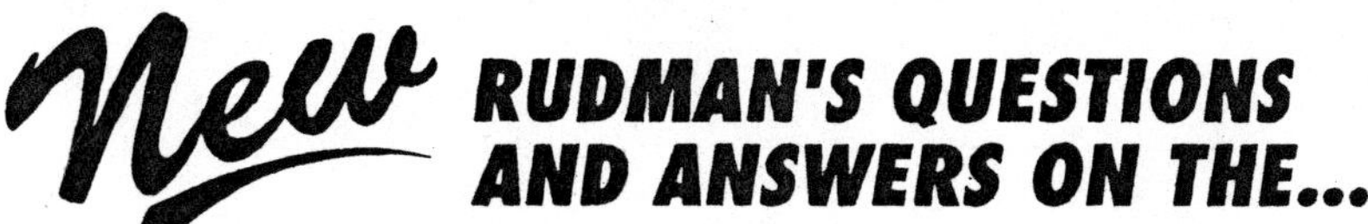

College-Level Examination Program Subject Test In...

COLLEGE FRENCH

Test Preparation Study Guide

Questions and Answers

NATIONAL LEARNING CORPORATION

National Learning Corporation

212 Michael Drive, Syosset, New York 11791

(516) 921-8888
(800) 645-6337
FAX: (516) 921-8743
www.passbooks.com
sales @ passbooks.com
info @ passbooks.com

PRINTED IN THE UNITED STATES OF AMERICA

PASSBOOK®

NOTICE

This book is *SOLELY* intended for, is sold *ONLY* to, and its use is *RESTRICTED* to *individual*, bona fide applicants or candidates who qualify by virtue of having seriously filed applications for appropriate license, certificate, professional and/or promotional advancement, higher school matriculation, scholarship, or other legitimate requirements of educational and/or governmental authorities.

This book is *NOT* intended for use, class instruction, tutoring, training, duplication, copying, reprinting, excerption, or adaptation, etc., by:

(1) Other publishers

(2) Proprietors and/or Instructors of "Coaching" and/or Preparatory Courses

(3) Personnel and/or Training Divisions of commercial, industrial, and governmental organizations

(4) Schools, colleges, or universities and/or their departments and staffs, including teachers and other personnel

(5) Testing Agencies or Bureaus

(6) Study groups which seek by the purchase of a single volume to copy and/or duplicate and/or adapt this material for use by the group as a whole without having purchased individual volumes for each of the members of the group

(7) Et al.

Such persons would be in violation of appropriate Federal and State statutes.

PROVISION OF LICENSING AGREEMENTS. — Recognized educational commercial, industrial, and governmental institutions and organizations, and others legitimately engaged in educational pursuits, including training, testing, and measurement activities, may address a request for a licensing agreement to the copyright owners, who will determine whether, and under what conditions, including fees and charges, the materials in this book may be used by them. In other words, a licensing facility exists for the legitimate use of the material in this book on other than an individual basis. However, it is asseverated and affirmed here that the material in this book *CANNOT* be used without the receipt of the express permission of such a licensing agreement from the Publishers.

NATIONAL LEARNING CORPORATION
212 Michael Drive
Syosset, New York 11791

Inquiries re licensing agreements should be addressed to:
The President
National Learning Corporation
212 Michael Drive
Syosset, New York 11791

PASSBOOK SERIES®

THE *PASSBOOK SERIES®* has been created to prepare applicants and candidates for the ultimate academic battlefield – the examination room.

At some time in our lives, each and every one of us may be required to take an examination – for validation, matriculation, admission, qualification, registration, certification, or licensure.

Based on the assumption that every applicant or candidate has met the basic formal educational standards, has taken the required number of courses, and read the necessary texts, the *PASSBOOK SERIES®* furnishes the one special preparation which may assure passing with confidence, instead of failing with insecurity. Examination questions – together with answers – are furnished as the basic vehicle for study so that the mysteries of the examination and its compounding difficulties may be eliminated or diminished by a sure method.

This book is meant to help you pass your examination provided that you qualify and are serious in your objective.

The entire field is reviewed through the huge store of content information which is succinctly presented through a provocative and challenging approach – the question-and-answer method.

A climate of success is established by furnishing the correct answers at the end of each test.

You soon learn to recognize types of questions, forms of questions, and patterns of questioning. You may even begin to anticipate expected outcomes.

You perceive that many questions are repeated or adapted so that you can gain acute insights, which may enable you to score many sure points.

You learn how to confront new questions, or types of questions, and to attack them confidently and work out the correct answers.

You note objectives and emphases, and recognize pitfalls and dangers, so that you may make positive educational adjustments.

Moreover, you are kept fully informed in relation to new concepts, methods, practices, and directions in the field.

You discover that you are actually taking the examination all the time: you are preparing for the examination by "taking" an examination, not by reading extraneous and/or supererogatory textbooks.

In short, this PASSBOOK®, used directedly, should be an important factor in helping you to pass your test.

NONTRADITIONAL EDUCATION

Students returning to school as adults bring more varied experience to their studies than do the teenagers who begin college shortly after graduating from high school. As a result, there are numerous programs for students with nontraditional learning curves. Hundreds of colleges and universities grant degrees to people who cannot attend classes at a regular campus or have already learned what the college is supposed to teach.

You can earn nontraditional education credits in many ways:

- Passing standardized exams
- Demonstrating knowledge gained through experience
- Completing campus-based coursework, and
- Taking courses off campus

Some methods of assessing learning for credit are objective, such as standardized tests. Others are more subjective, such as a review of life experiences.

With some help from four hypothetical characters – Alice, Vin, Lynette, and Jorge – this article describes nontraditional ways of earning educational credit. It begins by describing programs in which you can earn a high school diploma without spending 4 years in a classroom. The college picture is more complicated, so it is presented in two parts: one on gaining credit for what you know through course work or experience, and a second on college degree programs. The final section lists resources for locating more information.

Earning High School Credit

People who were prevented from finishing high school as teenagers have several options if they want to do so as adults. Some major cities have back-to-school programs that allow adults to attend high school classes with current students. But the more practical alternatives for most adults are to take the General Educational Development (GED) tests or to earn a high school diploma by demonstrating their skills or taking correspondence classes.

Of course, these options do not match the experience of staying in high school and graduating with one's friends. But they are viable alternatives for adult learners committed to meeting and, often, continuing their educational goals.

GED Program

Alice quit high school her sophomore year and took a job to help support herself, her younger brother, and their newly widowed mother. Now an adult, she wants to earn her high school diploma – and then go on to college. Because her job as head cook and her family responsibilities keep her busy during the day, she plans to get a high school equivalency diploma. She will study for, and take, the GED tests. Every year, about half a million adults earn their high school credentials this way. A GED diploma is accepted in lieu of a high school one by more than 90 percent of employers, colleges, and universities, so it is a good choice for someone like Alice.

The GED testing program is sponsored by the American Council on Education and State and local education departments. It consists of examinations in five subject areas: Writing, science, mathematics, social studies, and literature and the arts. The tests also measure skills such as analytical ability, problem solving, reading comprehension, and ability to understand and apply information. Most of the questions are multiple choice; the writing test includes an essay section on a topic of general interest.

Eligibility rules for taking the exams vary, but some states require that you must be at least 18. Tests are given in English, Spanish, and French. In addition to standard print, versions in large print, Braille, and audiocassette are also available. Total time allotted for the tests is 7 1/2 hours.

The GED tests are not easy. About one-fourth of those who complete the exams every year do not pass. Passing scores are established by administering the tests to a sample of graduating high school seniors. The minimum standard score is set so that about one-third of graduating seniors would not pass the tests if they took them.

Because of the difficulty of the tests, people need to prepare themselves to take them. Often, they start by taking the Official GED Practice Tests, usually available through a local adult education center. Centers are listed in your phone book's blue pages under "Adult Education," "Continuing Education," or "GED." Adult education centers also have information about GED preparation classes and self-study materials. Classes are generally arranged to accommodate adults' work schedules. National Learning Corporation publishes several study guides that aim to thoroughly prepare test-takers for the GED.

School districts, colleges, adult education centers, and community organizations have information about GED testing schedules and practice tests. For more information, contact them, your nearest GED testing center, or:

GED Testing Service
One Dupont Circle, NW, Suite 250
Washington, DC 20036-1163
1(800) 62-MY GED (626-9433)
(202) 939-9490

Skills Demonstration

Adults who have acquired high school level skills through experience might be eligible for the National External Diploma Program. This alternative to the GED does not involve any direct instruction. Instead, adults seeking a high school diploma must demonstrate mastery of 65 competencies in 8 general areas: Communication; computation; occupational preparedness; and self, social, consumer, scientific, and technological awareness.

Mastery is shown through the completion of the tasks. For example, a participant could prove competency in computation by measuring a room for carpeting, figuring out the amount of carpet needed, and computing the cost.

Before being accepted for the program, adults undergo an evaluation. Tests taken at one of the program's offices measure reading, writing, and mathematics abilities. A take-home segment includes a self-assessment of current skills, an individual skill evaluation, and an occupational interest and aptitude test.

Adults accepted for the program have weekly meetings with an assessor. At the meeting, the assessor reviews the participant's work from the previous week. If the task has not been completed properly, the assessor explains the mistake. Participants continue to correct their errors until they master each competency. A high school diploma is awarded upon proven mastery of all 65 competencies.

Fourteen States and the District of Columbia now offer the External Diploma Program. For more information, contact:

External Diploma Program
One Dupont Circle, NW, Suite 250
Washington, DC 20036-1193
(202) 939-9475

Correspondence and Distance Study

Vin dropped out of high school during his junior year because his family's frequent moves made it difficult for him to continue his studies. He promised himself at the time he dropped out that he would someday finish the courses needed for his diploma. For people like Vin, who prefer to earn a traditional diploma in a nontraditional way, there are about a dozen accredited courses of study for earning a high school diploma by correspondence, or distance study. The programs are either privately run, affiliated with a university, or administered by a State education department.

Distance study diploma programs have no residency requirements, allowing students to continue their studies from almost any location. Depending on the course of study, students need not be enrolled full time and usually have more flexible schedules for finishing their work. Selection of courses ranges from vo-tech to college prep, and some programs place different emphasis on the types of diplomas offered. University affiliated schools, for example, allow qualified students to take college courses along with their high school ones. Students can then apply the college credits toward a degree at that university or transfer them to another institution.

Taking courses by distance study is often more challenging and time consuming than attending classes, especially for adults who have other obligations. Success depends on each student's motivation. Students usually do reading assignments on their own. Written exercises, which they complete and send to an instructor for grading, supplement their reading material.

A list of some accredited high schools that offer diplomas by distance study is available free from the Distance Education and Training Council, formerly known as the National Home Study Council. Request the "DETC Directory of Accredited Institutions" from:

The Distance Education and Training Council
1601 18th Street, NW.
Washington, DC 20009-2529
(202) 234-5100

Some publications profiling nontraditional college programs include addresses and descriptions of several high school correspondence ones. See the Resources section at the end of this article for more information.

Getting College Credit For What You Know

Adults can receive college credit for prior coursework, by passing examinations, and documenting experiential learning. With help from a college advisor, nontraditional students should assess their skills, establish their educational goals, and determine the number of college credits they might be eligible for.

Even before you meet with a college advisor, you should collect all your school and training records. Then, make a list of all knowledge and abilities acquired through experience, no matter how irrelevant they seem to your chosen field. Next, determine your educational goals: What specific field do you wish to study? What kind of a degree do you want? Finally, determine how your past work fits into the field of study. Later on, you will evaluate educational programs to find one that's right for you.

People who have complex educational or experiential learning histories might want to have their learning evaluated by the Regents Credit Bank. The Credit Bank, operated by Regents College of the University of the State of New York, allows people to consolidate credits earned through college, experience, or other methods. Special assessments are available for Regents College enrollees whose knowledge in a specific field cannot be adequately evaluated by standardized exams. For more information, contact the Regents Credit Bank at:

Regents College
7 Columbia Circle
Albany, NY 12203-5159
(518) 464-8500

Credit For Prior College Coursework

When Lynette was in college during the 1970s, she attended several different schools and took a variety of courses. She did well in some classes and poorly in others. Now that she is a successful business owner and has more focus, Lynette thinks she should forget about her previous coursework and start from scratch. Instead, she should start from where she is.

Lynette should have all her transcripts sent to the colleges or universities of her choice and let an admissions officer determine which classes are applicable toward a degree. A few credits here and there may not seem like much, but they add up. Even if the subjects do not seem relevant to any major, they might be counted as elective credits toward a degree. And comparing the cost of transcripts with the cost of college courses, it makes sense to spend a few dollars per transcript for a chance to save hundreds, and perhaps thousands, of dollars in books and tuition.

Rules for transferring credits apply to all prior coursework at accredited colleges and universities, whether done on campus or off. Courses completed off campus, often called extended learning, include those available to students through independent study and correspondence. Many schools have extended learning programs; Brigham Young University, for example, offers more than 300 courses through its Department of Independent Study. One type of extended learning is distance learning, a form of correspondence study by technological means such as television, video and audio, CD-ROM, electronic mail, and computer tutorials. See the Resources section at the end of this article for more information about publications available from the National University Continuing Education Association.

Any previously earned college credits should be considered for transfer, no matter what the subject or the grade received. Many schools do not accept the transfer of courses graded below a C or ones taken more than a designated number of years ago. Some colleges and universities also have limits on the number of credits that can be transferred and applied toward a degree. But not all do. For example, Thomas Edison State College, New Jersey's State college for adults, accepts the transfer of all 120 hours of credit required for a baccalaureate degree – provided all the credits are transferred from regionally accredited schools, no more than 80 are at the junior college level, and the student's grades overall and in the field of study average out to C.

To assign credit for prior coursework, most schools require original transcripts. This means you must complete a form or send a written, signed request to have your transcripts released directly to a college or university. Once you have chosen the schools you want to apply to, contact the schools you attended before. Find out how much each transcript costs, and ask them to send your transcripts to the ones you are applying to. Write a letter that includes your name (and names used during attendance, if different) and dates of attendance, along with the names and addresses of the schools to which your transcripts should be sent. Include payment and mail to the registrar at the schools you have attended. The registrar's office will process your request and send an official transcript of your coursework to the colleges or universities you have designated.

Credit For Noncollege Courses

Colleges and universities are not the only ones that offer classes. Volunteer organizations and employers often provide formal training worth college credit. The American Council on Education has two programs that assess thousands of specific courses and make recommendations on the amount of college credit they are worth. Colleges and universities accept the recommendations or use them as guidelines.

One program evaluates educational courses sponsored by government agencies, business and industry, labor unions, and professional and voluntary organizations. It is the Program on Noncollegiate Sponsored Instruction (PONSI). Some of the training seminars Alice has participated in covered topics such as food preparation, kitchen safety, and nutrition. Although she has not yet earned her GED, Alice can earn college credit because of her completion of these formal job-training seminars. The number of credits each seminar is worth does not hinge on Alice's current eligibility for college enrollment.

The other program evaluates courses offered by the Army, Navy, Air Force, Marines, Coast Guard, and Department of Defense. It is the Military Evaluations Program. Jorge has never attended college, but the engineering technology classes he completed as part of his military training are worth college credit. And as an Army veteran, Jorge is eligible for a service that takes the evaluations one step further. The Army/American Council on Education Registry Transcript System (AARTS) will provide Jorge with an individualized transcript of American Council on Education credit recommendations for all courses he completed, the military occupational specialties (MOS's) he held, and examinations he passed while in the Army. All Army and National Guard enlisted personnel and veterans who enlisted after October 1981 are eligible for the transcript. Similar services are being considered by the Navy and Marine Corps.

To obtain a free transcript, see your Army Education Center for a 5454R transcript request form. Include your name, Social Security number, basic active service date, and complete address where you want the transcript sent. Mail your request to:

AARTS Operations Center
415 McPherson Ave.
Fort Leavenworth, KS 66027-1373

Recommendations for PONSI are published in *The National Guide to Educational Credit for Training Programs;* military program recommendations are in *The Guide to the Evaluation of Educational Experiences in the Armed Forces.* See the Resources section at the end of this article for more information about these publications.

Former military personnel who took a foreign language course through the Defense Language Institute may request course transcripts by sending their name, Social Security number, course title, duration of the course, and graduation date to:

Commandant, Defense Language Institute
Attn: ATFL-DAA-AR
Transcripts
Presidio of Monterey
Monterey, CA 93944-5006

Not all of Jorge's and Alice's courses have been assessed by the American Council on Education. Training courses that have no Council credit recommendation should still be assessed by an advisor at the schools they want to attend. Course descriptions, class notes, test scores, and other documentation may be helpful for comparing training courses to their college equivalents. An oral examination or other demonstration of competency might also be required.

There is no guarantee you will receive all the credits you are seeking – but you certainly won't if you make no attempt.

Credit By Examination

Standardized tests are the best-known method of receiving college credit without taking courses. These exams are often taken by high school students seeking advanced placement for college, but they are also available to adult learners. Testing programs and colleges and universities offer exams in a number of subjects. Two U.S. Government institutes have foreign language exams for employees that also may be worth college credit.

It is important to understand that receiving a passing score on these exams does not mean you get college credit automatically. Each school determines which test results it will accept, minimum scores required, how scores are converted for credit, and the amount of credit, if any, to be assigned. Most colleges and universities accept the American Council on Education credit recommendations, published every other year in the 250-page *Guide to Educational Credit by Examination.* For more information, contact:

The American Council on Education
Credit by Examination Program
One Dupont Circle, Suite 250
Washington, DC 20036-1193
(202) 939-9434

Testing programs:

You might know some of the five national testing programs by their acronyms or initials: CLEP, ACT PEP: RCE, DANTES, AP, and NOCTI. (The meanings of these initialisms are explained below.) There is some overlap among programs; for example, four of them have introductory accounting exams. Since you will not be awarded credit more than once for a specific subject, you should carefully evaluate each program for the subject exams you wish to take. And before taking an exam, make sure you will be awarded credit by the college or university you plan to attend.

CLEP (College-Level Examination Program), administered by the College Board, is the most widely accepted of the national testing programs; more than 2,800 accredited schools award credit for passing exam scores. Each test covers material taught in basic undergraduate courses. There are five general exams – English composition, humanities, college mathematics, natural sciences, and social sciences and history – and many subject exams. Most exams are entirely multiple-choice, but English composition exams may include an essay section. For more information, contact:

CLEP
P.O. Box 6600
Princeton, NJ 08541-6600
(609) 771-7865

ACT PEP: RCE (American College Testing Proficiency Exam Program: Regents College Examinations) tests are given in 38 subjects within arts and sciences, business, education, and nursing. Each exam is recommended for either lower- or upper-level credit. Exams contain either objective or extended response questions, and are graded according to a standard score, letter grade, or pass/fail. Fees vary, depending on the subject and type of exam. For more information or to request free study guides, contact:

ACT PEP: Regents College Examinations
P.O. Box 4014
Iowa City, IA 52243
(319) 337-1387
(New York State residents must contact Regents College directly.)

DANTES (Defense Activity for Nontraditional Education Support) standardized tests are developed by the Educational Testing Service for the Department of Defense. Originally administered only to military personnel, the exams have been available to the public since 1983. About 50 subject tests cover business, mathematics, social science, physical science, humanities, foreign languages, and applied technology. Most of the tests consist entirely of multiple-choice questions. Schools determine their own administering fees and testing schedules. For more information or to request free study sheets, contact:

DANTES Program Office
Mail Stop 31-X
Educational Testing Service
Princeton, NJ 08541
1(800) 257-9484

The AP (Advanced Placement) Program is a cooperative effort between secondary schools and colleges and universities. AP exams are developed each year by committees of college and high school faculty appointed by the College Board and assisted by consultants from the Educational Testing Service. Subjects include arts and languages, natural sciences, computer science, social sciences, history, and mathematics. Most tests are 2 or 3 hours long and include both multiple-choice and essay questions. AP courses are available to help students prepare for exams, which are offered in the spring. For more information about the Advanced Placement Program, contact:

Advanced Placement Services
P.O. Box 6671
Princeton, NJ 08541-6671
(609) 771-7300

NOCTI (National Occupational Competency Testing Institute) assessments are designed for people like Alice, who have vocational-technical skills that cannot be evaluated by other tests. NOCTI assesses competency at two levels: Student/job ready and teacher/experienced worker. Standardized evaluations are available for occupations such as auto-body repair, electronics, mechanical drafting, quantity food preparation, and upholstering. The tests consist of multiple-choice questions and a performance component. Other services include workshops, customized assessments, and pre-testing. For more information, contact:

NOCTI
500 N. Bronson Ave.
Ferris State University
Big Rapids, MI 49307
(616) 796-4699

Colleges and universities:

Many colleges and universities have credit-by-exam programs, through which students earn credit by passing a comprehensive exam for a course offered by the institution. Among the most widely recognized are the programs at Ohio University, the University of North Carolina, Thomas Edison State College, and New York University.

Ohio University offers about 150 examinations for credit. In addition, you may sometimes arrange to take special examinations in non-laboratory courses offered at Ohio University. To take a test for credit, you must enroll in the course. If you plan to transfer the credit earned, you also need written permission from an official at your school. Books and study materials are available, for a cost, through the university. Exams must be taken within 6 months of the enrollment date; most last 3 hours. You may arrange to take the exam off campus if you do not live near the university.

Ohio University is on the quarter-hour system; most courses are worth 4 quarter hours, the equivalent of 3 semester hours. For more information, contact:

Independent Study
Tupper Hall 302
Ohio University
Athens, OH 45701-2979
1(800) 444-2910
(614) 593-2910

The University of North Carolina offers a credit-by-examination option for 140 independent study (correspondence) courses in foreign languages, humanities, social sciences, mathematics, business administration, education, electrical and computer engineering, health administration, and natural sciences. To take an exam, you must request and receive approval from both the course instructor and the independent studies department. Exams must be taken within six months of enrollment, and you may register for no more than two at a time. If you are not near the University's Chapel Hill campus, you may take your exam under supervision at an accredited college, university, community college, or technical institute. For more information, contact:

Independent Studies
CB #1020, The Friday Center
UNC-Chapel Hill
Chapel Hill, NC 27599-1020
1(800) 862-5669 / (919) 962-1134

The Thomas Edison College Examination Program offers more than 50 exams in liberal arts, business, and professional areas. Thomas Edison State College administers tests twice a month in Trenton, New Jersey; however, students may arrange to take their tests with a proctor at any accredited American college or university or U.S. military base. Most of the tests are multiple choice; some also include short answer or essay questions. Time limits range from 90 minutes to 4 hours, depending on the exam. For more information, contact:

Thomas Edison State College
TECEP, Office of Testing and Assessment
101 W. State Street
Trenton, NJ 08608-1176
(609) 633-2844

New York University's Foreign Language Program offers proficiency exams in more than 40 languages, from Albanian to Yiddish. Two exams are available in each language: The 12-point test is equivalent to 4 undergraduate semesters, and the 16-point exam may lead to upper level credit. The tests are given at the university's Foreign Language Department throughout the year.

Proof of foreign language proficiency does not guarantee college credit. Some colleges and universities accept transcripts only for languages commonly taught, such as French and Spanish. Nontraditional programs are more likely than traditional ones to grant credit for proficiency in other languages.

For an informational brochure and registration form for NYU's foreign language proficiency exams, contact:

New York University
Foreign Language Department
48 Cooper Square, Room 107
New York, NY 10003
(212) 998-7030

Government institutes:

The Defense Language Institute and Foreign Service Institute administer foreign language proficiency exams for personnel stationed abroad. Usually, the tests are given at the end of intensive language courses or upon completion of service overseas. But some people – like Jorge, who knows Spanish – speak another language fluently and may be allowed to take a proficiency exam in that language before completing their tour of duty. Contact one of the offices listed below to obtain transcripts of those scores. Proof of proficiency does not guarantee college credit, however, as discussed above.

To request score reports from the Defense Language Institute for Defense Language Proficiency Tests, send your name, Social Security number, language for which you were tested, and, most importantly, when and where you took the exam to:

Commandant, Defense Language Institute
Attn: ATFL-ES-T
DLPT Score Report Request
Presidio of Monterey
Monterey, CA 93944-5006

To request transcripts of scores for Foreign Service Institute exams, send your name, Social Security number, language for which you were tested, and dates or year of exams to:

Foreign Service Institute
Arlington Hall
4020 Arlington Boulevard
Rosslyn, VA 22204-1500
Attn: Testing Office (Send your request to the attention of the testing office of the foreign language in which you were tested)

Credit For Experience

Experiential learning credit may be given for knowledge gained through job responsibilities, personal hobbies, volunteer opportunities, homemaking, and other experiences. Colleges and universities base credit awards on the knowledge you have attained, not for the experience alone. In addition, the knowledge must be college level; not just any learning will do. Throwing horseshoes as a hobby is not likely to be worth college credit. But if you've done research on how and where the sport originated, visited blacksmiths, organized tournaments, and written a column for a trade journal – well, that's a horseshoe of a different color.

Adults attempting to get credit for their experience should be forewarned: Having your experience evaluated for college credit is time-consuming, tedious work – not an easy shortcut for people who want quick-fix college credits. And not all experience, no matter how valuable, is the equivalent of college courses.

Requesting college credit for your experiential learning can be tricky. You should get assistance from a credit evaluations officer at the school you plan to attend, but you should also have a general idea of what your knowledge is worth. A common method for converting knowledge into credit is to use a college catalog. Find course titles and descriptions that match what you have learned through experience, and request the number of credits offered for those courses.

Once you know what credit to ask for, you must usually present your case in writing to officials at the college you plan to attend. The most common form of presenting experiential learning for credit is the portfolio. A portfolio is a written record of your knowledge along with a request for equivalent college credit. It includes an identification and description of the knowledge for which you are requesting credit, an explanatory essay of how the knowledge was gained and how it fits into your educational plans, documentation that you have acquired such knowledge, and a request for college credit. Required elements of a portfolio vary by schools but generally follow those guidelines.

In identifying knowledge you have gained, be specific about exactly what you have learned. For example, it is not enough for Lynette to say she runs a business. She must identify the knowledge she has gained from running it, such as personnel management, tax law, marketing strategy, and inventory review. She must also include brief descriptions about her knowledge of each to support her claims of having those skills.

The essay gives you a chance to relay something about who you are. It should address your educational goals, include relevant autobiographical details, and be well organized, neat, and convey confidence. In his essay, Jorge might first state his goal of becoming an engineer. Then he would explain why he joined the Army, where he got hands-on training and experience in developing and servicing electronic equipment.

This, he would say, led to his hobby of creating remote-controlled model cars, of which he has built 20. His conclusion would highlight his accomplishments and tie them to his desire to become an electronic engineer.

Documentation is evidence that you've learned what you claim to have learned. You can show proof of knowledge in a variety of ways, including audio or video recordings, letters from current or former employers describing your specific duties and job performance, blueprints, photographs or artwork, and transcripts of certifying exams for professional licenses and certification – such as Alice's certification from the American Culinary Federation. Although documentation can take many forms, written proof alone is not always enough. If it is impossible to document your knowledge in writing, find out if your experiential learning can be assessed through supplemental oral exams by a faculty expert.

Earning a College Degree

Nontraditional students often have work, family, and financial obligations that prevent them from quitting their jobs to attend school full time. Can they still meet their educational goals? Yes.

More than 150 accredited colleges and universities have nontraditional bachelor's degree programs that require students to spend little or no time on campus; over 300 others have nontraditional campus-based degree programs. Some of those schools, as well as most junior and community colleges, offer associate's degrees nontraditionally. Each school with a nontraditional course of study determines its own rules for awarding credit for prior coursework, exams, or experience, as discussed previously. Most have charges on top of tuition for providing these special services.

Several publications profile nontraditional degree programs; see the Resources section at the end of this article for more information. To determine which school best fits your academic profile and educational goals, first list your criteria. Then, evaluate nontraditional programs based on their accreditation, features, residency requirements, and expenses. Once you have chosen several schools to explore further, write to them for more information. Detailed explanations of school policies should help you decide which ones you want to apply to.

Get beyond the printed word – especially the glowing words each school writes about itself. Check out the schools you are considering with higher education authorities, alumni, employers, family members, and friends. If possible, visit the campus to talk to students and instructors and sit in on a few classes, even if you will be completing most or all of your work off campus. Ask school officials questions about such things as enrollment numbers, graduation rate, faculty qualifications, and confusing details about the application process or academic policies. After you have thoroughly investigated each prospective college or university, you can make an informed decision about which is right for you.

Accreditation

Accreditation is a process colleges and universities submit to voluntarily for getting their credentials. An accredited school has been investigated and visited by teams of observers and has periodic inspections by a private accrediting agency. The initial review can take two years or more.

Regional agencies accredit entire schools, and professional agencies accredit either specialized schools or departments within schools. Although there are no national accrediting standards, not just any accreditation will do. Countless "accreditation associations" have been invented by schools, many of which have no academic programs and sell phony degrees, to accredit themselves. But 6 regional and about 80 professional accrediting associations in the United States are recognized by the U.S. Department of Education or the Commission on Recognition of Postsecondary Accreditation. When checking accreditation, these are the names to look for. For more information about accreditation and accrediting agencies, contact:

Institutional Participation Oversight Service Accreditation and State Liaison Division
U.S. Department of Education
ROB 3, Room 3915
600 Independence Ave., SW
Washington, DC 20202-5244
(202) 708-7417

Because accreditation is not mandatory, lack of accreditation does not necessarily mean a school or program is bad. Some schools choose not to apply for accreditation, are in the process of applying, or have educational methods too unconventional for an accrediting association's standards. For the nontraditional student, however, earning a degree from a college or university with recognized accreditation is an especially important consideration. Although nontraditional education is becoming more widely accepted, it is not yet mainstream. Employers skeptical of a degree earned in a nontraditional manner are likely to be even less accepting of one from an unaccredited school.

Program Features

Because nontraditional students have diverse educational objectives, nontraditional schools are diverse in what they offer. Some programs are geared toward helping students organize their scattered educational credits to get a degree as quickly as possible. Others cater to those who may have specific credits or experience but need assistance in completing requirements. Whatever your educational profile, you should look for a program that works with you in obtaining your educational goals.

A few nontraditional programs have special admissions policies for adult learners like Alice, who plan to earn their GEDs but want to enroll in college in the meantime. Other features of nontraditional programs include individualized learning agreements, intensive academic counseling, cooperative learning and internship placement, and waiver of some prerequisites or other requirements – as well as college credit for prior coursework, examinations, and experiential learning, all discussed previously.

Lynette, whose primary goal is to finish her degree, wants to earn maximum credits for her business experience. She will look for programs that do not limit the number of credits awarded for equivalency exams and experiential learning. And since well-documented proof of knowledge is essential for earning experiential learning credits, Lynette should make sure the program she chooses provides assistance to students submitting a portfolio.

Jorge, on the other hand, has more credits than he needs in certain areas and is willing to forego some. To become an engineer, he must have a bachelor's degree; but because he is accustomed to hands-on learning, Jorge is interested in getting experience as he gains more technical skills. He will concentrate on finding schools with strong cooperative education, supervised fieldwork, or internship programs.

Residency Requirements

Programs are sometimes deemed nontraditional because of their residency requirements. Many people think of residency for colleges and universities in terms of tuition, with in-state students paying less than out-of-state ones. Residency also may refer to where a student lives, either on or off campus, while attending school.

But in nontraditional education, residency usually refers to how much time students must spend on campus, regardless of whether they attend classes there. In some nontraditional programs, students need not ever step foot on campus. Others require only a very short residency, such as one day or a few weeks. Many schools have standard residency requirements of several semesters but schedule classes for evenings or weekends to accommodate working adults.

Lynette, who previously took courses by independent study, prefers to earn credits by distance study. She will focus on schools that have no residency requirement. Several colleges and universities have nonresident degree completion programs for adults with some college credit. Under the direction of a faculty advisor, students devise a plan for earning their remaining credits. Methods for earning credits include independent study, distance learning, seminars, supervised fieldwork, and group study at arranged sites. Students may have to earn a certain number of credits through the degree-granting institution. But many programs allow students to take courses at accredited schools of their choice for transfer toward their degree.

Alice wants to attend lectures but has an unpredictable schedule. Her best course of action will be to seek out short residency programs that require students to attend seminars once or twice a semester. She can take courses that are televised and videotape them to watch when her schedule permits, with the seminars helping to ensure that she properly completes her coursework. Many colleges and universities with short residency requirements also permit students to earn some credits elsewhere, by whatever means the student chooses.

Some fields of study require classroom instruction. As Jorge will discover, few colleges and universities allow students to earn a bachelor's degree in engineering entirely through independent study. Nontraditional residency programs are designed to accommodate adults' daytime work schedules. Jorge should look for programs offering evening, weekend, summer, and accelerated courses.

Tuition and Other Expenses

The final decisions about which schools Alice, Jorge, and Lynette attend may hinge in large part on a single issue: Cost. And rising tuition is only part of the equation. Beginning with application fees and continuing through graduation fees, college expenses add up.

Traditional and nontraditional students have some expenses in common, such as the cost of books and other materials. Tuition might even be the same for some courses, especially for colleges and universities offering standard ones at unusual times. But for nontraditional programs, students may also pay fees for services such as credit or transcript review, evaluation, advisement, and portfolio assessment.

Students are also responsible for postage and handling or setup expenses for independent study courses, as well as for all examination and transcript fees for transferring credits. Usually, the more nontraditional the program, the more detailed the fees. Some schools charge a yearly enrollment fee rather than tuition for degree completion candidates who want their files to remain active.

Although tuition and fees might seem expensive, most educators tell you not to let money come between you and your educational goals. Talk to someone in the financial aid department of the school you plan to attend or check your library for publications about financial aid sources. The U.S. Department of Education publishes a guide to Federal aid programs such as Pell Grants, student loans, and work-study. To order the free 74-page booklet, *The Student Guide: Financial Aid from the U.S. Department of Education,* contact:

Federal Student Aid Information Center
P.O. Box 84
Washington, DC 20044
1 (800) 4FED-AID (433-3243)

Resources

Information on how to earn a high school diploma or college degree without following the usual routes is available from several organizations and in numerous publications. Information on nontraditional graduate degree programs, available for master's through doctoral level, though not discussed in this article, can usually be obtained from the same resources that detail bachelor's degree programs.

National Learning Corporation publishes study guides for all of these exams, for both general examinations and tests in specific subject areas. To order study guides, or to browse their catalog featuring more than 5,000 titles, visit NLC online at www.passbooks.com, or contact them by phone at (800) 632-8888.

Organizations

Adult learners should always contact their local school system, community college, or university to learn about programs that are readily available. The following national organizations can also supply information:

American Council on Education
One Dupont Circle
Washington, DC 20036-1193
(202) 939-9300

Within the American Council on Education, the Center for Adult Learning and Educational Credentials administers the National External Diploma Program, the GED Program, the Program on Noncollegiate Sponsored Instruction, the Credit by Examination Program, and the Military Evaluations Program.

College-Level Examination Program (CLEP)

1. WHAT IS CLEP?

CLEP stands for the College-Level Examination Program, sponsored by the College Board. It is a national program of credit-by-examination that offers you the opportunity to obtain recognition for college-level achievement. No matter when, where, or how you have learned – by means of formal or informal study – you can take CLEP tests. If the results are acceptable to your college, you can receive credit.

You may not realize it, but you probably know more than your academic record reveals. Each day you, like most people, have an opportunity to learn. In private industry and business, as well as at all levels of government, learning opportunities continually occur. If you read widely or intensively in a particular field, think about what you read, discuss it with your family and friends, you are learning. Or you may be learning on a more formal basis by taking a correspondence course, a television or radio course, a course recorded on tape or cassettes, a course assembled into programmed tests, or a course taught in your community adult school or high school.

No matter how, where, or when you gained your knowledge, you may have the opportunity to receive academic credit for your achievement that can be counted toward an undergraduate degree. The College-Level Examination Program (CLEP) enables colleges to evaluate your achievement and give you credit. A wide range of college-level examinations are offered by CLEP to anyone who wishes to take them. Scores on the tests are reported to you and, if you wish, to a college, employer, or individual.

2. WHAT ARE THE PURPOSES OF THE COLLEGE-LEVEL EXAMINATION PROGRAM?

The basic purpose of the College-Level Examination Program is to enable individuals who have acquired their education in nontraditional ways to demonstrate their academic achievement. It is also intended for use by those in higher education, business, industry, government, and other fields who need a reliable method of assessing a person's educational level.

Recognizing that the real issue is not how a person has acquired his education but what education he has, the College Level Examination Program has been designed to serve a variety of purposes. The basic purpose, as listed above, is to enable those who have reached the college level of education in nontraditional ways to assess the level of their achievement and to use the test results in seeking college credit or placement.

In addition, scores on the tests can be used to validate educational experience obtained at a nonaccredited institution or through noncredit college courses.

Some colleges and universities may use the tests to measure the level of educational achievement of their students, and for various institutional research purposes.

Other colleges and universities may wish to use the tests in the admission, placement, and guidance of students who wish to transfer from one institution to another.

Businesses, industries, governmental agencies, and professional groups now accept the results of these tests as a basis for advancement, eligibility for further training, or professional or semi-professional certification.

Many people are interested in the examination simply to assess their own educational progress and attainment.

The college, university, business, industry, or government agency that adopts the tests in the College-Level Examination Program makes its own decision about how it will use and interpret the test scores. The College Board will provide the tests, score them, and report the results either to the individuals who took the tests or the college or agency that administered them. It does NOT, and cannot, award college credit, certify college equivalency, or make recommendations regarding the standards these institutions should establish for the use of the test results.

Therefore, if you are taking the tests to secure credit from an institution, you should FIRST ascertain whether the college or agency involved will accept the scores. Each institution determines which CLEP tests it will accept for credit and the amount of credit it will award. If you want to take tests for college credit, first call, write, or visit the college you wish to attend to inquire about its policy on CLEP scores, as well as its other admission requirements.

The services of the program are also available to people who have been requested to take the tests by an employer, a professional licensing agency, a certifying agency, or by other groups that recognize college equivalency on the basis of satisfactory CLEP scores. You may, of course, take the tests SOLELY for your own information. If you do, your scores will be reported only to you.

While neither CLEP nor the College Board can evaluate previous credentials or award college credit, you will receive, with your scores, basic information to help you interpret your performance on the tests you have taken.

3. WHAT ARE THE COLLEGE-LEVEL EXAMINATIONS?

In order to meet different kinds of curricular organization and testing needs at colleges and universities, the College-Level Examination Program offers 35 different subject tests falling under five separate general categories: Composition and Literature, Foreign Languages, History and Social Sciences, Science and Mathematics, and Business.

4. WHAT ARE THE SUBJECT EXAMINATIONS?

The 35 CLEP tests offered by the College Board are listed below:

COMPOSITION AND LITERATURE:

- American Literature
- Analyzing and Interpreting Literature
- English Composition
- English Composition with Essay
- English Literature
- Freshman College Composition
- Humanities

FOREIGN LANGUAGES

- French
- German
- Spanish

HISTORY AND SOCIAL SCIENCES

- American Government
- Introduction to Educational Psychology
- History of the United States I: Early Colonization to 1877
- History of the United States II: 1865 to the Present
- Human Growth and Development
- Principles of Macroeconomics
- Principles of Microeconomics
- Introductory Psychology
- Social Sciences and History
- Introductory Sociology
- Western Civilization I: Ancient Near East to 1648
- Western Civilization II: 1648 to the Present

SCIENCE AND MATHEMATICS

- College Algebra
- College Algebra-Trigonometry
- Biology
- Calculus
- Chemistry
- College Mathematics
- Natural Sciences
- Trigonometry
- Precalculus

BUSINESS

- Financial Accounting
- Introductory Business Law
- Information Systems and Computer Applications
- Principles of Management
- Principles of Marketing

CLEP Examinations cover material taught in courses that most students take as requirements in the first two years of college. A college usually grants the same amount of credit to students earning satisfactory scores on the CLEP examination as it grants to students successfully completing the equivalent course.

Many examinations are designed to correspond to one-semester courses; some, however, correspond to full-year or two-year courses.

Each exam is 90 minutes long and, except for English Composition with Essay, is made up primarily of multiple-choice questions. Some tests have several other types of questions besides multiple choice. To see a more detailed description of a particular CLEP exam, visit www.collegeboard.com/clep.

The English Composition with Essay exam is the only exam that includes a required essay. This essay is scored by college English faculty designated by CLEP and does not require an additional fee. However, other Composition and Literature tests offer optional essays, which some college and universities require and some do not. These essays are graded by faculty at the individual institutions that require them and require an additional $10 fee. Contact the particular institution to ask about essay requirements, and check with your test center for further details.

All 35 CLEP examinations are administered on computer. If you are unfamiliar with taking a test on a computer, consult the CLEP Sampler online at www.collegeboard.com/clep. The Sampler contains the same tutorials as the actual exams and helps familiarize you with navigation and how to answer different types of questions.

Points are not deducted for wrong or skipped answers – you receive one point for every correct answer. Therefore it is best that an answer is supplied for each exam question, whether it is a guess or not. The number of correct answers is then converted to a formula score. This formula, or "scaled," score is determined by a statistical process called *equating,* which adjusts for slight differences in difficulty between test forms and ensures that your score does not depend on the specific test form you took or how well others did on the same form. The scaled scores range from 20 to 80 – this is the number that will appear on your score report.

To ensure that you complete all questions in the time allotted, you would probably be wise to skip the more difficult or perplexing questions and return to them later. Although the multiple-choice items in these tests are carefully designed so as not to be tricky, misleading, or ambiguous, on the other hand, they are not all direct questions of factual information. They attempt, in their way, to elicit a response that indicates your knowledge or lack of knowledge of the material in question or your ability or inability to use or interpret a fact or idea. Thus, you should concentrate on answering the questions as they appear to be without attempting to out-guess the testmakers.

5. WHAT ARE THE FEES?

The fee for all CLEP examinations is $55. Optional essays required by some institutions are an additional $10.

6. WHEN ARE THE TESTS GIVEN?

CLEP tests are administered year-round. Consult the CLEP website (www.collegeboard.com/clep) and individual test centers for specific information.

7. WHERE ARE THE TESTS GIVEN?

More than 1,300 test centers are located on college and university campuses throughout the country, and additional centers are being established to meet increased needs. Any accredited collegiate institution with an explicit and publicly available policy of credit by examination can become a CLEP test center. To obtain a list of these centers, visit the CLEP website at www.collegeboard.com/clep.

8. HOW DO I REGISTER FOR THE COLLEGE-LEVEL EXAMINATION PROGRAM?

Contact an individual test center for information regarding registration, scheduling and fees. Registration/admission forms can also be obtained on the CLEP website.

9. MAY I REPEAT THE COLLEGE-LEVEL EXAMINATIONS?

You may repeat any examination providing at least six months have passed since you were last administered this test. If you repeat a test within a period of time less than six months, your scores will be cancelled and your fees forfeited. To repeat a test, check the appropriate space on the registration form.

10. WHEN MAY I EXPECT MY SCORE REPORTS?

With the exception of the English Composition with Essay exam, you should receive your score report instantly once the test is complete.

11. HOW SHOULD I PREPARE FOR THE COLLEGE-LEVEL EXAMINATIONS?

This book has been specifically designed to prepare candidates for these examinations. It will help you to consider, study, and review important content, principles, practices, procedures, problems, and techniques in the form of varied and concrete applications.

12. QUESTIONS AND ANSWERS APPEARING IN THIS PUBLICATION

The College-Level Examinations are offered by the College Board. Since copies of past examinations have not been made available, we have used equivalent materials, including questions and answers, which are highly recommended by us as an appropriate means of preparing for these examinations.

If you need additional information about CLEP Examinations, visit www.collegeboard.com/clep.

THE COLLEGE-LEVEL EXAMINATION PROGRAM

How The Program Works

CLEP examinations are administered at many colleges and universities across the country, and most institutions award college credit to those who do well on them. The examinations provide people who have acquired knowledge outside the usual educational settings the opportunity to show that they have learned college-level material without taking certain college courses.

The CLEP examinations cover material that is taught in introductory-level courses at many colleges and universities. Faculties at individual colleges review the tests to ensure that they cover the important material taught in their courses. Colleges differ in the examinations they accept; some colleges accept only two or three of the examinations while others accept nearly all of them.

Although CLEP is sponsored by the College Board and the examinations are scored by Educational Testing Service (ETS), neither of these organizations can award college credit. Only accredited colleges may grant credit toward a degree. When you take a CLEP examination, you may request that a copy of your score report be sent to the college you are attending or plan to attend. After evaluating your scores, the college will decide whether or not to award you credit for a certain course or courses, or to exempt you from them. If the college gives you credit, it will record the number of credits on your permanent record, thereby indicating that you have completed work equivalent to a course in that subject. If the college decides to grant exemption without giving you credit for a course, you will be permitted to omit a course that would normally be required of you and to take a course of your choice instead.

What the Examinations Are Like

The examinations consist mostly of multiple-choice questions to be answered within a 90-minute time limit. Additional information about each CLEP examination is given in the examination guide and on the CLEP website.

Where To Take the Examinations

CLEP examinations are administered throughout the year at the test centers of approximately 1,300 colleges and universities. On the CLEP website, you will find a list of institutions that award credit for satisfactory scores on CLEP examinations. Some colleges administer CLEP examinations to their own students only. Other institutions administer the tests to anyone who registers to take them. If your college does not administer the tests, contact the test centers in your area for information about its testing schedule.

Once you have been tested, your score report will be available instantly. CLEP scores are kept on file at ETS for 20 years; and during this period, for a small fee, you may have your transcript sent to another college or to anyone else you specify. (Your scores will never be sent to anyone without your approval.)

APPROACHING A COLLEGE ABOUT CLEP

The following sections provide a step-by-step approach to learning about the CLEP policy at a particular college or university. The person or office that can best assist students desiring CLEP credit may have a different title at each institution, but the following guidelines will lead you to information about CLEP at any institution.

Adults returning to college often benefit from special assistance when they approach a college. Opportunities for adults to return to formal learning in the classroom are now widespread, and colleges and universities have worked hard to make this a smooth process for older students. Many colleges have established special service offices that are staffed with trained professionals who understand the kinds of problems facing adults returning to college. If you think you might benefit from such assistance, be sure to find out whether these services are available at your college.

How to Apply for College Credit

STEP 1. Obtain the General Information Catalog and a copy of the CLEP policy from the colleges you are considering. If you have not yet applied for admission, ask for an admissions application form too.

Information about admissions and CLEP policies can be obtained by contacting college admissions offices or finding admissions information on the school websites. Tell the admissions officer that you are a prospective student and that you are interested in applying for admission and CLEP credit. Ask for a copy of the publication in which the college's complete CLEP policy is explained. Also get the name and the telephone number of the person to contact in case you have further questions about CLEP.

At this step, you may wish to obtain information from external degree colleges. Many adults find that such colleges suit their needs exceptionally well.

STEP 2. If you have not already been admitted to the college you are considering, look at its admission requirements for undergraduate students to see if you can qualify.

This is an important step because if you can't get into college, you can't get college credit for CLEP. Nearly all colleges require students to be admitted and to enroll in one or more courses before granting the students CLEP credit.

Virtually all public community colleges and a number of four-year state colleges have open admission policies for in-state students. This usually means that they admit anyone who has graduated from high school or has earned a high school equivalency diploma.

If you think you do not meet the admission requirements, contact the admissions office for an interview with a counselor. Colleges do sometimes make exceptions, particularly for adult applicants. State why you want the interview and ask what documents you should bring with you or send in advance. (These materials may include a high school transcript, transcript of previous college work, completed application for admission, etc.) Make an extra effort to have all the information requested in time for the interview.

During the interview, relax and be yourself. Be prepared to state honestly why you think you are ready and able to do college work. If you have already taken CLEP examinations and scored high enough to earn credit, you have shown that you are able to do college work. Mention this achievement to the admissions counselor because it may increase your chances of being accepted. If you have not taken a CLEP examination, you can still improve your chances of being accepted by describing how your job training or independent study has helped prepare you for college-level work. Tell the counselor what you have learned from your work and personal experiences.

STEP 3. Evaluate the college's CLEP policy.

Typically, a college lists all its academic policies, including CLEP policies, in its general catalog. You will probably find the CLEP policy statement under a heading such as Credit-by-Examination, Advanced Standing, Advanced Placement, or External Degree Program. These sections can usually be found in the front of the catalog.

Many colleges publish their credit-by-examination policies in a separate brochure, which is distributed through the campus testing office, counseling center, admissions office, or registrar's office. If you find a very general policy statement in the college catalog, seek clarification from one of these offices.

Review the material in the section of this guide entitled Questions to Ask About a College's CLEP Policy. Use these guidelines to evaluate the college's CLEP policy. If you have not yet taken a CLEP examination, this evaluation will help you decide which examinations to take and whether or not to take the free-response or essay portion. Because individual colleges have different CLEP policies, a review of several policies may help you decide which college to attend.

STEP 4. If you have not yet applied for admission, do so early.

Most colleges expect you to apply for admission several months before you enroll, and it is essential that you meet the published application deadlines. It takes time to process your application for admission; and if you have yet to take a CLEP examination, it will be some time before the college receives and reviews your score report. You will probably want to take some, if not all, of the CLEP examinations you are interested in before you enroll so you know which courses you need not register for. In fact, some colleges require that all CLEP scores be submitted before a student registers.

Complete all forms and include all documents requested with your application(s) for admission. Normally, an admissions decision cannot be reached until all documents have been submitted and evaluated. Unless told to do so, do not send your CLEP scores until you have been officially admitted.

STEP 5. Arrange to take CLEP examination(s) or to submit your CLEP score(s).

You may want to wait to take your CLEP examinations until you know definitely which college you will be attending. Then you can make sure you are taking tests your college will accept for credit. You will also be able to request that your scores be sent to the college, free of charge, when you take the tests.

If you have already taken CLEP examinations, but did not have a copy of your score report sent to your college, you may request the College Board to send an official transcript at any time for a small fee. Use the Transcript Request Form that was sent to you with your score report. If you do not have the form, you may find it online at www.collegeboard.com/clep.

Your CLEP scores will be evaluated, probably by someone in the admissions office, and sent to the registrar's office to be posted on your permanent record once you are enrolled. Procedures vary from college to college, but the process usually begins in the admissions office.

STEP 6. Ask to receive a written notice of the credit you receive for your CLEP score(s).

A written notice may save you problems later, when you submit your degree plan or file for graduation. In the event that there is a question about whether or not you earned CLEP credit, you will have an official record of what credit was awarded. You may also need this verification of course credit if you go for academic counseling before the credit is posted on your permanent record.

STEP 7. Before you register for courses, seek academic counseling.

A discussion with your academic advisor can prevent you from taking unnecessary courses and can tell you specifically what your CLEP credit will mean to you. This step may be accomplished at the time you enroll. Most colleges have orientation sessions for new students prior to each enrollment period. During orientation, students are usually assigned an academic advisor who then gives them individual help in developing long-range plans and a course schedule for the next semester. In conjunction with this counseling, you may be asked to take some additional tests so that you can be placed at the proper course level.

External Degree Programs

If you have acquired a considerable amount of college-level knowledge through job experience, reading, or noncredit courses, if you have accumulated college credits at a variety of colleges over a period of years, or if you prefer studying on your own rather than in a classroom setting, you may want to investigate the possibility of enrolling in an external degree program. Many colleges offer external degree programs that allow you to earn a degree by passing examinations (including CLEP), transferring credit from other colleges, and demonstrating in other ways that you have satisfied the educational requirements. No classroom attendance is required, and the programs are open to out-of-state candidates as well as residents. Thomas A. Edison State College in New Jersey and Charter Oaks College in Connecticut are fully accredited independent state colleges; the New York program is part of the state university system and is also fully accredited. If you are interested in exploring an external degree, you can write for more information to:

Charter Oak College
The Exchange, Suite 171
270 Farmington Avenue
Farmington, CT 06032-1909

Regents External Degree Program
Cultural Education Center
Empire State Plaza
Albany, New York 12230

Thomas A. Edison State College
101 West State Street
Trenton, New Jersey 08608

Many other colleges also have external degree or weekend programs. While they often require that a number of courses be taken on campus, the external degree programs tend to be more flexible in transferring credit, granting credit-by-examination, and allowing independent study than other traditional programs. When applying to a college, you may wish to ask whether it has an external degree or weekend program.

Questions to Ask About a College's CLEP Policy

Before taking CLEP examinations for the purpose of earning college credit, try to find the answers to these questions:

1. Which CLEP examinations are accepted by this college?

A college may accept some CLEP examinations for credit and not others - possibly not the one you are considering. The English faculty may decide to grant college English credit based on the CLEP English Composition examination, but not on the Freshman College Composition examination. Or, the mathematics faculty may decide to grant credit based on the College Mathematics to non-mathematics majors only, requiring majors to take an examination in algebra, trigonometry, or calculus to earn credit. For these reasons, it is important that you know the specific CLEP tests for which you can receive credit.

2. Does the college require the optional free-response (essay) section as well as the objective portion of the CLEP examination you are considering?

Knowing the answer to this question ahead of time will permit you to schedule the optional essay examination when you register to take your CLEP examination.

3. Is credit granted for specific courses? If so, which ones?

You are likely to find that credit will be granted for specific courses and the course titles will be designated in the college's CLEP policy. It is not necessary, however, that credit be granted for a specific course in order for you to benefit from your CLEP credit. For instance, at many liberal arts colleges, all students must take certain types of courses; these courses may be labeled the core curriculum, general education requirements, distribution requirements, or liberal arts requirements. The requirements are often expressed in terms of credit hours. For example, all students may be required to take at least six hours of humanities, six hours of English, three hours of mathematics, six hours of natural science, and six hours of social science, with no particular courses in these disciplines specified. In these instances, CLEP credit may be given as 6 hrs. English credit or 3 hrs. Math credit without specifying for which English or mathematics courses credit has been awarded. In order to avoid possible disappointment, you should know before taking a CLEP examination what type of credit you can receive and whether you will only be exempted from a required course but receive no credit.

4. How much credit is granted for each examination you are considering, and does the college place a limit on the total amount of CLEP credit you can earn toward your degree?

Not all colleges that grant CLEP credit award the same amount for individual tests. Furthermore, some colleges place a limit on the total amount of credit you can earn through CLEP or other examinations. Other colleges may grant you exemption but no credit toward your degree. Knowing several colleges' policies concerning these issues may help you decide which college you will attend. If you think you are capable of passing a number of CLEP examinations, you may want to attend a college that will allow you to earn credit for all or most of them. For example, the state external degree programs grant credit for most CLEP examinations (and other tests as well).

5. What is the required score for earning CLEP credit for each test you are considering?

Most colleges publish the required scores or percentile ranks for earning CLEP credit in their general catalog or in a brochure. The required score may vary from test to test, so find out the required score for each test you are considering.

6. What is the college's policy regarding prior course work in the subject in which you are considering taking a CLEP test?

Some colleges will not grant credit for a CLEP test if the student has already attempted a college-level course closely aligned with that test. For example, if you successfully completed English 101 or a comparable course on another campus, you will probably not be permitted to receive CLEP credit in that subject, too. Some colleges will not permit you to earn CLEP credit for a course that you failed.

7. Does the college make additional stipulations before credit will be granted?

It is common practice for colleges to award CLEP credit only to their enrolled students. There are other stipulations, however, that vary from college to college. For example, does the college require you to formally apply for or accept CLEP credit by completing and signing a form? Or does the college require you to validate your CLEP score by successfully completing a more advanced course in the subject? Answers to these and other questions will help to smooth the process of earning college credit through CLEP.

The above questions and the discussions that follow them indicate some of the ways in which colleges' CLEP policies can vary. Find out as much as possible about the CLEP policies at the colleges you are interested in so you can choose a college with a policy that is compatible with your educational goals. Once you have selected the college you will attend, you can find out which CLEP examinations your college recognizes and the requirements for earning CLEP credit.

DECIDING WHICH EXAMINATIONS TO TAKE

If You're Taking the Examinations for College Credit or Career Advancement:

Most people who take CLEP examinations do so in order to earn credit for college courses. Others take the examinations in order to qualify for job promotions or for professional certification or licensing. It is vital to most candidates who are taking the tests for any of these reasons that they be well prepared for the tests they are taking so that they can advance as rapidly as possible toward their educational or career goals.

It is usually advisable that those who have limited knowledge in the subjects covered by the tests they are considering enroll in the college courses in which that material is taught. Those who are uncertain about whether or not they know enough about a subject to do well on a particular CLEP test will find the following guidelines helpful.

There is no way to predict if you will pass a particular CLEP examination, but answers to the questions under the seven headings below should give you an indication of whether or not you are likely to succeed.

1. Test Descriptions

Read the description of the test provided. Are you familiar with most of the topics and terminology in the outline?

2. Textbooks

Examine the suggested textbooks and other resource materials following the test descriptions in this guide. Have you recently read one or more of these books, or have you read similar college-level books on this subject? If you have not, read through one or more of the textbooks listed, or through the textbook used for this course at your college. Are you familiar with most of the topics and terminology in the book?

3. Sample Questions

The sample questions provided are intended to be typical of the content and difficulty of the questions on the test. Although they are not an exact miniature of the test, the proportion of the sample questions you can answer correctly should be a rough estimate of the proportion of questions you will be able to answer correctly on the test.

Answer as many of the sample questions for this test as you can. Check your answers against the correct answers. Did you answer more than half the questions correctly?

Because of variations in course content at different institutions, and because questions on CLEP tests vary from easy to difficult - with most being of moderate difficulty - the average student who passes a course in a subject can usually answer correctly about half the questions on the corresponding CLEP examination. Most colleges set their passing scores near this level, but some set them higher. If your college has set its required score above the level required by most colleges, you may need to answer a larger proportion of questions on the test correctly.

4. Previous Study

Have you taken noncredit courses in this subject offered by an adult school or a private school, through correspondence, or in connection with your job? Did you do exceptionally well in this subject in high school, or did you take an honors course in this subject?

5. Experience

Have you learned or used the knowledge or skills included in this test in your job or life experience? For example, if you lived in a Spanish-speaking country and spoke the language for a year or more, you might consider taking the Spanish examination. Or, if you have worked at a job in which you used accounting and finance skills, Principles of Accounting would be a likely test for you to take. Or, if you have read a considerable amount of literature and attended many art exhibits, concerts, and plays, you might expect to do well on the Humanities exam.

6. Other Examinations

Have you done well on other standardized tests in subjects related to the one you want to take? For example, did you score well above average on a portion of a college entrance examination covering similar skills, or did you obtain an exceptionally high score on a high school equivalency test or a licensing examination in this subject? Although such tests do not cover exactly the same material as the CLEP examinations and may be easier, persons who do well on these tests often do well on CLEP examinations, too.

7. Advice

Has a college counselor, professor, or some other professional person familiar with your ability advised you to take a CLEP examination?

If your answer was yes to questions under several of the above headings, you probably have a good chance of passing the CLEP examination you are considering. It is unlikely that you would have acquired sufficient background from experience alone. Learning gained through reading and study is essential, and you will probably find some additional study helpful before taking a CLEP examination.

If You're Taking the Examinations to Prepare for College

Many people entering college, particularly adults returning to college after several years away from formal education, are uncertain about their ability to compete with other college students. They wonder whether they have sufficient background for college study, and those who have been away from formal study for some time wonder whether they have forgotten how to study, how to take tests, and how to write papers. Such people may wish to improve their test-taking and study skills prior to enrolling in courses.

One way to assess your ability to perform at the college level and to improve your test-taking and study skills at the same time is to prepare for and take one or more CLEP examinations. You need not be enrolled in a college to take a CLEP examination, and you may have your scores sent only to yourself and later request that a transcript be sent to a college if you then decide to apply for credit. By reviewing the test descriptions and sample questions, you may find one or several subject areas in which you think you have substantial knowledge. Select one examination, or more if you like, and carefully read at least one of the textbooks listed in the bibliography for the test. By doing this, you will get a better idea of how much you know of what is usually taught in a college-level course in that subject. Study as much material as you can, until you think you have a good grasp of the subject matter. Then take the test at a college in your area. It will be several weeks before you receive your results, and you may wish to begin reviewing for another test in the meantime.

To find out if you are eligible for credit for your CLEP score, you must compare your score with the score required by the college you plan to attend. If you are not yet sure which college you will attend, or whether you will enroll in college at all, you should begin to follow the steps outlined. It is best that you do this before taking a CLEP test, but if you are taking the test only for the experience and to familiarize yourself with college-level material and requirements, you might take the test before you approach a college. Even if the college you decide to attend does not accept the test you took, the experience of taking such a test will enable you to meet with greater confidence the requirements of courses you will take.

You will find information about how to interpret your scores in WHAT YOUR SCORES MEAN, which you will receive with your score report, and which can also be found online at the CLEP website. Many colleges follow the recommendations of the American Council on Education (ACE) for setting their required scores, so you can use this information as a guide in determining how well you did. The ACE recommendations are included in the booklet.

If you do not do well enough on the test to earn college credit, don't be discouraged. Usually, it is the best college students who are exempted from courses or receive credit-by-examination. The fact that you cannot get credit for your score means that you should probably enroll in a college course to learn the material. However, if your score was close to the required score, or if you feel you could do better on a second try or after some additional study, you may retake the test after six months. Do not take it sooner or your score will not be reported and your fee will be forfeited.

If you do earn the score required to earn credit, you will have demonstrated that you already have some college-level knowledge. You will also have a better idea whether you should take additional CLEP examinations. And, what is most important, you can enroll in college with confidence, knowing that you do have the ability to succeed.

PREPARING TO TAKE CLEP EXAMINATIONS

Having made the decision to take one or more CLEP examinations, most people then want to know if it is worthwhile to prepare for them - how much, how long, when, and how should they go about it? The precise answers to these questions vary greatly from individual to individual. However, most candidates find that some type of test preparation is helpful.

Most people who take CLEP examinations do so to show that they have already learned the important material that is taught in a college course. Many of them need only a quick review to assure themselves that they have not forgotten some of what they once studied, and to fill in some of the gaps in their knowledge of the subject. Others feel that they need a thorough review and spend several weeks studying for a test. A few wish to take a CLEP examination as a kind of final examination for independent study of a subject instead of the college course. This last group requires significantly more study than those who only need to review, and they may need some guidance from professors of the subjects they are studying.

The key to how you prepare for CLEP examinations often lies in locating those skills and areas of prior learning in which you are strong and deciding where to focus your energies. Some people may know a great deal about a certain subject area, but may not test well. These individuals would probably be just as concerned about strengthening their test-taking skills as they are about studying for a specific test. Many mental and physical skills are used in preparing for a test. It is important not only to review or study for the examinations, but to make certain that you are alert, relatively free of anxiety, and aware of how to approach standardized tests. Suggestions on developing test-taking skills and preparing psychologically and physically for a test are given. The following section suggests ways of assessing your knowledge of the content of a test and then reviewing and studying the material.

Using This Study Guide

Begin by carefully reading the test description and outline of knowledge and skills required for the examination, if given. As you read through the topics listed there, ask yourself how much you know about each one. Also note the terms, names, and symbols that are mentioned, and ask yourself whether you are familiar with them. This will give you a quick overview of how much you know about the subject. If you are familiar with nearly all the material, you will probably need a minimum of review; however, if less than half of it is familiar, you will probably require substantial study to do well on the test.

If, after reviewing the test description, you find that you need extensive review, delay answering the sample question until you have done some reading in the subject. If you complete them before reviewing the material, you will probably look for the answers as you study, and then they will not be a good assessment of your ability at a later date.

If you think you are familiar with most of the test material, try to answer the sample questions.

Apply the test-taking strategies given. Keeping within the time limit suggested will give you a rough idea of how quickly you should work in order to complete the actual test.

Check your answers against the answer key. If you answered nearly all the questions correctly, you probably do not need to study the subject extensively. If you got about half the questions correct, you ought o review at least one textbook or other suggested materials on the subject. If you answered less than half the questions correctly, you will probably benefit from more extensive reading in the subject and thorough study of one or more textbooks. The textbooks listed are used at many colleges but they are not the only good texts. You will find helpful almost any standard text available to you., such as the textbook used at your college, or earlier editions of texts listed. For some examinations, topic outlines and textbooks may not be available. Take the sample tests in this book and check your answers at the end of each test. Check wrong answers.

Suggestions for Studying

The following suggestions have been gathered from people who have prepared for CLEP examinations or other college-level tests.

1. Define your goals and locate study materials

First, determine your study goals. Set aside a block of time to review the material provided in this book, and then decide which test(s) you will take. Using the suggestions, locate suitable resource materials. If a preparation course is offered by an adult school or college in your area, you might find it helpful to enroll.

2. Find a good place to study

To determine what kind of place you need for studying, ask yourself questions such as: Do I need a quiet place? Does the telephone distract me? Do objects I see in this place remind me of things I should do? Is it too warm? Is it well lit? Am I too comfortable here? Do I have space to spread out my materials? You may find the library more conducive to studying than your home. If you decide to study at home, you might prevent interruptions by other household members by putting a sign on the door of your study room to indicate when you will be available.

3. Schedule time to study

To help you determine where studying best fits into your schedule, try this exercise: Make a list of your daily activities (for example, sleeping, working, and eating) and estimate how many hours per day you spend on each activity. Now, rate all the activities on your list in order of their importance and evaluate your use of time. Often people are astonished at how an average day appears from this perspective. They may discover that they were unaware how large portions of time are spent, or they learn their time can be scheduled in alternative ways. For example, they can remove the least important activities from their day and devote that time to studying or another important activity.

4. Establish a study routine and a set of goals

In order to study effectively, you should establish specific goals and a schedule for accomplishing them. Some people find it helpful to write out a weekly schedule and cross out each study period when it is completed. Others maintain their concentration better by writing down the time when they expect to complete a study task. Most people find short periods of intense study more productive than long stretches of time. For example, they may follow a regular schedule of several 20- or 30-minute study periods with short breaks between them. Some people like to allow themselves rewards as they complete each study goal. It is not essential that you accomplish every goal exactly within your schedule; the point is to be committed to your task.

5. Learn how to take an active role in studying.

If you have not done much studying for some time, you may find it difficult to concentrate at first. Try a method of studying, such as the one outlined below, that will help you concentrate on and remember what you read.

a. First, read the chapter summary and the introduction. Then you will know what to look for in your reading.

b. Next, convert the section or paragraph headlines into questions. For example, if you are reading a section entitled, The Causes of the American Revolution, ask yourself: *What were the causes of the American Revolution?* Compose the answer as you read the paragraph. Reading and answering questions aloud will help you understand and remember the material.

c. Take notes on key ideas or concepts as you read. Writing will also help you fix concepts more firmly in your mind. Underlining key ideas or writing notes in your book can be helpful and will be useful for review. Underline only important points. If you underline more than a third of each paragraph, you are probably underlining too much.

d. If there are questions or problems at the end of a chapter, answer or solve them on paper as if you were asked to do them for homework. Mathematics textbooks (and some other books) sometimes include answers to some or all of the exercises. If you have such a book, write your answers before looking at the ones given. When problem-solving is involved, work enough problems to master the required methods and concepts. If you have difficulty with problems, review any sample problems or explanations in the chapter.

e. To retain knowledge, most people have to review the material periodically. If you are preparing for a test over an extended period of time, review key concepts and notes each week or so. Do not wait for weeks to review the material or you will need to relearn much of it.

Psychological and Physical Preparation

Most people feel at least some nervousness before taking a test. Adults who are returning to college may not have taken a test in many years or they may have had little experience with standardized tests. Some younger students, as well, are uncomfortable with testing situations. People who received their education in countries outside the United States may find that many tests given in this country are quite different from the ones they are accustomed to taking.

Not only might candidates find the types of tests and the kinds of questions on them unfamiliar, but other aspects of the testing environment may be strange as well. The physical and mental stress that results from meeting this new experience can hinder a candidate's ability to demonstrate his or her true degree of knowledge in the subject area being tested. For this reason, it is important to go to the test center well prepared, both mentally and physically, for taking the test. You may find the following suggestions helpful.

1. Familiarize yourself, as much as possible, with the test and the test situation before the day of the examination. It will be helpful for you to know ahead of time:

a. How much time will be allowed for the test and whether there are timed subsections.

b. What types of questions and directions appear on the examination.

c. How your test score will be computed.

d. How to properly answer the questions on the computer (See the CLEP Sample on the CLEP website)

e. In which building and room the examination will be administered. If you don't know where the building is, locate it or get directions ahead of time.

f. The time of the test administration. You might wish to confirm this information a day or two before the examination and find out what time the building and room will be open so that you can plan to arrive early.

g. Where to park your car or, if you wish to take public transportation, which bus or train to take and the location of the nearest stop.

h. Whether smoking will be permitted during the test.

i. Whether there will be a break between examinations (if you will be taking more than one on the same day), and whether there is a place nearby where you can get something to eat or drink.

2. Go to the test situation relaxed and alert. In order to prepare for the test:

a. Get a good night's sleep. Last minute cramming, particularly late the night before, is usually counterproductive.

b. Eat normally. It is usually not wise to skip breakfast or lunch on the day of the test or to eat a big meal just before the test.

c. Avoid tranquilizers and stimulants. If you follow the other directions in this book, you won't need artificial aids. It's better to be a little tense than to be drowsy, but stimulants such as coffee and cola can make you nervous and interfere with your concentration.

d. Don't drink a lot of liquids before the test. Having to leave the room during the test will disturb your concentration and take valuable time away from the test.

e. If you are inclined to be nervous or tense, learn some relaxation exercises and use them before and perhaps during the test.

3. Arrive for the test early and prepared. Be sure to:

a. Arrive early enough so that you can find a parking place, locate the test center, and get settled comfortably before testing begins. Allow some extra time in case you are delayed unexpectedly.

b. Take the following with you:

- Your completed Registration/Admission Form
- Two forms of identification – one being a government-issued photo ID with signature, such as a driver's license or passport
- Non-mechanical pencil
- A watch so that you can time your progress (digital watches are prohibited)
- Your glasses if you need them for reading or seeing the chalkboard or wall clock

c. Leave all books, papers, and notes outside the test center. You will not be permitted to use your own scratch paper; it will be provided. Also prohibited are calculators, cell phones, beepers, pagers, photo/copy devices, radios, headphones, food, beverages, and several other items.

d. Be prepared for any temperature in the testing room. Wear layers of clothing that can be removed if the room is too hot but will keep you warm if it is too cold.

4. When you enter the test room:

a. Sit in a seat that provides a maximum of comfort and freedom from distraction.

b. Read directions carefully, and listen to all instructions given by the test administrator. If you don't understand the directions, ask for help before test timing begins. If you must ask a question after the test has begun, raise your hand and a proctor will assist you. The proctor can answer certain kinds of questions but cannot help you with the test.

c. Know your rights as a test taker. You can expect to be given the full working time allowed for the test(s) and a reasonably quiet and comfortable place in which to work. If a poor test situation is preventing you from doing your best, ask if the situation can be remedied. If bad test conditions cannot be remedied, ask the person in charge to report the problem in the Irregularity Report that will be sent to ETS with the answer sheets. You may also wish to contact CLEP. Describe the exact circumstances as completely as you can. Be sure to include the test date and name(s) of the test(s) you took. ETS will investigate the problem to make sure it does not happen again, and, if the problem is serious enough, may arrange for you to retake the test without charge.

TAKING THE EXAMINATIONS

A person may know a great deal about the subject being tested, but not do as well as he or she is capable of on the test. Knowing how to approach a test is an important part of the testing process. While a command of test-taking skills cannot substitute for knowledge of the subject matter, it can be a significant factor in successful testing.

Test-taking skills enable a person to use all available information to earn a score that truly reflects his or her ability. There are different strategies for approaching different kinds of test questions. For example, free-response questions require a very different tack than do multiple-choice questions. Other factors, such as how the test will be graded, may also influence your approach to the test and your use of test time. Thus, your preparation for a test should include finding out all you can about the test so that you can use the most effective test-taking strategies.

Before taking a test, you should know approximately how many questions are on the test, how much time you will be allowed, how the test will be scored or graded, what types of questions and directions are on the test, and how you will be required to record your answers.

Taking Multiple-Choice Tests

1. Listen carefully to the instructions given by the test administrator and read carefully all directions before you begin to answer the questions.

2. Note the time that the test administrator starts timing the test. As you proceed, make sure that you are not working too slowly. You should have answered at least half the questions in a section when half the time for that section has passed. If you have not reached that point in the section, speed up your pace on the remaining questions.

3. Before answering a question, read the entire question, including all the answer choices. Don't think that because the first or second answer choice looks good to you, it isn't necessary to read the remaining options. Instructions usually tell you to select the best answer. Sometimes one answer choice is partially correct, but another option is better; therefore, it is usually a good idea to read all the answers before you choose one.

4. Read and consider every question. Questions that look complicated at first glance may not actually be so difficult once you have read them carefully.

5. Do not puzzle too long over any one question. If you don't know the answer after you've considered it briefly, go on to the next question. Make sure you return to the question later.

6. Make sure you record your response properly.

7. In trying to determine the correct answer, you may find it helpful to cross out those options that you know are incorrect, and to make marks next to those you think might be correct. If you decide to skip the question and come back to it later, you will save yourself the time of reconsidering all the options.

8. Watch for the following key words in test questions:

all	generally	never	perhaps
always	however	none	rarely
but	may	not	seldom
except	must	often	sometimes
every	necessary	only	usually

When a question or answer option contains words such as always, every, only, never, and none, there can be no exceptions to the answer you choose. Use of words such as often, rarely, sometimes, and generally indicates that there may be some exceptions to the answer.

9. Do not waste your time looking for clues to right answers based on flaws in question wording or patterns in correct answers. Professionals at the College Board and ETS put

a great deal of effort into developing valid, reliable, fair tests. CLEP test development committees are composed of college faculty who are experts in the subject covered by the test and are appointed by the College Board to write test questions and to scrutinize each question that is included on a CLEP test. Committee members make every effort to ensure that the questions are not ambiguous, that they have only one correct answer, and that they cover college-level topics. These committees do not intentionally include trick questions. If you think a question is flawed, ask the test administrator to report it, or contact CLEP immediately.

Taking Free-Response or Essay Tests

If your college requires the optional free-response or essay portion of a CLEP Composition and Literature exams, you should do some additional preparation for your CLEP test. Taking an essay test is very different from taking a multiple-choice test, so you will need to use some other strategies.

The essay written as part of the English Composition and Essay exam is graded by English professors from a variety of colleges and universities. A process called holistic scoring is used to rate your writing ability.

The optional free-response essays, on the other hand, are graded by the faculty of the college you designate as a score recipient. Guidelines and criteria for grading essays are not specified by the College Board or ETS. You may find it helpful, therefore, to talk with someone at your college to find out what criteria will be used to determine whether you will get credit. If the test requires essay responses, ask how much emphasis will be placed on your writing ability and your ability to organize your thoughts as opposed to your knowledge of subject matter. Find out how much weight will be given to your multiple-choice test score in comparison with your free-response grade in determining whether you will get credit. This will give you an idea where you should expend the greatest effort in preparing for and taking the test.

Here are some strategies you will find useful in taking any essay test:

1. Before you begin to write, read all questions carefully and take a few minutes to jot down some ideas you might include in each answer.

2. If you are given a choice of questions to answer, choose the questions you think you can answer most clearly and knowledgeably.

3. Determine in what order you will answer the questions. Answer those you find the easiest first so that any extra time can be spent on the more difficult questions.

4. When you know which questions you will answer and in what order, determine how much testing time remains and estimate how many minutes you will devote to each question. Unless suggested times are given for the questions or one question appears to require more or less time than the others, allot an equal amount of time to each question.

5. Before answering each question, indicate the number of the question as it is given in the test book. You need not copy the entire question from the question sheet, but it will be helpful to you and to the person grading your test if you indicate briefly the topic you are addressing – particularly if you are not answering the questions in the order in which they appear on the test.

6. Before answering each question, read it again carefully to make sure you are interpreting it correctly. Underline key words, such as those listed below, that often appear in free-response questions. Be sure you know the exact meaning of these words before taking the test.

analyze	demonstrate	enumerate	list
apply	derive	explain	outline
assess	describe	generalize	prove
compare	determine	illustrate	rank
contrast	discuss	interpret	show
define	distinguish	justify	summarize

If a question asks you to outline, define, or summarize, do not write a detailed explanation; if a question asks you to analyze, explain, illustrate, interpret, or show, you must do more than briefly describe the topic.

For a current listing of CLEP Colleges

where you can get credit and be tested, write:

CLEP, P.O. Box 6600, Princeton, NJ 08541-6600

Or e-mail: clep@ets.org, or call: (609) 771-7865

College French

DESCRIPTION OF THE TEST

The Subject Examination in College French is designed to measure knowledge and ability equivalent to that of students who have completed from two to four semesters of college language study. The *Levels 1 and 2* designation indicates that the examination focuses on skills typically achieved from the end of the first year through the second year of college study; material taught during both years is incorporated into a single examination.

The examination is 90 minutes long and is administered in two separately timed sections: a 60-minute Reading section of approximately 90 questions read from a test book, and a 30-minute Listening section of approximately 55 questions presented orally on a tape. The two sections are weighted so that they contribute equally to the total score. Subscores are reported for the two sections, but they are computed independently of the total score; thus, an individual's total score is not necessarily the average of the two subscores.

Most colleges that award credit for the College French examination award either two or four semesters of credit, depending on how high the student scores on the test. The subscores are not intended to be used to award credit separately for Reading and Listening, but colleges may require that both scores be above a certain level to insure that credit is not awarded to a student who is deficient in either of these essential skills.

KNOWLEDGE AND SKILLS REQUIRED

Questions on the College French examination require candidates to demonstrate the abilities listed below. Some questions may require more than one of the abilities; for example, while some questions are identified as vocabulary questions, vocabulary mastery is tested implicitly throughout the test.

	Approximate Percent of Examination
	Reading (62%)*
17%	Vocabulary mastery: meaning of words and idiomatic expressions in context of printed sentences or situations
28%	Grammatical control: ability to identify usage that is structurally correct and appropriate
17%	Reading comprehension: ability to read passages representative of various styles and levels of difficulty

Approximate Percent of Examination	
	Listening (38%)*
7%	Recognition of sounds in single sentences by means of picture identification
17%	Listening comprehension through short dialogues based on everyday situations
14%	Ability to understand the language as spoken by native speakers in longer dialogues and narratives

* Although there are unequal numbers of questions in the two sections of the test, each section (Reading and Listening) is weighted so as to contribute 50 percent to the candidate's total score.

SAMPLE QUESTIONS

The 25 sample questions given here are similar to questions on the College French examination, but they do not actually appear on th examination. The questions on this examination contain only four answer choices, but your answer sheet will have five answer spaces. Be sure not to make any marks in Column E on your answer sheet.

Before attempting to answer the sample questions, read all the information about the College French examination given above.

Try to answer correctly as many questions as possible within 20 minutes. Then compare your answers with the correct answers on the last page.

Section I: Reading

Directions: This part (Questions 1-4) consists of a number of incomplete statements, each having four suggested completions. Select the MOST appropriate completion.

Example:
Elle habite dans _____ tranquille près d'un parc.
A. un quartier B. un quart
C. une section D. une partie

The correct answer is A.

1. Je ne peux pas conduire sans mes _____ de soleil. 1._
   A. spectacles B. rayons
   C. lunettes D. pare-brise

2. Il avait _____ de déjeuner au petit restaurant du coin. 2._
   A. l'habit B. le costume
   C. l'habitude D. l'usage

3. C'était tellement drôle que tout le monde a _____ de rire. 3._
   A. éclaté B. cessé C. refusé D. craint

4. Le livre que je viens de _____ est intéressant. 4.___
A. craindre B. donner C. parler D. lire

Directions: Each of the following sentences (Questions 5-8) contains one or more underlined words. From the choices given, select the one which, when substituted for the underlined word or words, fits grammatically into the original sentence.

Example:
Il conduit très bien.
A. vite B. rapide C. lent D. mauvais

The correct answer is A.

5. Voilà mes crayons; les vôtres sont là-bas. 5.___
A. les tiens B. les tiennes
C. le tien D. la tienne

6. Je m'étonne qu'il parle si bien l'anglais. 6.___
A. comprend B. sait C. lit D. écrive

7. J'ai mangé moins que vous. 7.___
A. avant B. aussi C. de plus D. autant

8. Vous habituez-vous à ses procédés? 8.___
A. étonnez B. souvenez
C. intéressez D. moquez

Directions: The following paragraph contains blank spaces (Questions 9-12) indicating omissions in the text. Below each blank is a number. Select one of the four choices for each blank that is grammatically correct in the context. There is no example for this part.

Les renseignements que _____ (9) amie Jeanne a demandés pour son voyage de _____ (10) hiver ne lui ont pas encore _____ (11) envoyés. Elle aimerait bein qu'on _____ (12) fasse parvenir le plus tôt possible.

9. A. mon B. ma C. mienne D. mien 9.___

10. A. c' B. ce C. cet D. cette 10.___

11. A. été B. étaient C. était D. eu 11.___

12. A. les y B. y en C. le lui D. les lui 12.___

Directions: Read the following passage carefully for comprehension. The passage is followed by a number of questions or incomplete statements. For each question or statement, select the answer or completion that is BEST according to the passage. There is no example for this part.

Cette année-là, il y avait donc pour la première fois une grève des paysans, qui protestaient contre les conditions économiques en barrant les routes vers les grandes villes pour en empêcher le ravitaillement. De nombreux incidents semblables se sont produits depuis lors. Tandis que la population de la France maintient une courbe de croissance régulière, celle de la campagne diminue, car les jeunes préfèrent l'usine et la vie en ville, où il est plus facile de trouver du travail bien payé et des amusements. Le dépeuplement crée des problèmes sérieux. En 1911, quarante-cinq pour cent de la population laborieuse travaillait dans l'agriculture; aujourd'hui, ce chiffre est tombé à vingt-cinq pour cent, et la main-d'oeuvre commence à manquer. Le gouvernement cherche à améliorer la situation du paysan. Il lui offre les bénéfices de la sécurité sociale; il y a des allocations pour la vieillesse, pour les familles nombreuses, et pour les mères qui restent au foyer au lieu d'aller travailler à l'extérieur.

13. Les chiffres cités dans ce passage indiquent que 13._
   A. la population de la France diminue
   B. la campagne se dépeuple
   C. l'industrie manque d'ouvriers
   D. les paysans ne se révoltent pas souvent

14. Qu'est-ce qui s'est passé cette année-là? 14._
   A. Les paysans ont refusé la sécurité sociale.
   B. Les femmes ont refusé de travailler.
   C. Des villes ont été attaquées.
   D. Des camions de vivres ont été arrêtés.

15. Quelles sont les personnes qui constituent le groupe menant une lutte pour l'amélioration de leur condition? 15._
   A. Les habitants des grandes villes
   B. Les agriculteurs
   C. Les employés du gouvernement
   D. Les mères de familles nombreuses

Section II: Listening

All the italicized material in Section II represents what you would hear on an actual test recording. This material does not appear in the actual test book.

Directions: For each question in this part (Questions 16 and 17), you will hear a single sentence. In the 10-second pause following each sentence, choose from the four pictures the one that corresponds to the spoken sentence.

Example:
You hear:
(Man) *Le garçon sourit.*
Now look at the four pictures printed in your test book.

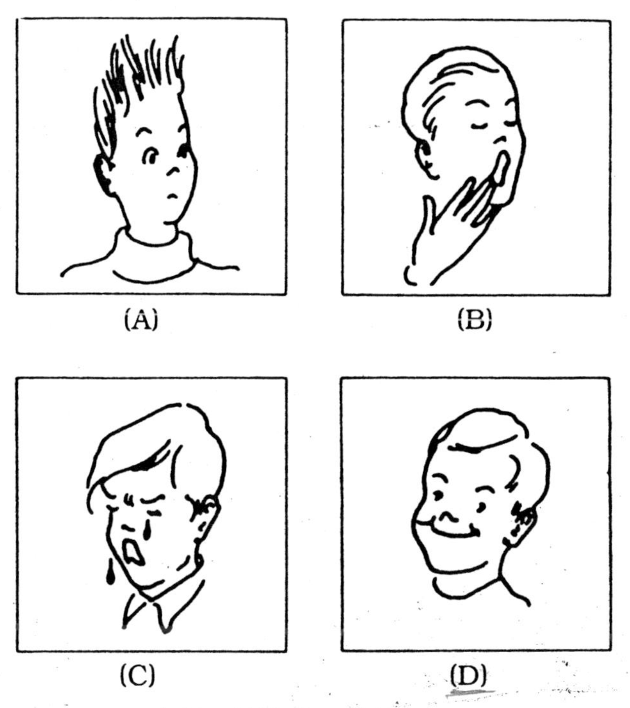

(A) (B) (C) (D)

The correct answer is picture D.

16. (Man) *Le poisson est sur la table.* 16.___

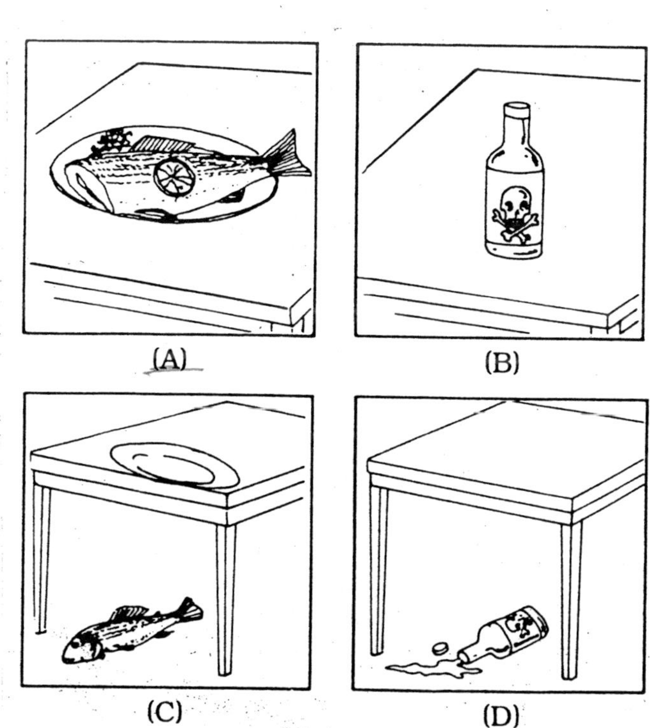

(A) (B) (C) (D)

17. (Woman) *Elle achète des boissons.* 17.__

(A) (B)

(C) (D)

Directions: For each question in this part (Questions 18-20), you will hear a short conversation between two people and you will read a question about the conversation. In the 12-second pause following each conversation, choose the MOST appropriate response to the printed question.

Example:
You hear:
(Male voice) *Hélène, écrivez au tableau les phrases de la leçon d'aujourd'hui.*
(Female voice) *Je regrette, monsieur, hier soir je ne me sentai pas bien, et je n'ai pas fait mon devoir.*

Now read the question and the four choices printed in your test book.
Qui parle?
A. Un professeur et son élève
B. Un homme d'affaires et sa secrétaire
C. Un médecin et une malade
D. Un garçon de café et une cliente

Of the four choices, A is the MOST appropriate response to the question.

18. (Male Voice A) *Je fais les plein, Monsieur?* 18.___
(Male Voice B) *Oui, s'il vous plaît, et vérifiez l'huile et les pneus.*

Où se trouve-t-on?

A. Au restaurant
B. Chez l'épicier
C. A la station-service
D. Chez le pharmacien

19. (Female Voice) *Selon la carte, nous devons prendre la première route à droite.* 19.___
(Male Voice) *Est-ce celle-là qui doit nous mener au premier village?*

Que font ces gens?

A. Ils se promènent en ville.
B. Ils regardent des cartes chez eux.
C. Ils voyagent dans une région inconnue.
D. Ils rentrent chez eux.

20. (Female Voice) *Etes-vous allé voir la dernière pièce de notre ami?* 20.___
(Male Voice) *Non, car je refuse de faire la queue pendant des heures!*
(Female Voice) *Mais, vous pouvez louer vos places d'avance!*
(Male Voice) *J'ai bien essayé, mais il y avait un monde fou.*

De quoi s'agit-il?

A. De la location d'une chambre
B. D'une répresentation théâtrale
C. D'un projet de voyage
D. D'une vente dans un magasin

Directions: In this part (Questions 21-25), you will hear two spoken selections, each followed by a series of spoken questions. In the 12-second pause following each question, you are to choose the MOST appropriate answer from the four printed choices. There is no example for this part.

First Selection:

(Female Voice) *Et bien voilà, Monsieur l'agent. Je faisais tranquillement les vitrines lorsqu'un inconnu s'est approché de moi.*
(Male Voice) *Bon. Et après, Madame, dites-moi ce qui s'est passé.*
(Female Voice) *Alors l'homme m'a bousculée et puis il s'est sauvé. C'est à ce moment-là que je me suis rendu compte que ma montre avait disparu.*
(Male Voice) *Asseyez-vous là, Madame, et signez votre déposition.*

21. (Female Voice) *Qui parle?* 21.___

A. Un policier et une femme
B. Un homme et sa femme
C. Un assureur et sa cliente
D. Un étranger et une vendeuse

22. (Female Voice) *Où cette conversation a-t-elle lieu?* 22.___
A. Dans la rue B. Devant un magasin
C. Au poste de police D. Chez la femme

23. (Female Voice) *De quoi s'agit-il?* 23.___
A. D'un achat B. D'un vol
C. D'une interview D. D'un accident

Second Selection:

(Female Voice) *Le ministre de l'Education Nationale, accompagné de son épouse, est arrivé ce matin dans notre ville où il assistera à l'inauguration du nouveau lycée de filles. Il a été accueilli à sa descente d'avion par monsieur le maire ainsi que par un groupe d'enfan des écoles qui ont remis à la femme du ministre un beau bouquet de fleurs.*

24. (Male Voice) *Avec qui le ministre est-il arrivé?* 24.___
A. Avec la maire B. Avec ses filles
C. Avec des enfants D. Avec sa femme

25. (Male Voice) *Pourquoi le ministre est-il venu?* 25.___
A. Pour passer ses vacances
B. Pour un concours d'aviation
C. Pour une exposition de fleurs
D. Pour inaugurer un lycée

STUDY RESOURCES

Following is a list of textbooks that are widely used in courses in the first two years of college French. Familiarize yourself thoroughly with the contents of at least one of these or other French textbooks. Besides studying basic vocabulary, aim to understand and apply the grammatical principles that make up the language. The revi grammars listed below will help you do this. To improve your reading comprehension, use the passages in the textbooks and readers listed below and other reading material of your choice. To improve your listening comprehension, seek opportunities to hear the language spoken by native speakers and to converse with native speakers. All the textbooks listed below include tape programs; these and other French records and tapes are available in many libraries. Take advan tage of opportunities to join organizations with French-speaking members, to attend French movies, or to hear French-language radio broadcasts.

Textbooks

Bragger, J. and D. Rice, ALLONS-Y: LE FRANÇAIS PAR ÉTAPES, 2nd ed., Boston: Heinle & Heinle, 1989.

Brown, T.H., PAS À PAS - FRENCH: LISTENING, SPEAKING, READING, WRITIN 1st ed., New York: Wiley, 1989.

Dineen, D.A. and M. Kernen, CHAPEAU! FIRST YEAR FRENCH, 1st ed., New York: Wiley, 1989.

Heilenman, L.K., D. Kaplan and C. Tournier, VOILÀ, AN INTRODUCTION TO FRENCH, 1st ed., New York: Harper and Row Publishers, Inc., 1989.

Jian G. and R. Hester, DÉCOUVERTE ET CRÉATION: LES BASES DU FRANÇAIS MODERNE, 5th ed., Boston: Houghton Mifflin Co., 1989.

Knop, C.K., J. Harris and A. Lévêque, BASIC CONVERSATIONAL FRENCH, 8th ed., Boston: Houghton Mifflin, 1989.

Lenard, Y., PAROLE ET PENSÉE: INTRODUCTION AU FRANÇAIS D'AUJOURD'HUI, 4th ed., New York: Harper and Row Publishers, Inc., 1982.

Rassias, J.A. and J. de la Chapelle-Skubly, LE FRANÇAIS: DÉPART-ARRIVÉE. New York: Harper and Row Publishers, Inc., 1980.

Valette, J. and R. Valette, CONTACTS: LANGUE ET CULTURE FRANÇAISES, 4th ed., Boston: Houghton Mifflin Co., 1989.

French language reading materials and information can be obtained from American distributors such as:

Adler's Foreign Books, Inc., 915 Foster Street, Evanston, IL 60201
European Book Company, 925 Larkin Street, San Francisco, CA 94109
Gérard Hamon, Inc., P.O. Box 758, 721 West Boston Post Road, Mamaroneck, NY 10543
Midwest European Publications, 915 Foster Street, Evanston, IL 60201
Schoenhof's Foreign Books, 76A Mount Auburn Street, Cambridge, MA 02138

KEY (CORRECT ANSWERS)

1. C
2. C
3. A
4. D
5. A
6. D
7. D
8. C
9. A
10. C
11. A
12. D
13. B
14. D
15. B
16. A
17. B
18. C
19. C
20. B
21. A
22. C
23. B
24. D
25. D

HOW TO TAKE A TEST

You have studied long, hard and conscientiously.

With your official admission card in hand, and your heart pounding, you have been admitted to the examination room.

You note that there are several hundred other applicants in the examination room waiting to take the same test.

They all appear to be equally well prepared.

You know that nothing but your best effort will suffice. The "moment of truth" is at hand: you now have to demonstrate objectively, in writing, your knowledge of content and your understanding of subject matter.

You are fighting the most important battle of your life—to pass and/or score high on an examination which will determine your career and provide the economic basis for your livelihood.

What extra, special things should you know and should you do in taking the examination?

BEFORE THE TEST

YOUR PHYSICAL CONDITION IS IMPORTANT

If you are not well, you can't do your best work on tests. If you are half asleep, you can't do your best either. Here are some tips:

1) Get about the same amount of sleep you usually get. Don't stay up all night before the test, either partying or worrying—DON'T DO IT!
2) If you wear glasses, be sure to wear them when you go to take the test. This goes for hearing aids, too.
3) If you have any physical problems that may keep you from doing your best, be sure to tell the person giving the test. If you are sick or in poor health, you really cannot do your best on any test. You can always come back and take the test some other time.

AT THE TEST

EXAMINATION TECHNIQUES

1) Read the general instructions carefully. These are usually printed on the first page of the exam booklet. As a rule, these instructions refer to the timing of the examination; the fact that you should not start work until the signal and must stop work at a signal, etc. If there are any *special* instructions, such as a choice of questions to be answered, make sure that you note this instruction carefully.

2) When you are ready to start work on the examination, that is as soon as the signal has been given, read the instructions to each question booklet, underline any key words or phrases, such as *least, best, outline, describe* and the like. In this way you will tend to answer as requested rather than discover on reviewing your paper that you *listed without describing*, that you selected the *worst* choice rather than the *best* choice, etc.

3) If the examination is of the objective or multiple-choice type – that is, each question will also give a series of possible answers: A, B, C or D, and you are called upon to select the best answer and write the letter next to that answer on your answer paper – it is advisable to start answering each question in turn. There may be anywhere from 50 to 100 such questions in the three or four hours allotted and you can see how much time would be taken if you read through all the questions before beginning to answer any. Furthermore, if you come across a question or group of questions which you know would be difficult to answer, it would undoubtedly affect your handling of all the other questions.

4) If the examination is of the essay type and contains but a few questions, it is a moot point as to whether you should read all the questions before starting to answer any one. Of course, if you are given a choice – say five out of seven and the like – then it is essential to read all the questions so you can eliminate the two which are most difficult. If, however, you are asked to answer all the questions, there may be danger in trying to answer the easiest one first because you may find that you will spend too much time on it. The best technique is to answer the first question, then proceed to the second, etc.

5) Time your answers. Before the exam begins, write down the time it started, then add the time allowed for the examination and write down the time it must be completed, then divide the time available somewhat as follows:
   - If 3-1/2 hours are allowed, that would be 210 minutes. If you have 80 objective-type questions, that would be an average of 2-1/2 minutes per question. Allow yourself no more than 2 minutes per question, or a total of 160 minutes, which will permit about 50 minutes to review.
   - If for the time allotment of 210 minutes there are 7 essay questions to answer, that would average about 30 minutes a question. Give yourself only 25 minutes per question so that you have about 35 minutes to review.

6) The most important instruction is to *read each question* and make sure you know what is wanted. The second most important instruction is to *time yourself properly* so that you answer every question. The third most important instruction is to *answer every question.* Guess if you have to but include something for each question. Remember that you will receive no credit for a blank and will probably receive some credit if you write something in answer to an essay question. If you guess a letter – say "B" for a multiple-choice question – you may have guessed right. If you leave a blank as an answer to a multiple-choice question, the examiners may respect your

feelings but it will not add a point to your score. Some exams may penalize you for wrong answers, so in such cases *only*, you may not want to guess unless you have some basis for your answer.

7) Suggestions
   a. Objective-type questions
      1. Examine the question booklet for proper sequence of pages and questions
      2. Read all instructions carefully
      3. Skip any question which seems too difficult; return to it after all other questions have been answered
      4. Apportion your time properly; do not spend too much time on any single question or group of questions
      5. Note and underline key words – *all, most, fewest, least, best, worst, same, opposite,* etc.
      6. Pay particular attention to negatives
      7. Note unusual option, e.g., unduly long, short, complex, different or similar in content to the body of the question
      8. Observe the use of "hedging" words – *probably, may, most likely,* etc.
      9. Make sure that your answer is put next to the same number as the question
      10. Do not second-guess unless you have good reason to believe the second answer is definitely more correct
      11. Cross out original answer if you decide another answer is more accurate; do not erase until you are ready to hand your paper in
      12. Answer all questions; guess unless instructed otherwise
      13. Leave time for review

   b. Essay questions
      1. Read each question carefully
      2. Determine exactly what is wanted. Underline key words or phrases.
      3. Decide on outline or paragraph answer
      4. Include many different points and elements unless asked to develop any one or two points or elements
      5. Show impartiality by giving pros and cons unless directed to select one side only
      6. Make and write down any assumptions you find necessary to answer the questions
      7. Watch your English, grammar, punctuation and choice of words
      8. Time your answers; don't crowd material

8) Answering the essay question

Most essay questions can be answered by framing the specific response around several key words or ideas. Here are a few such key words or ideas:

M's: manpower, materials, methods, money, management
P's: purpose, program, policy, plan, procedure, practice, problems, pitfalls, personnel, public relations

a. Six basic steps in handling problems:
   1. Preliminary plan and background development
   2. Collect information, data and facts
   3. Analyze and interpret information, data and facts
   4. Analyze and develop solutions as well as make recommendations
   5. Prepare report and sell recommendations
   6. Install recommendations and follow up effectiveness

b. Pitfalls to avoid
   1. *Taking things for granted* – A statement of the situation does not necessarily imply that each of the elements is necessarily true; for example, a complaint may be invalid and biased so that all that can be taken for granted is that a complaint has been registered
   2. *Considering only one side of a situation* – Wherever possible, indicate several alternatives and then point out the reasons you selected the best one
   3. *Failing to indicate follow up* – Whenever your answer indicates action on your part, make certain that you will take proper follow-up action to see how successful your recommendations, procedures or actions turn out to be
   4. *Taking too long in answering any single question* – Remember to time your answers properly

EXAMINATION SECTION

EXAMINATION SECTION

PART A

DIRECTIONS: Each question or incomplete statement is followed by several suggested answers or completions. Select the one that BEST answers the questions or completes the statement. *PRINT THE LETTER OF THE CORRECT ANSWER IN THE SPACE AT THE RIGHT.*

1. J'ai vu tous les films que vous m'avez______. 1.____

   A. recommandé
   B. recommandée
   C. recommandés
   D. recommandées

2. Elle ne veut pas que nous______ en retard. 2.____

   A. partons
   B. soyons
   C. finissons
   D. sortons

3. As-tu vu son______ appartement? Il est magnifique! 3.____

   A. nouvelle
   B. nouveau
   C. nouveaux
   D. nouvel

4. Elle a les yeux bleus et les______ châtains. 4.____

   A. cheveux
   B. chevaux
   C. chevelures
   D. chevilles

5. J'ai besoin de faire les______ parce que j'ai invité plusieurs amis à diner chez moi. 5.____

   A. cours
   B. courses
   C. courts
   D. coûts

6. L'homme______ je connais le frère est médecin. 6.____

   A. que
   B. dont
   C. qui
   D. lequel

7. Nous avons vu Sophie ce matin, mais nous ne______ avons pas parlé. 7._

A. la
B. l'
C. lui
D. leur

8. Je n'ai pas assez______ argent pour sortir. 8._

A. d'
B. de
C. del'
D. du

9. ______ de partir pour l'école, Julie se lavait les cheveux. 9._

A. Après
B. Pour
C. Pendant
D. Avant

10. En général je déteste les fruits de mer, mais j'aime beaucoup le______. 10._

A. hommage
B. homme
C. homélie
D. homard

11. Elle travaille très______ mais elle finit tous ses projets à l'avance. 11._

A. vite
B. lentement
C. rapide
D. dur

12. Tu voyageras en France quand tu______ assez d'argent. 12._

A. as
B. avais
C. auras
D. aurais

13. Je vous présente______ amie Juliette. 13._

A. m'
B. ma
C. mes
D. mon

14. Je ne comprends pas ce chapitre bien que je______ beaucoup de notes en lisant. 14._

A. prends
B. prenais
C. prenne
D. prendrais

15. Martine vient de boire un verre d'eau mais elle a toujours______. 15.____

A. soif
B. peur
C. honte
D. envie

16. Nous n'avons______ vu au marché. 16.____

A. rien
B. pas
C. personne
D. aucun

17. Monsieur Lebrun, est-ce que vous______ Madame Bois vert? 17.____

A. savez
B. parlez
C. connaissez
D. dites

18. Nos amis sont______ venus nous voir. 18.____

A. tout
B. toute
C. tous
D. toutes

19. Elle tient à visiter______ Mexique un jour. 19.____

A. en
B. au
C. y
D. le

20. Toujours en pyjama, Julien a mis ses______ pour chercher le journal. 20.____

A. pantoufles
B. chaussons
C. patins
D. bas

21. Tout le monde a commencé à parler en même______. 21.____

A. fois
B. temps
C. heure
D. moment

22. Ma mère adore cuisiner, mais ma grand-mère cuisine______ qu'elle. 22.____

A. bien
B. mieux
C. aussi
D. pour

23. Je ne suis allée______ part hier parce que je me sentais malade. 23.__

A. nulle
B. aucune
C. toute
D. quelque

24. Nous avons acheté nos bouquins à la______ près du lycée. 24.__

A. bibliothèque
B. magasin
C. librairie
D. marché

25. Ce n'est pas moi qui vous______ dit de partir. 25.__

A. avez
B. ai
C. a
D. est

PART B

DIRECTIONS: In each of the following paragraphs, there are blanks indicating that words or phrases have been omitted. Select the BEST answer which completes the sentence. *PRINT THE LETTER OF THE CORRECT ANSWER IN THE SPACE AT THE RIGHT.*

J'habitais en ville quand j'___(26)___cinq ans. J'adorais les chats, mais je ne pouvais pas___(27)___avoir___(28)___mes allergies. Mes parents, qui ___(29)___ma tristesse, m'ont acheté des___(30)___pour calmer mes symptômes, et puis ils m'ont offert un chat!

26. A. étais 26.__
B. allais
C. faisais
D. avais

27. A. l' 27.__
B. les
C. en
D. de

28. A. car 28.__
B. parce que
C. par conséquent
D. à cause de

29. A. approuvaient 29.__
B. comprenaient
C. se moquaient de
D. comptaient sur

30. A. médecines
B. médicaments
C. médecins
D. médicaux

30.____

Valérie___(31)___Robert à la fête de l'anniversaire de son amie Julie___(32)___ cinq ans. Julie lui avait déjà parlé de ce garçon car elle pensait que les deux jeunes gens___(33)___beaucoup de choses en commun. Quand Valérie a enfin eu l'occasion de parler à Robert, elle a trouvé que Juliette avait tout à fait___(34)___: Robert s'intéressait au ciné, à la politique et aux arts, tout comme Valérie. La rencontre a eu un___(35)___heureux, car Valérie et Robert se marieront la semaine prochaine!

31. A. a parlé
B. est sortie
C. s'est retrouvée
D. a connu

31.____

32. A. depuis
B. pendant
C. il y a
D. à

32.____

33. A. auraient
B. auront
C. aient
D. ont

33.____

34. A. tort
B. raison
C. juste
D. correct

34.____

35. A. fin
B. dénouement
C. conclusion
D. malentendu

35.____

Ma___(36)___,

Me voici enfin en Guadeloupe! Notre aventure a commencé à partir du moment où notre avion a atterri. En___(37)___de l'avion, nous sommes allés chercher nos valises mais on nous a___(38)___qu'elles avaient été oubliées à Paris! On nous a promis de nous les faire venir avant dix heures du soir, alors nous avons décidé de nous___(39)___à l'hôtel. Notre premier pas en dehors de l'aéroport nous a rappelé que nous étions dans un ___(40)___chaud. Il y avait des gens qui___(41)___en short et la plage près de notre hôtel était bondée. Nous voulions aller nous baigner, mais comme nos valises n'étaient toujours pas arrivées, nous avons dû attendre encore un peu. Heureusement, il y avait un bon petit restaurant dans l'hôtel___(42)___servait des spécialités de la région. Je te donnerai une recette à notre retour, car nous avons goûté un plat que tu vas sûrement adorer! Tiens, nos valises arrivent, alors il faut que je file!

Je t'embrasse très fort,
Michel

36. A. cher ami 36._
    B. chère amie
    C. ami cher
    D. amie chère

37. A. descendre 37._
    B. descendant
    C. ayant descendu
    D. étant descendus

38. A. dit 38._
    B. dite
    C. dits
    D. dites

39. A. rencontrer 39._
    B. rendre
    C. retrouver
    D. rentrer

40. A. région 40._
    B. paysage
    C. endroit
    D. immeuble

41. A. se promenaient 41._
    B. portaient
    C. mettaient
    D. se déshabillaient

42. A. qui 42._
    B. que
    C. où
    D. dont

PART C

DIRECTIONS: Read the following selections and answer the questions. *PRINT THE LETTER OF THE CORRECT ANSWER IN THE SPACEAT THE RIGHT.*

Il était une fois une jeune fille de dix-huit ans qui s'appelait Rose. Rose habitait la forêt avec son vieux père et ses deux soeurs. Sa mère était morte lors de l'accouchement de sa soeur cadette huit ans aupar avant, alors les trois filles s'occupaient de leur père qui les aimait et voyait en elles l'image de sa femme chérie.

Un jour, pendant que ses deux soeurs préparaient un repas léger, Rose est sortie cueillir des fleurs dans la forêt. Elle connaissait un endroit où des rosiers poussaient en abondance; cette clairière représentait un petit paradis pour Rose, et elle y passait beaucoup de temps. Malheureusement, un loup avait remarqué Rose et était venu à sa rencontre. D'une voix douce et onctueuse, il lui a adressé la parole:

-Bonjour, ma belle. Il fait chaud aujourd'hui, n'est-ce pas? Si on allait chez moi? Nous pourrions prendre quelque chose pour nous rafraîchir. Qu'en dis-tu?

Rose, qui savait bien qu'il ne fallait jamais se fier aux loups, a couru à toutes jambes chez elle. Elle est entrée toute rouge et ésoufflée, et sa mine a fait peur à ses soeurs. Rose leur a dit:

-Ne nous promenons pas dans les bois, car le loup y est!

43. Quel âge Rosé avait-elle quand elle a perdu sa mère? 43.____

A. dix-huit ans
B. huit ans
C. dix ans
D. deux ans

44. Le père adorait ses trois filles parce qu'elles 44.____

A. savaient bien cuisiner
B. aimaient cueillir des fleurs
C. lui adressaient la parole
D. ressemblaient à leur mère

45. Le loup a parlé à Rose parce qu'il 45.____

A. avait chaud
B. voulait la séduire
C. voulait se rafraîchir
D. avait soif

46. Comment Rose est-elle rentrée chez elle? 46.____

A. plutôt paisiblement
B. à quatre pattes, comme un loup
C. aussi rapidement que possible
D. aussi péniblement que possible

47. Quand Rose est entrée dans la maison, 47.____

A. elle était blême
B. elle avait peur de ses soeurs
C. elle avait du mal à respirer
D. elle avait bonne mine

Il y a huit jours que Lucien Bérard et Hortense Larivière sont mariés. Mme veuve Larivière, la mère, tient, depuis trente ans, un commerce de bimbeloterie. C'est une femme sèche et pointue, de caractère despotique, qui n'a pu refuser sa fille à Lucien, le fils unique d'un quincaillier du quartier, mais qui entend surveiller de près le jeune ménage. Dans le contrat, elle a cédé la boutique de bimbeloterie à Hortense, tout en se réservant une chambre dans l'appartement; et en réalité, c'est elle qui continue à diriger la maison, sous le prétexte de mettre les enfants au courant de la vente.

On est au mois d'août, la chaleur est intense, les affaires vont fort mal. Donc Mme Larivière est plus aigre que jamais. Elle ne tolère point que Lucien s'oublie une seule minute près d'Hortense. Ne les a-t-elle pas surpris, un matin, en train de s'embrasser dans la boutique! Jamais elle n'a permis à M. Larivière de la toucher du bout des doigts dans la boutique. Il n'y pensait guère, d'ailleurs. Et c'était ainsi qu'ils avaient fondé leur établissement.

Lucien, n'osant encore se révolter, envoie des baisers à sa femme, quand Mme Larivière a le dos tourné. Un jour, pourtant, il se permet de rappeler que les familles, avant la noce, ont promis de leur payer un voyage, pour leur lune de miel. Mme Larivière pince ses lèvres minces.

--Eh bien! leur dit-elle, allez vous promener un après-midi au bois de Vincennes.

Les nouveaux mariés se regardent d'un air consterné. Hortense commence à trouver sa mère vraiment ridicule. C'est à peine si, la nuit, elle est seule avec son mari. Au moindre bruit, Mme Larivière vient frapper à leur porte pour leur demander s'ils ne sont pas malades.

(adapté de "Voyage circulaire" d'Emile Zola)

48. Qui est Mme Larivière? 48._

A. la belle-mère de Lucien
B. la mère de Lucien
C. la veuve de Lucien
D. la femme de Lucien

49. Mme Larivière est une femme qui veut 49._

A. contrôler les autres
B. rendre Hortense heureuse
C. encourager Lucien
D. prendre sa retraite

50. Dans le contrat, Mme Larivière déclare son intention de 50._

A. refuser la vente de la boutique
B. s'occuper des enfants du ménage
C. rester sur place au lieu de déménager
D. s'affiancer au quincaillier

51. Pourquoi Mme Larivière est-elle plus désagréable que d'habitude? 51._

A. Elle n'aime pas la boutique
B. On vend très peu de choses
C. Hortense ne supporte pas la chaleur
D. Lucien l'a surprise

52. Selon le texte, M. Larivière 52._

A. embrassait sa femme dans la boutique
B. s'absentait souvent de la boutique
C. caressait les objets du bout des doigts
D. ne s'intéressait pas à sa femme physiquement

53. Mme Larivière frappe souvent à la porte des jeunes gens parce qu'elle 53._

A. s'inquiète de la santé de sa fille
B. se sent souvent malade
C. est jalouse du bonheur des nouveaux mariés
D. veut proposer des promenades

En 1960, mes parents sont arrivés en France pour essayer d'avoir une meilleure vie. A cette époque-là, beaucoup d'étrangers arrivaient dans ce beau pays de rêve. Ils venaient de tous les coins du monde, surtout du Maghreb. Beaucoup de personnes comme mes parents espéraient réussir. Tout ce qu'ils voulaient était une chance. A leur arrivée, mes parents ne comprenaient pas vraiment la culture française. Mon père, qui s'était battu aux côtés de l'armée française pendant la deuxième guerre mondiale, ne parlait pas bien le français. Ma mère ne parlait pas du tout la langue. S'ils étaient allés à l'école quand ils étaient jeunes, ils auraient pu parler français. Au début, c'était très difficile pour eux. L'accueil n'était pas comme ils le croyaient. Ils ont loué un très petit appartement dans un immeuble où d'autres immigrés habitaient. Après des mois, ils ont finalement reçu leurs papiers. Malheureuesment, mon oncle est resté sans papiers pendant des années. Sa famille n'avait même pas de carte de séjour. A vrai dire, une grande majorité des compatriotes de ma famille était au chômage. Ils ne pouvaient pas gagner leur vie. Quand je suis née quinze ans plus tard, mes parents étaient ouvriers dans une usine. Pour gagner un peu plus d'argent, ma mère avait un autre boulot. Elle faisait des travaux domestiques pour une famille riche à Paris. Pas question de faire du bénévolat! Au début je ne comprenais pas mais j'ai vite vu que la vie de mes parents n'était pas aussi belle que je la croyais. Lorsque je posais des questions, ils me disaient toujours que je devais réussir à l'école, apprendre la langue et trouver un bon travail. Ils ne voulaient pas me voir travailler dans une usine comme eux.

54. Les parents ne parlaient pas bien le français parce qu'ils 54._____

A. travaillaient dans une usine
B. n'étaient pas éduqués
C. ne comprenaient pas la culture
D. venaient de tous les coins du monde

55. Le père est 55._____

A. un homme battu
B. un jeune homme
C. un bon écolier
D. un ancien soldat

56. Le texte indique que la personne qui parle 56._____

A. est une fille
B. est un garçon
C. a quinze ans
D. travaille à l'usine

57. Selon le passage, l'expérience des parents en France était plutôt 57._____

A. facile
B. incompréhensible
C. satisfaisante
D. décevante

Le camping est un mode de villégiature de plus en plus prisé par les Martiniquais, que ce soit par goût, ou pour faire des économies.

Synonyme de liberté et d'indépendance, le camping est aussi une façon de vivre différente qui séduit de plus en plus de personnes, désireuses de « couper » avec la routine quotidienne. Recherche de dépaysement total jusque dans les gestes de tous les jours, souci de passer des vacances agréables sans faire trop de dépenses, envie de partager des moments de détente et de convivialité en groupe, que ce soit en famille ou entre amis, désir de changer ses codes de fonctionnement habituels pour vraiment

« décompresser », sont autant de raisons qui poussent les gens, inconditionnels ou débutants, à choisir ce style de villégiature, généralement au bord de la mer.

Faire du camping suppose que l'on aime la vie en communauté, et que l'on connaît les « codes » de bonne conduite. Il en est de même en matière de respect de l'environnement. Le bon campeur aime, par définition, la nature, puisque, en principe, c'est pour se rapprocher d'elle qu'il a opté pour ce style de villégiature.

(adapté de "France-Antilles Magazine")

58. Selon le contexte, le mot « villégiature » veut dire 58._

A. vie
B. vacances
C. voyage
D. village

59. Le camping attire des gens qui désirent 59._

A. être isolés
B. faire des économies
C. profiter des commodités
D. faire des gestes

60. D'après le passage, les Martiniquais préfèrent faire du camping 60._

A. à la plage
B. à la montagne
C. en ville
D. dans la forêt

61. Pour apprécier le camping, il faut 61._

A. garder la routine quotidienne
B. aimer la compagnie
C. pousser les gens
D. conduire lentement

62. D'après le passage, les gens qui font du camping doivent 62._

A. faire des réservations
B. priser les dépenses
C. montrer de la politesse
D. se connaître à l'avance

63. Le bon campeur ne veut pas 63._

A. nuire à l'environnement
B. passer du temps avec les autres
C. respecter la communauté
D. être plus près de la nature

A l'école élémentaire, l'ordinateur est utilisé comme cahier d'exercice un peu amélioré. L'enfant se sert d'un logiciel, c'est-à-dire d'un programme dont il suit les instructions. Il y a des logiciels de français, de mathématiques, etc. Le micro-ordinateur offre dans ce cas plusieurs avantages. L'enfant prend plaisir à le manipuler. Ce plaisir lui fait souvent paraître attrayants des exercices qu'il trouverait ennuyeux de faire sur un cahier. De plus, l'enfant, dans son tête-à-tête avec la machine, ne se sent pas jugé quand il rate un exercice. Entre lui et l'ordinateur, la relation est neutre, l'écran peut afficher « Recommence », ce n'est jamais un jugement de valeur qu'il émet, c'est la simple constatation d'une erreur. L'erreur peut être immédiatement corrigée et effacée, alors c'est un outil qui valorise l'écrit. Mais l'ordinateur a beaucoup évolué depuis son arrivée à l'école. On constate que l'élève, devant l'ordinateur, est actif et construit lui-même son itinéraire d'apprentissage à travers son action. L'ordinateur est un outil de documentation, et il permet donc une ouverture sur le monde. Il permet également de travailler au rythme d'apprentissage de l'enfant. Comme les élèves sont généralement contents et motivés lorsqu'on leur dit qu'une séance informatique est prévue, on peut voir que l'ordinateur est un outil efficace.

64. Quel est le sujet principal de l'article? 64._____

A. Les limites des logiciels
B. Les risques de la programmation
C. L'influence du système éducatif
D. L'importance de l'informatique

65. L'ordinateur à l'école primaire 65._____

A. n'a aucune place
B. ennuie les enfants
C. paraît démodé
D. se montre utile

66. Le texte suggère que l'ordinateur est parfois plus utile qu'un cahier traditionnel parce que les enfants 66._____

A. craignent les logiciels nombreux
B. préfèrent les exercices électroniques
C. s'ennuient à manipuler l'ordinateur
D. ont une relation positive avec la machine

67. Selon le texte, l'un des avantages de l'ordinateur, c'est qu'il 67._____

A. ne gronde pas les enfants
B. ne rate pas les exercices
C. ne constate pas les fautes
D. ne suit pas les instructions

Mon père, parce que j'étais frêle de santé, ou que lui-même alors âgé et malade avait trop de pitié pour la vie, mon père peu après que je vins au monde me baptisa: Petite Misère. Même quand il me donnait le nom avec douceur, en caressant mes cheveux, j'en étais irritée et malheureuse, comme d'une prédisposition à cause de lui à souffrir. Je me redressais et intérieurement me disais: «Ah non! je ne suis pas misère. Jamais je ne serai comme toi!»

Mais, un jour, il me jeta le mot détestable avec colère. Je ne sais même plus ce qui avait pu mériter pareil éclat: bien peu de choses sans doute; mon père traversait de longues périodes d'humeur sombre où il était sans patience et comme accablé de regrets; peut-être aussi de responsabilités trop lourdes. Alors, parfois, un éclat de rire le rejoignant, l'atteignant en plein dans ses pensées moroses, provoquait chez lui un accès de détresse. J'ai compris plus tard que craignant sans cesse pour nous le moindre et le pire des malheurs, il aurait voulu tôt nous mettre en garde contre une trop grande aspiration au bonheur.

Son visage agité, ce jour-là, m'avait paru terrifiant. Il me menaçait de sa main levée; mais, incapable de se décider à me frapper, il me jeta comme un reproche éternel:

-Ah! pourquoi ai-je eu des enfants, moi!

(adapté de "Petite Misère" de Gabrielle Roy)

68. Quand la narratrice est née, elle était 68._

A. malheureuse
B. en bonne santé
C. en mauvaise santé
D. douce

69. Quand la narratrice est née, son père était 69._

A. assez vigoureux
B. plutôt vieux
C. trop pitoyable
D. très joyeux

70. Le texte indique que le père 70._

A. n'avait aucune affection pour sa fille
B. était d'humeur morose
C. travaillait en tant que prêtre
D. frappait souvent ses enfants

71. Pourquoi la fille était-elle irritée quand son père l'appelait Petite Misère? 71._

A. Elle n'aimait pas qu'on caresse ses cheveux
B. Elle avait toujours peur de son père
C. Elle voulait ressembler à son père
D. Elle se sentait condamnée à souffrir

72. Le père a fait la dernière remarque pour 72._

A. faire rire sa fille
B. avoir une réponse de sa fille
C. blesser sa fille sans la frapper
D. prendre une décision

Nous recherchons actuellement UN **MEDECIN DU TRAVAIL** pour un centre de service de santé au travail spécialisé.

Profil :

•Vous êtes détenteur d'un diplôme d'Etudes Supérieures en médecine du travail ou en médecine du sport.
•Vous avez déjà exercé en qualité de médecin du travail pendant au moins 5 ans.
•Vous avez d'éventuelles expériences en médecine du sport.

Poste :
Travail en partenariat avec les médecins de ville, les institutions hospitalières et autres acteurs du
soin
intervenant auprès des patients. Dans l'idéal, vous alliez des qualités de diplomatie et de rigueur.

Ouvert d'esprit et disponible, n'hésitez plus à nous appeler au 01.42.46.07.21

73. Le médecin recherché travaillera dans 73.____

A. un hôpital
B. une clinique
C. une infirmerie
D. un hospice

74. Cet offre d'emploi vous intéresserait si vous 74.____

A. poursuiviez vos études à la faculté de médecine
B. aviez obtenu votre diplôme il y a six mois
C. travailliez à l'hôpital depuis trois ans
D. étiez médecin du travail depuis 1998

75. Des expériences en médecine du sport est une qualité 75.____

A. requise
B. inutile
C. souhaitée
D. obligatoire

76. Le candidat idéal saura faire preuve de diplomatie parce que cette personne 76.____

A. ne fera pas partie d'une équipe
B. travaillera sans consulter d'autres gens professionnels
C. prendra des décisions toute seule
D. devra cultiver un rapport avec d'autres médecins

VENTE A UX ENCHERES
Appartement situé 23 boulevard Eugène Deruelle. Au 4ème étage (sans ascenseur): entrée, couloir, séjour avec cheminée, chambre, cuisine, bureau, salle de bains, WC, parquets. Cave. Chauffage individuel au gaz. Bon état général. Mise à prix: 50 000 €. Consignation: 20 000 €. Visites sur place et sans rendez-vous lundi et mercredi de 10h00 à 12h00, et jeudi de 14h00 à 16h00.
Renseignements: 04 73 39 39 82

77. Cet appartement vous intéresserait si vous 77.____

A. vouliez rester en forme
B. vous déplaciez en fauteuil roulant
C. marchiez avec des béquilles
D. n'aimiez pas monter les escaliers

78. En hiver, il ne sera pas possible de 78.

A. contrôler la température
B. faire du feu
C. préparer un grand repas
D. monter au grenier

79. Le prix minimum de l'appartement est de 79.

A. 20 000 €
B. 30000 €
C. 50000 €
D. 70000 €

80. On ne peut pas visiter l'appartement à 80.

A. quatorze heures
B. douze heures
C. treize heures
D. seize heures

KEY (CORRECT ANSWERS)

1.	C	21.	B	41.	A	61.	B
2.	B	22.	B	42.	A	62.	C
3.	D	23.	A	43.	C	63.	A
4.	A	24.	C	44.	D	64.	D
5.	B	25.	B	45.	B	65.	D
6.	B	26.	D	46.	C	66.	B
7.	C	27.	C	47.	C	67.	A
8.	A	28.	D	48.	A	68.	C
9.	D	29.	B	49.	A	69.	B
10.	D	30.	B	50.	C	70.	B
11.	B	31.	D	51.	B	71.	D
12.	C	32.	C	52.	D	72.	C
13.	D	33.	A	53.	C	73.	B
14.	C	34.	B	54.	B	74.	D
15.	A	35.	B	55.	D	75.	C
16.	A	36.	B	56.	A	76.	D
17.	C	37.	B	57.	D	77.	A
18.	C	38.	A	58.	B	78.	D
19.	D	39.	B	59.	B	79.	C
20.	A	40.	C	60.	A	80.	C

EXAMINATION SECTION

PART A

DIRECTIONS: Each question or incomplete statement is followed by several suggested answers or completions. Select the one that BEST answers the questions or completes the statement. *PRINT THE LETTER OF THE CORRECT ANSWER IN THE SPACE AT THE RIGHT.*

1. Alors, c'est toi qui _______ nous aider demain? 1. _____
   (A) allons
   (B) va
   (C) vais
   (D) vas

2. Est-ce que tu peux me _______ ton nouveau livre? Je n'ai pas d'argent en ce moment. 2. _____
   (A) acheter
   (B) emprunter
   (C) prêter
   (D) vendre

3. Nous n'avons _______ fait hier parce que nous étions fatigués. 3. _____
   (A) rien
   (B) pas
   (C) aucun
   (D) que

4. Tu chantes bien, mais ta cousine chante _______ que toi. 4. _____
   (A) meilleur
   (B) mieux
   (C) autant
   (D) aussi

5. J'ai vu ce film plusieurs _______. 5. _____
   (A) heures
   (B) temps
   (C) fois
   (D) jours

6. Avez-vous déjà voyagé par _______? 6. _____
   (A) coeur
   (B) hasard
   (C) avion
   (D) terre

7. Nous n'avons jamais vu __________ Cambodge. 7. _____
   (A) en
   (B) au
   (C) la
   (D) le

8. Elle est __________ contente de nous voir. 8. _____
   (A) tout
   (B) toute
   (C) tous
   (D) toutes

9. Monsieur Durand __________ toujours la vérité. 9. _____
   (A) parle
   (B) répond
   (C) dit
   (D) connaît

10. Ils n'ont vu __________ au cinéma. 10. _____
   (A) rien
   (B) qu'
   (C) personne
   (D) aucun

11. Martine vient de dire un gros mot et sa mère rougit parce qu'elle a __________. 11. _____
   (A) honte
   (B) peur
   (C) sommeil
   (D) chaud

12. Tu réussiras pourvu que tu __________ tous les devoirs. 12. _____
   (A) fais
   (B) feras
   (C) auras fait
   (D) fasses

13. Marc va nous présenter __________ amie Nathalie à la soirée. 13. _____
   (A) son
   (B) sa
   (C) ses
   (D) s'

14. Elles nous téléphoneront quand elles __________ à l'aéroport. 14. _____
   (A) arrivent
   (B) arriveront
   (C) arrivaient
   (D) arriveraient

15. Mme Foulet est une __________ femme sympathique. 15. _____
(A) vieil
(B) veille
(C) vielle
(D) vieille

16. Elle était bien désolée de constater que son __________ ne correspondait pas à la quantité de travail qu'elle avait à faire. 16. _____
(A) saleté
(B) salarié
(C) salaire
(D) salade

17. __________ je n'ai pas assez d'argent, je n'irai pas au cinéma ce soir. 17. _____
(A) Car
(B) Comme
(C) Pendant
(D) Pour

18. Beaucoup __________ étudiants préfèrent préparer leurs cours à la bibliothèque. 18. _____
(A) des
(B) d'
(C) de
(D) de l'

19. Marguerite nous a posé une question, mais nous ne __________ avons pas répondu. 19. _____
(A) lui
(B) la
(C) l'
(D) leur

20. Il faisait très beau le jour __________ j'ai connu Nicolas. 20. _____
(A) que
(B) quand
(C) où
(D) qui

21. L'homme dont tu connais __________ femme s'appelle Georges Dubois, n'est-ce pas? 21. _____
(A) cette
(B) sa
(C) la
(D) une

22. Elle est allée chez le coiffeur pour se __________ couper les cheveux. 22. _____
(A) fait
(B) faite
(C) faire
(D) faisait

23. Je n'ai jamais vu Michel, mais on m'a dit que c'est vraiment un ________ homme! 23. _____

(A) beau
(B) bel
(C) beaux
(D) belle

24. J'aimerais bien que nous ________ vendredi soir. 24. _____

(A) partons
(B) rentrerions
(C) danserons
(D) sortions

25. Vous m'avez ________ raconté votre voyage, mais vous ne m'avez pas montré vos photos. 25. _____

(A) bientôt
(B) hier
(C) déjà
(D) depuis

PART B

DIRECTIONS: In each of the following paragraphs, there are blanks indicating that words or phrases have been omitted. Select the BEST answer which completes the sentence. *PRINT THE LETTER OF THE CORRECT ANSWER IN THE SPACE AT THE RIGHT.*

Quand je suis ___(26)___ ce matin, j'ai vu un petit garçon qui mangeait ___(27)___ croissant ___(28)___ chaud. Il avait ___(29)___ tellement délicieux que je me suis dépêchée d'aller ___(30)___ la boulangerie. Vous pouvez imaginer ma tristesse quand j'ai vu que le magasin était déjà fermé!

26. 26. _____

(A) sortie
(B) parti
(C) quitté
(D) allée

27. 27. _____

(A) des
(B) du
(C) une
(D) un

28. 28. _____

(A) bien
(B) beaucoup
(C) aussi
(D) si

29. 29. _____

(A) l'habitude
(B) l'intention
(C) l'air
(D) l'occasion

30. (A) chez
(B) dans
(C) à
(D) en

30. _____

Mes grands-parents disent toujours que s'ils ___(31)___ été jeunes à notre ___(32)___, ils auraient voyagé beaucoup plus. Aujourd'hui, nous avons de meilleurs moyens de transport, mais que se passera-t-il si le ___(33)___ de l'essence continue d'augmenter? Si le pétrole devient ___(34)___ cher, nous ne pourrons plus payer l'essence. Beaucoup de gens seront obligés de rester à la maison ___(35)___ les vacances, et tout le monde sera malheureux!

31. (A) avaient
(B) étaient
(C) auraient
(D) seraient

31. _____

32. (A) insu
(B) avis
(C) santé
(D) époque

32. _____

33. (A) prise
(B) prix
(C) printemps
(D) prime

33. _____

34. (A) de pire en pire
(B) de moins en moins
(C) de plus en plus
(D) de mieux en mieux

34. _____

35. (A) pour
(B) depuis
(C) pendant
(D) enfin

35. _____

Chère Marie,

Salut! Aujourd'hui j'ai ___(36)___ Mélodie Vaugelas, la femme de mon ami Charles, pour la première fois. Elle était très gentille. Puisqu'elle vient ___(37)___ Louisiane, elle m'a préparé un ___(38)___ traditionnel, une étouffée, qu'elle a servi avec des légumes et une salade. On prépare l'étouffée avec beaucoup d'épices, alors elle a un goût très piquant. L'assiette dans ___(39)___ elle m'a servi ma portion était très jolie, alors je lui ai demandé où elle les avait trouvées; demain je ferai les magasins!

Et toi, est-ce que tu vas mieux? Il faut que tu ___(40)___ bien et que tu dormes beaucoup. Quand tu te seras remise un peu de ta maladie, peut-être que nous pourrons faire un petit voyage au bord de la mer. Nous ferons des activités agréables, ___(41)___ que jouer dans l'eau et bâtir des châteaux de sable. Nous trouverons un bon petit restaurant et mangerons sur la terrasse. Je sais ___(42)___ tu adores les fruits de mer, surtout quand ils sont frais!

Bisous,
Claire

36. (A) croisée
(B) connue
(C) retrouvé
(D) rencontré

36. _____

37. (A) de la
(B) de
(C) en
(D) la

37. _____

38. (A) plat
(B) repas
(C) recette
(D) marmite

38. _____

39. (A) qui
(B) quoi
(C) laquelle
(D) où

39. _____

40. (A) restes
(B) te reposes
(C) te remues
(D) repousses

40. _____

41. (A) pour
(B) tant
(C) bien
(D) telles

41. _____

42. (A) complètement
(B) comment
(C) comme
(D) combien

42. _____

PART C

DIRECTIONS: Read the following selections and answer the questions. *PRINT THE LETTER OF THE CORRECT ANSWER IN THE SPACE AT THE RIGHT.*

Un jour d'hiver, comme je rentrais à la maison, ma mère, voyant que j'avais froid, me proposa de me faire prendre, contre mon habitude, un peu de thé. Je refusai d'abord et, je ne sais pourquoi, me ravisai. Elle envoya chercher un de ces gâteaux courts et dodus appelés Petites Madeleines qui semblent avoir été moulés dans la valve rainurée d'une coquille de Saint-Jacques. Et bientôt, machinalement, accablé par la morne journée et la perspective d'un triste lendemain, je portai à mes lèvres une cuillerée du thé où j'avais laissé s'amollir un morceau de madeleine. Mais à l'instant même où la gorgée mêlée de miettes de gâteau toucha mon palais, je tressaillis, attentif à ce qui se passait d'extraordinaire en moi. Un plaisir délicieux m'avait envahi, isolé, sans la notion de sa cause. Il m'avait aussitôt rendu les vicissitudes de la vie indifférentes, ses désastres inoffensifs, sa brièveté illusoire, de la même façon qu'opère l'amour, en me remplissant d'une essence précieuse: ou plutôt cette essence n'était pas en moi, elle était moi. J'avais cessé de me sentir médiocre, contingent, mortel. D'où avait pu me venir cette puissante joie? Je sentais qu'elle était liée au goût du thé et du gâteau, mais qu'elle le dépassait infiniment, ne devait pas être de même nature.

(adapté d'"A la recherche du temps perdu" de Marcel Proust)

43. Selon le passage, le narrateur 43. _____
    (A) boit rarement du thé
    (B) boit du thé tous les jours
    (C) préfère le thé en hiver
    (D) aime boire du thé glacé

44. L'expression "[je] me ravisai" veut dire que le narrateur 44. _____
    (A) s'est assis de nouveau
    (B) a changé d'avis
    (C) a été ravi
    (D) a cherché sa mère

45. Les Petites Madeleines 45. _____
    (A) sont des coquillages recherchés
    (B) sont les fruits de mer préférés de Saint Jacques
    (C) ressemblent à des fruits de mer
    (D) sont fabriquées dans des valves

46. Quand le narrateur commence à boire son thé, comment le fait-il? 46. _____
    (A) plutôt joyeusement
    (B) tristement et sans y réfléchir
    (C) aussi rapidement que possible
    (D) en refusant de parler à sa mère

47. Quelle est sa réaction quand il boit sa première gorgée de thé? 47. _____
    (A) Il est indifférent
    (B) Il est délicieux
    (C) Il se sent médiocre
    (D) Il est rempli de joie

« Ma mère à mon âge était mariée, enceinte. Elle travaillait depuis ses 16 ans et a quitté le domicile familial à 21 ans. » Deux époques, deux styles de vie. A 25 ans, Claire connaît des amours décousues, elle va d'un travail à un autre et habite toujours chez ses parents. Elle a cherché un appartement mais les loyers sont beaucoup trop chers. Selon une étude récente, près de 20% des 25-29 ans habitent chez leurs parents. Même les filles, qui avant partaient rapidement, s'attardent. Études longues, difficulté à rentrer dans la vie professionnelle, instabilité affective . . . plusieurs raisons repoussent le grand départ de chez papa-maman. Les parents s'adaptent, impatients de voir leur progéniture s'assumer, mais ils sont heureux de conserver leurs enfants auprès d'eux. Ils assurent la nourriture, le logement mais ils évitent d'imposer un couvre-feu. Ils demandent à leurs grands enfants de l'aide avec les travaux ménagers et, en échange, ils financent parfois les sorties. Un nouveau type de relation est né. Marc, 27 ans, a attendu six mois entre le début de son nouvel emploi et le départ de chez ses parents. Il a pu suivre ses longues études universitaires grâce à ses parents, donc il se sent coupable de partir trop rapidement. De plus, il est difficile de quitter un logement confortable où tout est gratuit pour aller vivre dans un petit studio. Entre l'indépendance et la qualité de vie, le choix est difficile. Eric Vogler, 29 ans, vit toujours avec sa mère dans une maison avec jardin, mais il s'offre des voyages dans de nombreux pays avec l'argent qu'il a mis de côté. Parfois, ce sont les parents qui en ont assez et ils préfèrent financer le départ de leurs enfants plutôt que de les garder trop longtemps.

(adapté de "Vogue homme")

48. Quel est le sujet principal de l'article? 48. _____
    (A) les amours éphémères des jeunes gens
    (B) les adultes qui habitent toujours chez leurs parents
    (C) la longueur des études universitaires
    (D) la difficulté de trouver un nouvel emploi

49. Comparée à celle de sa mère, la vie de Claire semble 49. _____
    (A) plus professionnelle
    (B) moins stable
    (C) assez connue
    (D) plutôt affective

50. Tous les gens mentionnés dans l'article ont moins de 50. _____
    (A) vingt ans
    (B) seize ans
    (C) trente ans
    (D) vingt-cinq ans

51. Les familles qui évitent d'imposer un couvre-feu aux enfants 51. _____
    (A) leur défendent de fumer
    (B) préfèrent faire du camping
    (C) ne font jamais le ménage
    (D) leur permettent de rentrer très tard

52. Comment Marc a-t-il obtenu son diplôme? 52. _____
    (A) Ses parents ont payé ses études
    (B) Il a reçu une bourse
    (C) Il a trouvé un bon poste
    (D) Il a travaillé rapidement

53. Pourquoi Éric a-t-il les moyens de voyager souvent? 53. _____

(A) Il peut économiser parce qu'il n'a pas de loyer à payer
(B) Ses parents financent ses voyages fréquents
(C) Il gagne beaucoup d'argent en travaillant dans le jardin
(D) Ses voyages sont offerts par sa mère

--On y va, maman, pour voir s'il y a le livre?

Elle aussi avait plutôt hâte de voir terminer la messe; mais il lui fallait absolument prendre la bénédiction, étant donné que c'était la première fois; elle était étrangère à la paroisse. Alors elle tint bon, calmant le gosse autant qu'elle le pouvait, et sitôt après l'élévation, elle se signa deux ou trois fois et regagna la porte, en entraînant son fils par la main.

--Le livre, à présent, hein maman?

Le coeur d'Aristide dansait si fort que ses yeux ne distinguaient rien de ce qui l'eût pourtant charmé: les belles autos stationnées devant l'église, les grandes maisons, la Mairie en béton, toute neuve, les deux globes sur le comptoir de la pharmacie, l'un vert et l'autre rose, les enfants bien habillés avec des chaussures vernies, les marchandes de gâteaux.

Tout cela ne lui disait rien. Ce qu'il cherchait des yeux, c'était une maison, un magasin, quoi! où il y eût des livres: une librairie. Et Théodamise, pour ne pas s'exposer au ridicule de laisser voir qu'elle n'était pas de l'endroit, ne voulait rien demander à personne. Elle essayait de trouver toute seule. Elle sortit une petite boîte plate en fer blanc, l'ouvrit précautionneusement, s'assura de ce qu'elle contenait: le papier que l'institutrice lui avait envoyé et qui portait le titre du livre: Syllabaire Langlois, 1er degré. Elle n'avait qu'à le présenter à la librairie, lui avait fait dire l'institutrice.

Enroulé dans le petit papier se trouvait l'argent: deux billets de cinq francs. C'était peut-être la plus forte somme que Théodamise était parvenue à rassembler: presque deux semaines de son salaire de sarcleuse aux champs de canne à sucre, à la plantation de Féral. Il lui avait fallu elle ne savait plus combien de semaines. Et pendant ce temps, les élèves, au fur et à mesure, revenaient à l'école avec leur livre, et Aristide demeurait l'un des rares qui n'eussent pas encore le leur. Il ne pouvait pas prendre partie aux exercices de lecture, car son voisin, pour ne pas abîmer son livre, refusait de l'ouvrir tout grand pour lui permettre d'y voir.

(adapté du conte "Le Livre" de Joseph Zobel)

54. Le texte indique que l'église où Théodamise se trouve 54. _____

(A) est une église pour les étrangers
(B) n'est pas l'église de son quartier
(C) a une librairie à l'intérieur
(D) est un endroit très calme

55. Les choses qui sont capables de charmer Aristide, les belles autos, les grandes maisons, etc, suggèrent qu'il 55. _____

(A) ne s'intéresse pas du tout aux livres
(B) voit ces choses tous les jours
(C) préfère rester à l'église
(D) ne vient pas d'une famille riche

56. L'institutrice assure Théodamise qu'elle doit simplement montrer le papier avec le titre du livre en arrivant à la librairie, ce qui implique qu'elle 56. _____
(A) n'aime pas les livres
(B) ne connaît pas l'institutrice
(C) ne sait pas lire
(D) ne parle jamais

57. Les indices dans le passage nous disent qu'Aristide a environ 57. _____
(A) deux ans
(B) sept ans
(C) quinze ans
(D) dix-neuf ans

58. Quel genre d'emploi Théodamise a-t-elle? 58. _____
(A) professionnel
(B) manuel
(C) intermédiaire
(D) intellectuel

59. Combien de temps a-t-il fallu à Théodamise pour économiser dix francs? 59. _____
(A) plusieurs jours
(B) une semaine
(C) deux semaines
(D) plusieurs semaines

Quand Jacques Balmat eut atteint en premier et tout seul la cime du Mont-Blanc, il paraît qu'il avait trois pruneaux dans sa poche et qu'il les ensevelit dans la neige du sommet pour laisser un témoignage de son exploit. Tous les guides qui atteignirent par la suite le sommet cherchaient ces trois pruneaux, mais pas un seul n'eut la chance de mettre la main dessus. Cent et quelques années plus tard, quand on creusa un puits dans la glace du sommet afin d'établier solidement les fondations de l'observatoire Janssen, on trouva à une quarantaine de mètres de profondeur, trois noyaux de pruneau. Il n'y avait pas de doute, c'était ceux du Grand Balmat. Cette trouvaille déclencha immédiatement une terrible bataille entre les hommes qui travaillaient là. Chacun voulut s'approprier ces reliques auxquelles ces montagnards attribuaient des vertus de protection et de chance. Par la suite, tous les hameaux de la vallée vécurent sur le pied de guerre. Il y eut des vendettas, des haines de clan, de bizarres accidents de montagne autour de la possession des trois noyaux. Les guides et les porteurs qui sont tous des gens superstitieux accusent de ces « malheurs » la science et ce maudit savant qui alla établir un observatoire au Mont-Blanc. Il est certain que Janssen a laissé une très mauvaise réputation dans les paroisses. J'ai vu des femmes se signer en m'entendant prononcer son nom. Quand on parle de lui, on l'appelle couramment « Le Diable ».

(adapté des "Confessions de Dan Yack" de Frédéric Sauser)

60. D'après le contexte du passage, les mots « cime » et « sommet » sont 60. _____
(A) homonymes
(B) antonymes
(C) synonymes
(D) pseudonymes

61. Les trois pruneaux de Jacques Balmat 61. _____
(A) ont marqué sa réussite
(B) ont été trouvé plutôt rapidement
(C) ont creusé un puits dans la glace
(D) ont servi de fondation à l'observatoire

62. Le vocabulaire employé pour parler de Balmat indique que les gens de la région le considèrent comme 62. _____
(A) un traître
(B) un démon
(C) un saint
(D) un porteur

63. On appelle Janssen « Le Diable » parce qu'on croit qu'il 63. _____
(A) a nui à l'environnement
(B) a provoqué le malheur
(C) a volé les noyaux
(D) a accusé les montagnards

La Jordanie est le carrefour historique des caravanes qui voyageaient autrefois entre l'Asie et le monde méditerranéen. La Jordanie concentre de nombreux aspects culturels sur son petit territoire. Pétra en est le joyau incontesté.

Quand vous irez en Jordanie, vous prendrez sans doute la célèbre « Route des Rois » qui relie Amman à Aqaba, sur la mer Rouge. Aqaba est la principale station balnéaire de Jordanie. La richesse de ses fonds sous-marins vous enchantera si vous êtes amateur de plongée sous-marine. Vous devrez vous y arrêter pour découvrir un récif de corail exceptionnel qui vous offrira un spectacle magnifique de milliers de poissons multicolores.

Un bédouin vous guidera également à travers le désert du Wadi Rum où vous vivrez une aventure extraordinaire à la découverte des lieux mythiques de Jordanie. Il vous conduira avec son 4x4 vers des sites inconnus. Si vous êtes courageux, vous pouvez même essayer une méharée de deux jours à dos de dromadaire.

Ensuite, après avoir visité Amman la mystérieuse, qui vous offrira ses plus beaux trésors comme la citadelle, le très riche musée archéologique et le marché de l'or, vous vous rendrez sur les plages de la mer Morte où vous admirerez une immensité immobile entourée de montagnes et de plateaux. Vous vous baignerez et vous flotterez sans faire aucun effort car sa salinité y est 8 fois supérieure à celle des océans: une sensation surprenante, presque magique!

64. La station balnéaire attirerait des gens qui aiment 64. _____
(A) le désert
(B) les montagnes
(C) la forêt
(D) la mer

65. Le texte suggère que le terrain de Jordanie est 65. _____
(A) impassable
(B) immense
(C) très varié
(D) mythique

66. Il est facile de flotter dans la mer Morte parce qu'elle 66. _____
(A) est supérieure aux océans
(B) se trouvent près des plateaux
(C) est dotée de bouées
(D) a une quantité très élevée de sel

67. Selon le texte, le site le plus connu en Jordanie est 67. _____
(A) Amman
(B) Pétra
(C) Aqaba
(D) Wadi Rum

Le 29 novembre 1802, sur l'île de la Guadeloupe, une femme est exécutée par pendaison sur ordre de la République française. Elle a 30 ans. Son nom est Solitude la mûlatresse, Solitude à cause de sa peau très claire, héritée du viol d'une captive africaine sur le bateau qui le transportait vers le Nouveau Monde. Juste la veille de son exécution, Solitude a mis au monde l'enfant qu'elle portait, aussitôt arraché au sein de sa mère pour s'ajouter aux biens d'un propriétaire d'esclaves. Elle aurait été exécutée quelques mois plus tôt, mais les colons ne voulaient pas de gâchis: ce ventre pouvait produire deux bras de plus à une plantation.

Huit ans plus tôt, dans l'euphorie de l'après Révolution française, l'abolition de l'esclavage est décrétée, le 4 février 1794, dans les colonies françaises, malgré l'opposition des colons blancs qui contrôlent les Antilles. Libérés de leurs chaînes, les Noirs s'enfuient dans les montagnes où les autorités les voient comme une menace. En mai 1802, Napoléon Bonaparte décide de rétablir l'esclavage. En Guadeloupe, les citoyens noirs redeviennent esclaves.

La rébellion est violente et sanglante, mais la lutte des ex-esclaves fait peur à Napoléon. Il envoie des soldats en Guadeloupe pour réprimer la révolte. Solitude, enceinte, quitte sa retraite pour rejoindre les insurgés, qui choisissent la mort au lieu de se rendre à l'armée française. Ils décident de se faire sauter avec de la dynamite. Solitude a miraculeusement survécu au carnage, mais pour quelques mois seulement: le gibet l'attend.

(adapté du magazine "Divas")

68. L'objet employé pour exécuter Solitude est 68. _____
(A) une corde
(B) un couteau
(C) une guillotine
(D) de la dynamite

69. Pourquoi appelle-t-on cette femme « Solitude »? 69. _____
(A) Elle préfère vivre loin des autres
(B) Elle ne fait pas partie de la communauté
(C) Elle est séparée des autres à cause de sa peau
(D) Elle n'a aucune sympathie pour ses compatriotes

70. Qu'est-ce qui arrive au fils de Solitude? 70. _____
(A) Il est mort aussi
(B) Il devient colon
(C) Il devient esclave
(D) Il rejoint Napoléon

71. Jusqu'à quand les colons diffèrent-ils l'exécution de Solitude? 71. _____

(A) le jour avant son accouchement
(B) le jour après son accouchement
(C) le jour de son accouchement
(D) le jour de l'arrivée de l'armée

72. Quel est le destin des ex-esclaves en Guadeloupe? 72. _____

(A) Ils rentrent aux plantations
(B) Ils emportent victoire
(C) Ils se rendent à l'armée
(D) Ils meurent tous

Cabinet dentaire cherche **ASSISTANTE COMMERCIALE ET ADMINISTRATIVE.**

Niveau BTS, toutes expériences professionnelles bienvenues, activité milieu medical, expérience souhaitée, anglais apprecié, souriante, dynamique, organisée, excellentes aptitudes relationnelles, maîtrise informatique exigée.

Lettre de motivation manuscrite + cv + photo, mi temps possibilité éventuelle d'évoluer vers un temps complet. 10 mn sud Marseille, écr. au jrnal.

AUTONOME ET EFFICACE, TÉLÉPHONEZ AU 02.74.47.69.86.

73. L'assistante recherchée travaillera 73. _____

(A) à l'hôpital
(B) chez un médecin
(C) chez un dentiste
(D) dans une infirmerie

74. Cet offre d'emploi vous intéresserait si vous 74. _____

(A) habitiez dans les environs de Paris
(B) n'aviez pas besoin de travailler à plein temps
(C) aimiez travailler en solitude
(D) ne vous connaissiez pas en informatique

75. Savoir parler anglais est une qualité 75. _____

(A) requise
(B) souhaitée
(C) inutile
(D) obligatoire

76. Il faut que la lettre de motivation soit 76. _____

(A) écrite à la main
(B) tapée à la machine
(C) envoyée directement au cabinet
(D) dépourvue d'une photo

A VENDRE

CASTELLANE: A deux pas de la place Castellane, situé proche de la rue Paradis, un immeuble de bureaux sur la rue Stanislas Torrent nommé LE BOSSUET, composé de la façon suivante : - Rez-de-chaussée commercial de 114 m^2 avec vitrine. - du 1er au 4ème étage, surface totale de 164 m^2. Plateau de bureaux livrés aménagés et non cloisonnés, avec prestations (climatisation, moquette, peinture....); livraison prévue dernier trimestre 2008. Sanitaires commun par étage. Immeuble de qualité, ascenseur, hall d'entrée avec interphone, places de parking possible. A partir de 2550 € /m^2 hors frais.

Tél. 0491775570

77. Cet immeuble vous intéresserait si vous — 77. _____
    (A) cherchiez un appartement
    (B) vouliez l'occuper tout de suite
    (C) aviez besoin de cinq étages
    (D) étiez chef d'entreprise

78. En ce moment, les étages sont — 78. _____
    (A) climatisés
    (B) peints
    (C) vides
    (D) livrés

79. La surface totale de l'immeuble est de — 79. _____
    (A) 2550 m^2
    (B) 278 m^2
    (C) 164 m^2
    (D) 114 m^2

80. L'immeuble est situé — 80. _____
    (A) loin de la rue Paradis
    (B) près de la place Castellane
    (C) sur la rue Le Bossuet
    (D) à une grande distance d'un garage

KEY (CORRECT ANSWERS)

1. D	21. C	41. D	61. A
2. C	22. C	42. D	62. C
3. A	23. B	43. A	63. B
4. B	24. D	44. B	64. D
5. C	25. C	45. C	65. C
6. C	26. A	46. B	66. D
7. D	27. D	47. D	67. B
8. B	28. A	48. B	68. A
9. C	29. C	49. B	69. C
10. C	30. C	50. C	70. C
11. A	31. A	51. D	71. A
12. D	32. D	52. A	72. D
13. A	33. B	53. A	73. C
14. B	34. C	54. B	74. B
15. D	35. C	55. D	75. B
16. C	36. D	56. C	76. A
17. B	37. B	57. B	77. D
18. B	38. A	58. B	78. C
19. A	39. C	59. D	79. B
20. C	40. B	60. C	80. B

EXAMINATION SECTION

PART A

DIRECTIONS: Each question or incomplete statement is followed by several suggested answers or completions. Select the one that BEST answers the questions or completes the statement. *PRINT THE LETTER OF THE CORRECT ANSWER IN THE SPACE AT THE RIGHT.*

1. Elle ne m'a pas expliqué __________ se passe. 1. _____
   (A) qui
   (B) laquelle
   (C) ce qui
   (D) ce que

2. Est-ce que tu peux me donner un coup __________? Je n'arrive pas à ouvrir cette boîte. 2. _____
   (A) d'oeil
   (B) de main
   (C) de pied
   (D) d'état

3. Ils sont __________ très tôt hier matin pour être à l'heure. 3. _____
   (A) quitté
   (B) laissé
   (C) restés
   (D) partis

4. Nous avons tellement __________ d'avoir oublié votre anniversaire. 4. _____
   (A) honte
   (B) envie
   (C) besoin
   (D) l'intention

5. __________ sont vos activités préférées? 5. _____
   (A) Quels
   (B) Quelles
   (C) Quel
   (D) Quelle

6. Avez-vous déjà __________ Mélodie? 6. _____
   (A) su
   (B) connu
   (C) prétendu
   (D) pu

7. __________ combien de temps étudiez-vous l'allemand? 7. _____
   (A) Pour
   (B) Il y a
   (C) Depuis
   (D) Dans

8. Elle est contente que nous __________ venir. 8. _____
   (A) puissions
   (B) pouvions
   (C) pouvons
   (D) pourrons

9. Julie et Sophie ne __________ jamais la vérité. 9. _____
   (A) parlent
   (B) disent
   (C) connaissent
   (D) répondent

10. Nous n'avons __________ fait ce week-end. 10. _____
   (A) pas
   (B) rien
   (C) personne
   (D) aucun

11. Le dimanche après-midi, Martine et sa famille __________ toujours une promenade à vélo. 11. _____
   (A) prennent
   (B) vont
   (C) obtiennent
   (D) font

12. Jacqueline est très contente, mais moi, je ne __________ suis pas. 12. _____
   (A) lui
   (B) la
   (C) le
   (D) me

13. Nathalie a rencontré un très __________ homme au parc. 13. _____
   (A) beau
   (B) sympathique
   (C) vieux
   (D) bel

14. Nous vous téléphonerons quand nous __________ à Paris. 14. _____
   (A) arriverons
   (B) arrivons
   (C) arrivions
   (D) sommes arrivés

15. Auriez-vous la gentillesse de m'indiquer __________ où je peux trouver ce dont j'ai besoin? 15. _____
   (A) la location
   (B) la direction
   (C) l'endroit
   (D) le placement

16. Si vous voulez vraiment réussir, il faut que vous __________ travailler dur. 16. _____
   (A) sachez
   (B) sachiez
   (C) saviez
   (D) savez

17. Elle obéit toujours __________ ses parents. 17. _____
   (A) chez
   (B) de
   (C) à
   (D) aux

18. La plupart __________ étudiants préfèrent préparer leurs cours à la résidence universitaire. 18. _____
   (A) de
   (B) d'
   (C) des
   (D) de l'

19. Corinne et son fiancé Étienne vont __________ leurs vacances à l'étranger. 19. _____
   (A) dépenser
   (B) voyager
   (C) partir
   (D) passer

20. Ce soir on va voir ce film __________ j'ai entendu parler. 20. _____
   (A) que
   (B) dont
   (C) où
   (D) lequel

21. Marc, s'il te plaît, va à la __________ pour nous chercher une bonne baguette. 21. _____
   (A) boulangerie
   (B) boucherie
   (C) épicerie
   (D) marché

22. Mais c'est incroyable! Tu as __________ gagné cinquante mille dollars à la loterie hier? 22. _____
   (A) vraiment
   (B) quelquefois
   (C) actuellement
   (D) parfois

23. Comme tu as préparé le repas, je veux bien faire la __________ pour te remercier. 23. _____

(A) ménage
(B) cuisine
(C) vaisselle
(D) lessive

24. Cette femme-là danse beaucoup __________ que nous. 24. _____

(A) bien
(B) mieux
(C) meilleur
(D) mal

25. __________ je ne comprends pas, c'est pourquoi vous avez choisi de faire un tel voyage. 25. _____

(A) Quoi
(B) Comment
(C) Ce que
(D) Ce qui

PART B

DIRECTIONS: In each of the following paragraphs, there are blanks indicating that words or phrases have been omitted. Select the BEST answer which completes the sentence. *PRINT THE LETTER OF THE CORRECT ANSWER IN THE SPACE AT THE RIGHT.*

___(26)___ été, mes amis et moi ferons un voyage ___(27)___ Afrique. Nous avons décidé ___(28)___ aller an avion, parce que c'est un très long voyage. Nous sommes bien contents de ___(29)___ la connaissance de quelques gens francophones, parce que nous pouvons ___(30)___ écrire en français. C'est formidable!

26. 26. _____

(A) Cet
(B) Ce
(C) Cette
(D) Ces

27. 27. _____

(A) à l'
(B) l'
(C) d'
(D) en

28. 28. _____

(A) y
(B) d'y
(C) à y
(D) par y

29. 29. _____

(A) fassions
(B) faisons
(C) faire
(D) ferons

30. (A) lui
(B) leur
(C) les
(D) l'

30. _____

L'histoire de la première rencontre de mon grand-père et ma grand-mère est très jolie. Mon grand-père me l'a ___(31)___ un jour et je m'en souviens ___(32)___. C'était en 1945, et mon grand-père ___(33)___ dix-huit ans. Il était amoureux ___(34)___ la jolie jeune fille qui habitait à côté. Quand il a enfin ___(35)___ sa décision de lui révéler la vérité, elle a pleuré de joie!

31. (A) racontée
(B) racontait
(C) raconté
(D) raconter

31. _____

32. (A) jamais
(B) d'ailleurs
(C) déjà
(D) toujours

32. _____

33. (A) était
(B) vivait
(C) avait
(D) passait

33. _____

34. (A) avec
(B) en
(C) de
(D) à

34. _____

35. (A) fait
(B) pris
(C) changé
(D) dit

35. _____

Cher Marc,

Tu ne ___(36)___ jamais ce qui m'est arrivé hier! Ce matin, quand j'étais dans le parc près de l'école, j'ai été ___(37)___ à la cheville par une abeille. Tu sais combien je suis allergique à ces ___(38)___, alors il m'a fallu aller immédiatement à l'hôpital. Quand j'y suis arrivée, on m'a ___(39)___ de suite demandé d'ôter ma chaussure pour faire voir la blessure, mais je n'ai pas pu! Ma cheville s'était ___(40)___ enflée que l'on a dû couper ma chaussure. C'est fou, non? Eh bien, tu peux imaginer dans quel ___(41)___ j'étais! Ma cheville allait bientôt avoir la ___(42)___ d'un ballon de football, et mes tennis toutes neuves étaient totalement ruinées! Heureusement, je me suis remise bien vite de mon petit accident, et tou va bien maintenant!

Bisous,
Clarissa

36. (A) croiras
(B) crois
(C) croyais
(D) croirais

36. _____

37. (A) giflée
(B) frappée
(C) piquée
(D) poussée

37. _____

38. (A) bestioles
(B) bestiaux
(C) bêtises
(D) betteraves

38. _____

39. (A) toute
(B) tout
(C) toutes
(D) tous

39. _____

40. (A) peu
(B) beaucoup
(C) très
(D) tellement

40. _____

41. (A) pays
(B) région
(C) état
(D) environ

41. _____

42. (A) tailleur
(B) hauteur
(C) hanche
(D) taille

42. _____

PART C

DIRECTIONS: Read the following selections and answer the questions. *PRINT THE LETTER OF THE CORRECT ANSWER IN THE SPACE AT THE RIGHT.*

En quelques années seulement, le Minitel est devenu le moyen de communication par excellence des Français. On l'utilise comme annuaire téléphonique, pour faire ses achats, pour passer des messages. Son succès dépasse les espoirs des promoteurs de l'expérience.

Minitel est la contraction des mots « mini » et « télématique ». Physiquement, cette vedette française se présente comme un petit écran de télévision ou d'ordinateur avec un clavier. Le tout est relié au téléphone.

L'idée de départ était simple: distribuer gratuitement ces petits terminaux dans les foyers français abonnés au téléphone, et offrir un annuaire téléphonique électronique qui remplacerait les énormes bottins de papier. Le fait que les terminaux étaient gratuits a sans doute énormément contribué au succès de l'opération.

Il est facile de rechercher un numéro de téléphone, mais ce Minitel peut faire beaucoup mieux. Bien d'autres services peuvent être accessibles par Minitel. On a donc ouvert le Minitel à toutes les compagnies de vidéo-services ou « serveurs » qui le voulaient. Chaque compagnie est libre d'offrir ce qu'elle veut aux Français à condition que la Compagnie Française des Téléphones reçoive un pourcentage de l'argent versé pour chaque appel. Pour environ 15 centimes pour 45 secondes, on peut consulter son horoscope, son compte en banque, savoir la météo du jour, lire les informations, connaître les horaires des trains, commander des spaghettis pour le repas du soir. Il existe aujourd'hui près de deux mille services de tout genre.

Mieux encore, de nombreuses histoires d'amour ont eu leur origine autour de ce petit écran. Un magazine parisien racontait récemment l'histoire des pseudonymes Schnaps et Pollux (quand on converse par Minitel, on se donne un pseudonyme, c'est plus sympathique et plus anonyme) qui ont fini par . . . s'épouser!

(adapté du "Journal France-Amérique")

43. Au début, l'objectif du Minitel était de 43. _____
    (A) fournir des actualités
    (B) remplacer l'annuaire téléphonique
    (C) permettre la communication
    (D) distribuer des bottins de papier

44. On peut attribuer une partie du succès du Minitel au fait que les terminaux étaient 44. _____
    (A) gratuits
    (B) énormes
    (C) petits
    (D) simples

45. Qui paie la Compagnie Française des Téléphones à l'occasion de chaque appel fait sur Minitel? 45. _____
    (A) les serveurs
    (B) les horaires
    (C) les pourcentages
    (D) les annuaires

46. Combien coûterait un appel de trois minutes? 46. _____
(A) environ trente centimes
(B) environ quarante-cinq centimes
(C) environ soixante centimes
(D) environ soixante-quinze centimes

47. On emploie un pseudonyme pour 47. _____
(A) tomber amoureux
(B) se protéger
(C) commander un repas
(D) raconter une histoire

En octobre 1999, Assita Nagbila, petite agricultrice de 34 ans, originaire du Burkina, a pris l'avion pour la première fois de sa vie. Elle est allée à New York pour recevoir, au nom des 100 millions d'agricultrices africaines, le prestigieux Prix Leadership Afrique 1999, doté d'un million de dollars. Aujourd'hui, la jeune femme continue à vivre tranquillement dans son village avec ses cinq enfants et son mari, travailleur émigré en Côte d'Ivoire.

Assita ne parle ni français ni anglais mais elle sait lire dans sa propre langue. Elle est la présidente de Manégré, un groupement féminin d'environ 1 300 personnes qui s'adonnent à des activités diverses: élevage, teinture, petit commerce, etc. Dans la région quasiment désertique au centre-nord du Burkina, cette association de développement lutte contre la désertification. Pierre après pierre, ses membres construisent de petites murailles pour retenir l'eau de la pluie. Grâce à leurs efforts, les membres de Manégré produisent assez pour se nourrir toute l'année.

Qu'est devenu le million de dollars? On les a répartis de façon égale entre les pays d'Afrique de l'Ouest pour des projets variés au niveau des villages. « Le prix n'était pas un don à une personne mais un don à toute l'Afrique », explique Assita. « Ce voyage m'a appris énormément de choses. Je suis allée là où je ne pouvais même pas rêver de me rendre, rencontrer des gens que je n'aurais jamais vus autrement. »

(adapté d' "Ici Là-bas Média")

48. Pour qui Assita travaille-t-elle? 48. _____
(A) pour l'état du Burkina
(B) pour une entreprise agriculturelle
(C) pour l'UNESCO
(D) pour elle-même

49. Avant 1999, Assita n'avait jamais 49. _____
(A) visité l'Afrique de l'Ouest
(B) quitté son village natal
(C) émigré en Côte d'Ivoire
(D) voyagé à l'étranger

50. Aujourd'hui Assita est 50. _____
(A) riche
(B) travailleuse
(C) analphabète
(D) émigrée

51. Manégré essaie de render le sol assez riche pour pouvoir 51. _____
(A) faire pousser des céréales
(B) en faire des briques
(C) produire du sable
(D) faire tomber les murailles

52. Grâce à l'argent qu'Assita a reçu, 52. _____
(A) elle a pu acheter une grande maison
(B) son mari a pu quitter son poste
(C) beaucoup de gens ont pu entreprendre des projets
(D) elle a pu se render à New York encore une fois

Le bateau fendait la glace du chenal. Adrien était resté à l'intérieur de la cabine, mais Ursula, malgré la température, s'était installée à l'avant, auprès du chauffeur. Adrien regarda voler ses mèches brunes et les plis de sa jupe qui, soulevés par le vent, découvraient ses grandes jambes couvertes de dentelle noire. Une violente douleur lui attaqua la tempe droite lorsque, soudain, il se rappela l'objectif de ce week-end à Venise par moins quinze degrés: liquider sa liaison avec Ursula. Il pensa que cette rupture, dans l'une des villes les plus chères du monde, lui coûterait les yeux de la tête plus quelques nausées à cause de ces bateaux qu'il fallait prendre pour circuler dans la ville et aussi de cette cuisine, arrosée d'huile d'olive et de sauce tomate. Tout ce qu'il exécrait. En revanche, Ursula aimait Venise, ses bateaux et sa cuisine qui, disait-elle, lui réchauffait le coeur. Elle frissonnait sous ses châles, à l'avant du bateau, mais ses yeux pétillaient d'excitation. Ursula ruinerait son compte en banque et sa santé.

Il se débarrasserait de la tyrannique et dépensière Ursula pour se jeter dans les bras de la douce et réservée Cathy. Cathy était menue et blonde avec une jolie bouche en coeur et des yeux de biche aux abois. Il l'avait rencontrée dans une soirée parisienne où Ursula avait refusé de l'accompagner. Cathy arrivait le lendemain à Venise; il lui avait réservé la chambre d'à côté.

(adapté de "Ruptures ruptures" de Maryse et Georges Wolinski)

53. Selon le passage, quel temps fait-il à Venise? 53. _____
(A) assez frais
(B) plutôt chaud
(C) très froid
(D) plus beau que d'habitude

54. Adrien est à Venise avec Ursula parce qu'il veut 54. _____
(A) lui demander sa main en mariage
(B) rompre avec elle
(C) visiter la belle ville
(D) faire des promenades en bateau

55. Le texte indique qu'Adrien 55. _____
(A) est végétarien
(B) adore la cuisine italienne
(C) préfère la cuisine française
(D) déteste la cuisine italienne

56. Adrien croit que le week-end à Venise va lui 56. _____
(A) coûter beaucoup d'argent
(B) faire mal aux yeux
(C) faire perdre la tête
(D) réchauffer le coeur

57. La description de Cathy suggère qu'elle est beaucoup plus __________ qu'Ursula. 57. _____
(A) grande
(B) dépensière
(C) soumise
(D) jolie

Dans la vallée de la Vézère, une découverte extraordinaire a été faite en 1940. Quatre jeunes gens faisaient la chasse au lapin quand leur chien a disparu dans un trou où un vieil arbre avait été renversé au cours d'un orage. Par ce trou les jeunes gens sont descendus dans une grotte jusque-là inconnue. Sur les murs et au plafond de la grotte, ils ont vu des peintures – les unes très grandes, les autres minuscules – représentant des animaux de diverses espèces: bisons, cerfs, rennes et chevaux, entre autres. Ils avaient découvert la grotte de Lascaux, célèbre maintenant dans le monde entier. Ces soixante-dix peintures préhistoriques, certainement les plus anciennes qui aient été conservées, marquent la naissance de l'art.

Comme c'est le cas de tous les monuments préhistoriques, ces peintures posent des problèmes insolubles. Qui les a peintes, quand et pourquoi? Il est certain que les artistes étaient des hommes de l'âge de pierre, mais la date de l'exécution des peintures reste incertaine. Chose surprenante: elles sont presque aussi fraîches que si elles avaient été peintes vingt ans avant leur découverte. Depuis l'époque où elles ont été faites, ni eau ni air n'étaient entrés dans la grotte pour en ternir les couleurs. Les artistes voulaient-ils assurer le succès de leur chasse en peignant d'abord les animaux qu'ils espéraient tuer ou bien voulaient-ils célébrer leurs triomphes?

58. Qu'est-ce que les jeunes chasseurs ont découvert? 58. _____
(A) un lapin
(B) la grotte de Lascaux
(C) la vallée de la Vézère
(D) des animaux préhistoriques

59. Combien de peintures ont été trouvées? 59. _____
(A) 70
(B) 4
(C) 1940
(D) 20

60. Où est-ce que les peintures se trouvent? 60. _____
(A) sur les pierres de la vallée
(B) dans le trou d'un vieil arbre
(C) sur les murs de la grotte
(D) sur tous les monuments historiques

61. Pourquoi est-ce que les peintures ont l'air si frais? 61. _____

(A) Elles ont été peintes il y a 20 ans
(B) Les peintres ont utilisé des couleurs spéciales qui ont résisté aux éléments
(C) Les chasseurs voulaient assurer le succès de leur chasse
(D) Ni l'air ni l'eau n'ont pénétré dans la grotte depuis longtemps

62. En quel âge ont été créées les peintures? 62. _____

(A) l'âge préhistorique
(B) l'âge de pierre
(C) l'âge de la Renaissance
(D) l'âge moderne

Une nouvelle étude de la faculté de Harvard indique que le nombre de scènes de violence dans les films pour enfants a augmenté. « Le niveau de violence physique, qu'elle vienne des armes à feu, des couteaux ou encore de la magie, serait passé d'une moyenne de six minutes par film en 1940, à 9,5 minutes en 1999. » Parmi les productions les plus violentes, nous retrouvons sur la liste *Le roi et moi*, avec Jodie Foster, et le dessin animé de Disney Quasimodo. Les chercheurs comptent au moins une scène violente dans chacun des 74 films à l'étude destinés au grand public.

Cette culture de la violence dans les médias serait d'ailleurs en train de progresser mondialement. Une récente étude produite par l'UNESCO affirme que près de 90% des élèves de 12 ans, dans les 23 pays sondés, connaissent des personnages violents comme Terminator et Rambo.

Si la violence est de plus en plus présente dans les films, elle ne date toutefois pas d'hier. Elle trouve ses origines avec la naissance du cinéma. Il ne faut pas oublier que le cinéma aspire à être perçu comme une empreinte du réel. Ainsi, ce souci de réalisme aide en partie à expliquer l'abondance de la violence sur les écrans. Les propos de Quentin Tarantino, réalisateur de Pulp Fiction, illustrent bien cette tendance: « Si je montre tout ce sang, c'est parce qu'un type qui prend une balle dans le ventre pisse le sang. C'est une question de réalisme. »

Alors, devrions-nous faire de la violence un tabou qu'il faut exclure de nos discours? Dans son article « Violence et cinéma », David Lubek affirme que «derrière la violence, sérieuse ou parodique, du cinéma américain existe une violence bien réelle, proprement innommable: la violence monotone des journaux télévisés. » Est-ce la violence au coeur des sociétés qui influence les films ou les oeuvres cinématographiques qui perturbent notre quotidien?

(adapté du "Journal Français d'Amérique")

63. La durée des scènes violentes a augmenté par combien de minutes dans les films pour enfants entre 1940 et 1999? 63. _____

(A) 3 minutes
(B) 9,5 minutes
(C) 3,5 minutes
(D) 6,5 minutes

64. Quelle sorte de violence est incorporée dans des films pour enfants? 64. _____

(A) des armes à feu
(B) des couteaux
(C) de la magie
(D) A, B et C à la fois

65. Qui est-ce qui a accompli l'étude sur la violence des films pour enfants? 65. _____
(A) David Lubek
(B) Quentin Tarantino
(C) l'UNESCO
(D) la faculté de Harvard

66. Comment s'explique la violence du cinéma? 66. _____
(A) Le cinéma veut représenter le réel
(B) Les films violents sont plus intéressants
(C) La violence est un tabou que les cinéastes exploitent
(D) La violence du cinéma est une énigme

67. Quel titre donneriez-vous à cet article? 67. _____
(A) « La violence du cinéma: un mal nécessaire? »
(B) « Arguments pour et contre la violence présentée au cinéma »
(C) « L'étude prouve qu'il faut interdire la violence au cinéma »
(D) « La violence est un aspect incontournable du cinéma »

Le petit village de Touchagues se trouve à dix kilomètres de Marseille sur la route d'Aix. Au milieu de la place principale il y a une statue de bronze. Elle représente un homme, la tête fièrement rejetée en arrière, une main sur la hanche, l'autre sur un bâton, un pied posé en avant, à la manière des conquérants. On devine au premier regard que cet homme vient de franchir un désert réputé infranchissable et s'apprête à se mesurer avec un pic jamais surmonté. Sur la plaque on lit: « A Albert Mézigue, illustre pionnier de la géographie, conquérant des terres vierges (1860-18..), ses concitoyens de Touchagues. »

A la mairie, on peut trouver plus de mille cartes postales envoyées de tous les coins du monde par Albert Mézigue à ses concitoyens. Ce sont des cartes fort ordinaires d'aspect, imprimées au tournant du siècle et consacrées aux « merveilles du monde », que l'ancien apprenti barbier de Touchagues paraissait affectionner particulièrement et qu'il emportait toujours avec lui dans ses voyages. Mais si les cartes sont banales et les timbres arrachés par les collectionneurs, les messages pleins de noms étrangers griffonés à la hâte dans les circonstances les plus extraordinaires conservent leur intérêt poignant: « A César Birouette, vins, fromages, place du Petit-Postillon, salut. Tout va bien sur le Kilimandjaro. C'est plein de neiges éternelles par ici. Avec l'expression de mes sentiments distingués. Albert Mézigue. »

(adapté du roman "Les oiseaux vont mourir au Pérou" de Romain Gary)

68. Selon le contexte, un pic doit être 68. _____
(A) un lac
(B) une grotte
(C) une montagne
(D) un fleuve

69. Qui a fait construire la statue de bronze? 69. _____
(A) l'état de France
(B) les villageois de Touchagues
(C) les conquérants
(D) les pionniers

70. Quand les cartes postales envoyées par Mézigue ont-elles été imprimées? 70. _____
(A) vers 1975
(B) vers 1950
(C) vers 1925
(D) vers 1900

71. A quelle profession Mézigue allait-il se vouer avant de partir en voyage? 71. _____
(A) boucher
(B) bûcheron
(C) barbier
(D) boulanger

72. Étant donné la façon dont Mézigue signe la carte qu'il envoie à César Birouette, comment peut-on décrire leur rapport? 72. _____
(A) formel
(B) familier
(C) indifférent
(D) intime

VENTE DE DÉTAIL: CHERCHE COMMERCIAL INDÉPENDANT

VDI d'une société 100% française, Membre de la FVD dans le bien être cherche partenaires indépendants motivés et dynamiques sur France entière. _3 secteurs différents : nature et bien être, nature et soin, nature et luxe. _Plus de 40 Parfums -- 3 gammes de Bijoux -- Cosmétiques, Maquillages – Nutrition._Formations Gratuites. Indépendant ne veut pas dire seul ! _Plan commercial intéressant et motivant._Activité en totale liberté sans obligation._Vous travaillez depuis votre domicile et êtes votre propre patron. _Pas de stock (livraison sous 24 à 48h) pas d'investissement.

Ouvert d'esprit, énergique et disponible, appelez-nous au 01.42.46.07.21.

73. La personne recherchée travaillera 73. _____
(A) au centre commercial
(B) dans un bureau
(C) dans une boutique
(D) à la maison

74. Cet offre d'emploi vous intéresserait si vous 74. _____
(A) aimiez travailler en équipe
(B) aviez de l'argent à investir
(C) préfériez ne pas avoir de patron
(D) vouliez travailler à l'étranger

75. L'expérience en vente est 75. _____
(A) requise
(B) souhaitée
(C) facultative
(D) obligatoire

76. Où se trouve cette société? 76. _____
(A) en Suisse
(B) en France
(C) en Belgique
(D) au Québec

APPARTEMENT A VENDRE

Le CANNET résidentiel - Dans résidence de standing au calme, sécurisée et gardiennée, grand 2 P, bon état, marbre au sol – 73 m^2 (LC) , Gde chambre avec rangements et salle de bains, séjour 25 m^2, cuisine équipée, salle d'eau – buanderie - terrasse 20 m^2 vue pleine mer, expo sud, parking privatif extérieur couvert, piscine, tennis. Idéal vacances. 430.000 EUR frais d'agence inclus. AT-AUM immobilier – Provençale Immobilier 0176.

Renseignements: 06 22 73 58 82

77. Cet appartement vous intéresserait si vous 77. _____
(A) vouliez habiter au bord de la mer
(B) aviez besoin de deux chambres
(C) aviez une famille de quatre personnes
(D) n'aimiez pas le marbre

78. Où se trouve cet appartement? 78. _____
(A) aux environs de Paris
(B) près de Strasbourg
(C) en Normandie
(D) en Provence

79. Le prix de l'appartement est de 79. _____
(A) trente mille euros
(B) quarante-trois mille euros
(C) quatre cent trente mille euros
(D) quarante-trois cent mille euros

80. A cet appartement, on ne peut pas 80. _____
(A) jouer au basket
(B) nager
(C) jouer au tennis
(D) se promener à la plage

KEY (CORRECT ANSWERS)

1. C	21. A	41. C	61. D
2. B	22. A	42. D	62. B
3. D	23. C	43. B	63. C
4. A	24. B	44. A	64. D
5. B	25. C	45. A	65. D
6. B	26. A	46. C	66. A
7. C	27. D	47. B	67. B
8. A	28. B	48. D	68. C
9. B	29. C	49. D	69. B
10. B	30. B	50. B	70. D
11. D	31. A	51. A	71. C
12. C	32. D	52. C	72. A
13. D	33. C	53. C	73. D
14. A	34. C	54. B	74. C
15. C	35. B	55. D	75. C
16. B	36. A	56. A	76. B
17. C	37. C	57. C	77. A
18. C	38. A	58. B	78. D
19. D	39. B	59. A	79. C
20. B	40. D	60. C	80. A

EXAMINATION SECTION
TEST 1

DIRECTIONS: Each question or incomplete statement is followed by several suggested answers or complétions. Select the one that BEST answers the question or complètes the statement. *PRINT THE LETTER OF THE CORRECT ANSWER IN THE SPACE AT THE RIGHT.*

Questions 1-40.

DIRECTIONS: Below is a series of English sentences, each of which has been translated into French with the omission of a word or expression. Four choices are listed from which you are to choose the MOST appropriate to complete the French sentence correctly.

1. Tell me what you need. 1.____
   Dites-moi ______ vous avez besoin.

   A. qu"est-ce que B. ce dont
   C. ce que D. dont

2. Every second week he visits me. 2.____
   Toutes les______ semaines il me rend visite.

   A. secondes B. deux C. autres D. deuxièmes

3. Do you think she will die of it? 3.____
   Croyez-vous qu'elle en ______?

   A. meurt B. moure C. meure D. mourra

4. This book is composed of 280 pages. 4.____
   Ce livre se compose de ______ pages.

   A. deux cent quatre-vingt B. deux cents quatre-vingts
   C. deux cents quatre-vingt D. deux cent quatre-vingts

5. Strangers admire the skyscrapers of New York. 5.____
   Les étrangers admirent les ______ de New York.

   A. gratte-ciel B. gratte-ciels
   C. grattes-ciels D. gratte-cieux

6. The more you speak, the less you say. 6.____
   ______ vous parlez, ______ vous dites.

   A. Plus; moins B. Plus; moindre
   C. Plus; le moins D. Le plus; le moins

7. There are all the teachers. To which one did you speak? 7.____
   Voilà tous les professeurs. ______ avez-vous parlé?

   A. Auquel B. A qui C. A quel D. Avec quel

8. He permitted her to sew. 8.____
   Il______ de coudre.

   A. l'a permis B. lui a permis
   C. l'a permise D. lui a permise

9. One is always happier at home.
On est toujours plus heureux chez ______.

A. lui　　B. eux　　C. soi　　D. on

10. He has fewer than eleven.
Il en a moins ______.

A. d'onze　　B. que onze　　C. qu'onze　　D. de onze

11. She thinks you will protect him.
Elle pense que vous le ______.

A. protégez　　B. protégerez
C. protégiez　　D. protégerez

12. Where are the trees under which they are resting?
Où sont les arbres sous ______ ils se reposent?

A. que　　B. quels　　C. lesquels　　D. quoi

13. Have you enough to live on?
Avez-vous ______ vivre?

A. pour　　B. assez de
C. pour quoi　　D. de quoi

14. He is a teacher to be avoided.
C'est un professeur ______.

A. pour éviter　　B. à éviter
C. d'être évité　　D. d'éviter

15. Whatever you do, do it well.
______ vous fassiez, faites-le bien.

A. Quoique　　B. Quelque
C. N'importe quoi　　D. Quoi que

16. That's not sugar; that's sait.
Ce n'est pas ______; c'est du sel.

A. de sucre　　B. sucre　　C. du sucre　　D. le sucre

17. Waiter, more bread, please.
Garçon, ______, s'il vous plaît.

A. plus de pain　　B. encore de pain
C. plus du pain　　D. encore du pain

18. Go away, Peter.
______, Pierre.

A. Vas-en　　B. Vas-t'en　　C. Va-t-en　　D. Va-t'en

19. The woman thanks them for it. 19.____
La femme _____ remercie.

A. leur en B. les en C. le leur D. les y

20. We are not the ones who knocked. 20.____
Ce n'est pas nous qui _____ frappé.

A. ont B. aient C. ayons D. avons

21. She broke her leg. 21.____
Elle s'est _____ jambe.

A. cassé sa B. cassé la C. cassée la D. cassée sa

22. There are no such plants. 22.____
Il n'y a pas _____ plantes.

A. des telles B. aucunes telles
C. telles D. de telles

23. Don't break the teacup. 23.____
Ne cassez pas la tasse _____ thé.

A. au B. en C. à D. de

24. He intends to leave without my seeing him. 24.____
Il compte partir sans _____.

A. que je le voie B. me le voir
C. que je le verrai D. que je le vois

25. There will be a party in honor of the president. 25.____
Il y aura une fête _____ du président.

A. en honneur B. en l'honneur
C. dans l'honneur D. à l'honneur

26. Most children like to play. 26.____
_____ enfants aiment jouer.

A. La plupart des B. Le plus d'
C. Le plus des D. La plupart d'

27. Louis is five years older than she. 27.____
Louis est plus âgé _____ cinq ans.

A. d'elle que B. que lui de
C. qu'elle par D. qu'elle de

28. Violets smell good. 28.____
Les violettes sentent _____.

A. bon B. bien C. bons D. bonnes

29. We shall be delighted if he cornes. 29.____
Nous serons enchantés s'il _____.

A. viendra B. vient C. vienne D. venait

30. Have him sing it. 30.
_____ chanter.

A. Faites la lui
B. Faites-la-lui
C. Faites-lui la
D. Faites-le la

31. What happened? 31.
_____ est arrivé?

A. Qu'est-ce que
B. Quoi
C. Qu'est-ce qui
D. Qui est-ce que

32. He hasn't any friends or any enemies. 32.
Il n'a _____ ennemis.

A. ni d'amis ni d'
B. ni amis ni
C. ni des amis ni des
D. d'amis ou d'

33. I know him by sight. 33.
Je le connais _____ vue.

A. à B. de C. par D. en

34. She has dark brown hair. 34.
Elle a les cheveux _____.

A. bruns foncé
B. brun foncés
C. bruns foncés
D. brun foncé

35. Here is the house I had built. 35.
Voici la maison que j'ai _____.

A. faite construire
B. eu à construire
C. fait construire
D. faite construite

36. She should have kept quiet. 36.
Elle _____.

A. aurait due se taire
B. devrait avoir tu
C. aurait du se taire
D. devrait s'être tu

37. They are leaving for France. 37.
Ils partent _____ France.

A. pour B. en C. pour la D. à la

38. He doesn't like the way you dance. 38.
Il n'aime pas la façon _____ vous dansez.

A. dont
B. à laquelle
C. en laquelle
D. dans laquelle

39. I saw her eating an omelet. 39.
Je l'ai _____ une omelette.

A. vu manger
B. vu en mangeant
C. vue manger
D. vue mangeante

40. If they were to do it, what would you say? 40.____
S'ils ______, qu'en diriez-vous?

A. le faisaient
B. le feraient
C. étaient le faire
D. le fassent

Questions 41-60.

DIRECTIONS: Below is a list of key words in French, each of which is followed by four other French words, one of which is an antonym of the key word. Select the ANTONYM.

41. épais 41.____

A. mince B. large C. frais D. creux

42. deuil 42.____

A. naissance
B. porte
C. réjouissance
D. reconnaissance

43. lâche 43.____

A. courageux
B. étourdi
C. inviolable
D. vilain

44. épouvanter 44.____

A. rassurer
B. diviser
C. pourvoir
D. affaiblir

45. échec 45.____

A. perte B. aigreur C. succès D. injustice

46. fondre 46.____

A. goûter B. geler C. couler D. détruire

47. sanglot 47.____

A. plaie B. rire C. trêve D. chimère

48. mépriser 48.____

A. blesser
B. lutter
C. accueillir
D. fendre

49. dépouiller 49.____

A. enrichir B. étonner C. écraser D. priver

50. veille 50.____

A. jeune
B. lendemain
C. ancien
D. lointain

51. reculer 51

A. renverser
B. avancer
C. soulever
D. accomplir

52. morne 52

A. dangereux
B. sage
C. gai
D. nuisible

53. ignorer 53

A. savoir
B. passer
C. éviter
D. recevoir

54. vacarme 54

A. caserne
B. tache
C. silence
D. faiblesse

55. éteindre 55

A. rétrécir
B. ternir
C. siffler
D. allumer

56. ingrat 56

A. inquiet
B. reconnaissant
C. têtu
D. aisé

57. orgueilleux 57

A. maladif
B. fidèle
C. éclairé
D. modeste

58. attirer 58

A. déshabiller
B. pendre
C. repousser
D. remuer

59. hâter 59

A. admirer
B. ralentir
C. renvoyer
D. pousser

60. hausser 60

A. recouvrir
B. baisser
C. traverser
D. encadrer

Questions 61-80.

DIRECTIONS: Below is a list of key words in French, each of which is followed by four other French words, one of which is a synonym of the key word. Select the SYNONYM.

61. appuyer 61

A. putréfier
B. soutenir
C. remettre
D. ennuyer

62. flot 62

A. navire
B. nuage
C. vague
D. drapeau

63. fabrique 63.____

A. usine B. étoffe C. farine D. brigade

64. oisif 64.____

A. inoccupé B. hagard C. volatile D. érudit

65. pelouse 65.____

A. chiffon B. blouse C. cortège D. gazon

66. soulager 66.____

A. ensevelir B. envirer C. élargir D. adoucir

67. abri 67.____

A. refuge B. plante
C. ouverture D. hauteur

68. éloge 68.____

A. louange B. lambeau C. logis D. loyer

69. haleine 69.____

A. poisson B. marché C. souffle D. chaumière

70. jadis 70.____

A. ailleurs B. autrefois C. lilas D. verdâtre

71. agacer 71.____

A. vieillir B. irriter C. biffer D. agrandir

72. bavarder 72.____

A. jaser B. saliver
C. économiser D. harceler

73. guetter 73.____

A. grimper B. procurer C. épier D. gêner

74. gravir 74.____

A. monter B. enterrer C. accabler D. serrer

75. étouffer 75.____

A. ravir B. broder C. encombrer D. étrangler

76. revenant 76.____

A. arrivée B. assistant C. fantôme D. réflexion

77. tâcher 77.____

A. teindre B. moucheter C. essayer D. rayer

78. frêmir 78.

A. trembler B. inquiéter C. cultiver D. ressentir

79. lisse 79.

A. sale B. bail C. poli D. blême

80. redouter 80.

A. soupçonner B. douter
C. effrayer D. craindre

Questions 81-90.

DIRECTIONS: Below is a list of key words in French, each of which is followed by four other French words, one of which is related in dérivation to the key word. Select the RELATED word.

81. cheval 81.

A. chevron B. chevreuil C. cavalier D. caveau

82. son 82.

A. songer B. somptueux C. insomnie D. résonner

83. bras 83.

A. embraser B. embrassement
C. embarras D. brasier

84. goutte 84.

A. gouttière B. goûter C. déguster D. guttural

85. pèlerin 85.

A. peler B. peloton C. pèlerinage D. perdreau

86. chauve 86.

A. chaux B. chevet
C. réchauffer D. calvitie

87. l'été 87.

A. état B. l'est C. étaler D. estival

88. foyer 88.

A. four B. feu C. fourchette D. feuille

89. joug 89.

A. subjuguer B. jeu C. jouer D. conjurer

90. doute 90.

A. dureté B. conduite C. dubitatif D. débiter

Questions 91-130.

DIRECTIONS: Below is a list of French words, each of which is followed by four English words, one of which is a correct translation of the French word. Select the CORRECT translation.

91. éternuer 91.____
A. prolong B. sneeze
C. perpetuate D. stretch out

92. tâtonner 92.____
A. beat B. tattoo C. grope D. meddle

93. marais 93.____
A. sailor B. cherry C. mooring D. marsh

94. colimaçon 94.____
A. hill B. dandelion
C. snail D. blind-man's-bluff

95. rez-de-chaussée 95.____
A. ground floor B. boiled rice
C. street brawl D. blind alley

96. rougeole 96.____
A. robin B. make-up C. reddish D. measles

97. brumeux 97.____
A. foggy B. quarrelsome
C. noisy D. rumbling

98. aumône 98.____
A. prémonition B. alms
C. enlargement D. prédilection

99. cauchemar 99.____
A. nightmare B. prudence C. distrust D. repose

100. embonpoint 100.____
A. embroidery B. refinement
C. improvement D. stoutness

101. balai 101.____
A. bullet B. dance C. broom D. beetle

102. persienne 102.____
A. transom B. paint
C. Venetian shutter D. Persian

103. liège 103

A. ivy B. cork C. lord D. league

104. échantillon 104

A. astonishment
B. enchantment
C. sample
D. imitation

105. pavaner 105

A. waver B. haul C. inflate D. strut

106. guêrison 106

A. recovery
B. grumbling
C. ambush
D. guard-house

107. robinet 107

A. fledgling B. acacia C. ratchet D. faucet

108. tranche 108

A. furrow B. slice C. sleigh D. drag-net

109. ruisseler 109

A. pillage B. gleam C. stream D. invert

110. bienséance 110

A. comfort B. session C. kindness D. propriety

111. naguère 111

A. swimmer
B. a short time ago
C. irritant
D. castaway

112. marmite 112

A. youngster B. pot C. chestnut D. godmother

113. fouetter 113

A. whip B. search C. stuff D. banter

114. autrui 114

A. others
B. otherwise
C. into the bargain
D. formerly

115. sournois 115

A. excessively
B. mouse
C. coal bin
D. cunning

116. panne 116

A. peacock
B. dish
C. hamper
D. breakdown

117. amende 117.____

A. almond
B. fine
C. improvement
D. rétribution

118. blessure 118.____

A. injury
B. blessing
C. blasphemy
D. wheat crop

119. chômage 119.____

A. unemployment
B. warmth
C. choice
D. chicanery

120. impair 120.____

A. odd
B. imperfect
C. damage
D. blind alley

121. langouste 121.____

A. lobster B. languid C. rabbit D. dialect

122. lasser 122.____

A. release B. rope C. fasten D. tire

123. besogne 123.____

A. ring
B. beverage
C. spectacles
D. job

124. pari 124.____

A. wager B. equal C. delay D. adornment

125. fléau 125.____

A. plow B. arrow C. scourge D. flank

126. semer 126.____

A. resemble B. sow C. feel D. swear

127. seuil 127.____

A. file B. soil C. mourning D. threshold

128. jupe 128.____

A. deceit B. twin C. skirt D. oath

129. congédier 129.____

A. conceal B. congeal C. dismiss D. frolic

130. noeud 130.____

A. festival B. nut C. nurse D. knot

Questions 131-140.

DIRECTIONS: Below is a series of French phrases translated into English. The correct translation will be found among the four choices given in each question. Select the CORRECT translation.

131. faire la moue 131

A. to mock
B. to prétend
C. to pout
D. to shipwreck

132. de rigueur 132

A. stiffly
B. laughable
C. well-deserved
D. indispensable

133. sauter aux yeux 133

A. to jump high
B. to cast a glance
C. to be évident
D. to strain one's eyes

134. se passer de 134

A. to do without
B. to pass by
C. to succeed in
D. to let someone enter

135. se tirer d'affaire 135

A. to become involved
B. to prolong
C. to manage
D. to go bankrupt

136. faire la lessive 136

A. to act cautiously
B. to commit treason
C. to bake
D. to do the washing

137. à son gré 137

A. to one's liking
B. according to rank
C. at one's leisure
D. by degrees

138. se prendre à 138

A. to décide to
B. to begin to
C. to be busy in
D. to snatch from

139. l'échapper belle 139

A. to elope
B. to have a narrow escape
C. to give vent to
D. to sleep outdoors

140. Cela vous va comme un gant 140

A. It fits you to a T
B. It is too tight on you
C. It is just like you
D. It is of no use to you

Questions 141-150.

DIRECTIONS: Below is a series of English phrases translated into French. The correct translation will be found among the four choices given in each question. Select the CORRECT translation.

141. to be anxious to 141.____

A. s'agir de
B. tenir à
C. se mettre à
D. en vouloir à

142. to have one's way 142.____

A. être sur le point de
B. s'y prendre bien
C. avoir l'habitude de
D. n'en faire qu'à sa tête

143. to aim 143.____

A. se sauver
B. en être quitte
C. se dresser
D. coucher en joue

144. to stand in line 144.____

A. être à cheval
B. faire la queue
C. entrer en ligne de compte
D. finir en queue

145. That was ten years ago. 145.____

A. Cela est depuis dix ans.
B. Il y met dix ans pour cela.
C. Il y a dix ans de cela.
D. Il n'y a que dix ans pour cela.

146. We expect him to refuse. 146.____

A. Nous nous attendons à ce qu'il refuse.
B. Nous attendons qu'il refusera.
C. Nous souhaitons qu'il refuse.
D. Nous attendons à ce qu'il refusera.

147. Much good may it do you! 147.____

A. Grand bien vous sache!
B. Que vous fassiez grand bien!
C. Grand bien vous fasse!
D. Tant bien que mal!

148. That's splitting hairs. 148.____

A. C'est fendre les cheveux.
B. C'est couper les cheveux en quatre.
C. C'est couper les cheveux.
D. C'est prendre l'occasion aux cheveux.

149. You will get used to it. 149.

A. Vous vous y mettrez.
B. Vous y prendrez.
C. Vous lui saurez gré.
D. Vous vous y ferez.

150. I can stand it no longer. 150.

A. Je suis sur mes gardes.
B. C'est bien fait.
C. Je n'y tiens plus.
D. Je vais à tâtons.

Questions 151-200.

DIRECTIONS: Below is a series of sentences in French, each of which can be correctly completed by adding to it one of the four expressions which follow it. Select the CORRECT expression.

151. *Je pense, donc je suis* est la constatation fondamentale qui servit de base de l'oeuvre de 151.

A. Montaigne
B. Descartes
C. Molière
D. Bergson

152. Un livre de Rousseau qui traite des problèmes de l'éducation est 152.

A. LE CONTRAT SOCIAL
B. TELEMAQUE
C. L'ÉDUCATION DES FILLES
D. EMILE

153. LÉLIA d'André Maurois est la biographie de 153.

A. George Sand
B. Paul Verlaine
C. Shelley
D. Marie Curie

154. Molière n'est pas l'auteur de 154.

A. LE MISANTHROPE
B. TARTUFFE
C. PHÈDRE
D. LES FEMMES SAVANTES

155. ______ écrivit la pièce, LE BARBIER DE SÉVILLE. 155.

A. Mérimée
B. Marivaux
C. Chénier
D. Beaumarchais

156. César Birotteau, Eugénie Grandet et le Cousin Pons sont des personnages dans l'oeuvre de 156.

A. Jules Romains
B. Duhamel
C. Balzac
D. Stendhal

157. LA DEMOCRATIE EN AMÉRIQUE est l'oeuvre de 157.

A. Michelet
B. André Siegfried
C. De Tocqueville
D. Simone de Beauvoir

158. ______ s'exile de la France sous le règne de Napoléon III. 158.

A. Victor Hugo
B. Mme de Staël
C. Zola
D. André Chénier

159. Le fondateur de l'école existentialiste en France est 159.

A. Mauriac
B. Sartre
C. Gide
D. Malraux

160. L'oeuvre d'Alexandre Dumas fils qui servit d'inspiration à Verdi pour son opéra LA TRAVIATA est 160.____

A. LE ROI S'AMUSE
B. LA DAME AUX CAMELIAS
C. FRANCILLON
D. FANTASIO

161. ______ remporta une victoire décisive sur les Sarrasins à Poitiers en 732. 161.____

A. Louis XI
B. Charles Martel
C. Clovis
D. Godefroy de Bouillon

162. L'Édit de Nantes, accordant aux protestants la liberté du culte, fut proclamé par 162.____

A. Mazarin
B. Napoléon Bonaparte
C. Louis XVI
D. Henri IV

163. Colbert rendit de grands services à la France comme ministre sous 163.____

A. Charlemagne
B. Louis XV
C. Napoléon III
D. Louis XIV

164. Le fils aîné du roi de France, héritier de la couronne, porta le titre de 164.____

A. Dauphin
B. Prince de Galles
C. Prince de Navarre
D. Comte de Paris

165. Le système métrique fut adopté en France 165.____

A. sous le régne de Louis XIV
B. pendant la Révolution française de 1789
C. pendant la Révolution de 1848
D. sous la Troisième République

166. L'ENCYCLOPÉDIE, qui a tant contribué à répandre l'esprit philosophique et critique au XVIIIe siècle, fut publiée sous la direction de 166.____

A. Rousseau
B. Diderot
C. Montesquieu
D. Voltaire

167. *Mais où sont les neiges d'antan?* Est un vers de 167.____

A. Baudelaire
B. Hugo
C. Verlaine
D. Villon

168. LES LETTRES de ______ nous fournissent un tableau précieux et détaillé de la vie de cour sous Louis XIV. 168.____

A. Mme de Sévignê
B. Ronsard
C. Marguerite de Navarre
D. Marie Antoinette

169. Gustave Flaubert écrivit 169.____

A. LE ROUGE ET LE NOIR
B. MADAME BOVARY
C. L'ÎLE DES PINGOUINS
D. LE DISCIPLE

170. Sainte-Beuve et Boileau se distinguèrent dans le domaine de la 170.____

A. vie politique
B. poésie
C. tragédie
D. critique littéraire

171. La Garonne se jette dans 171

A. l'Atlantique
B. la Méditerranée
C. la Manche
D. les Alpes

172. Le Jura se trouve entre la France et 172

A. la Belgique
B. l'Allemagne
C. la Suisse
D. Les Pays-Bas

173. Valenciennes, d'Alençon, et Chantilly sont connus pour leurs 173

A. dentelles
B. porcelaines
C. vins
D. parfums

174. Le mistral est le nom 174

A. d'une fête religieuse
B. d'un prix littéraire
C. adopté par Alphonse Daudet
D. d'un vent violent du Midi

175. Blois, Tours et Angers, situés dans la région des châteaux, se trouvent sur les rives de 175

A. la Seine
B. la Loire
C. le Rhône
D. l'Oise

176. Maillol, Bartholdi, et Houdon se distinguèrent dans le domaine de la 176

A. peinture
B. poésie
C. sculpture
D. musique

177. Poussin, David, et Delacroix étaient 177

A. musiciens
B. sculpteurs
C. savants
D. peintres

178. Daguerre et Lumière ont fait des contributions importantes dans le développement de 178

A. l'aviation
B. la photographie
C. l'anatomie comparée
D. la psychologie expérimentale

179. Le parti politique deu Président Jacques Chirac est 179

A. L'Union pour la Démocratique Française (UDF)
B. Le Parti socialiste (PS)
C. Le Rassemblement pour la République (RPR)
D. Le Front National (FN)

180. Renault, Citroën et Peugeot sont les marques 180

A. de peintres français
B. de membres du Conseil des Ministres
C. de généraux français
D. d'automobiles françaises

181. Ampère fit des découvertes importantes en 181.____

A. chimie B. électricité C. microbiologie D. chirurgie

182. L'église à Paris qui imite la forme d'un temple grec 182.____

A. Le Sacré-Coeur
B. La Madeleine
C. La Sainte-Chapelle
D. Saint-Germain-des-Prés

183. Un célèbre architecte du XXe siècle est 183.____

A. Le Corbusier B. Daumier C. Honegger D. Lautrec

184. L'ensemble le plus complet que l'on possède de fortifications du moyen âge se trouve à 184.____

A. Nîmes B. Versailles C. Carcassonne D. Chamonix

185. Les statues du Balzac, des Bourgeois de Calais et due Penseur sont l'oeuvre de 185.____

A. Rodin B. Pilon C. Pradier D. Rude

186. L'impressionisme, qui doit son nom à un tableau exposé par Edouard Manet et intitulé simplement, IMPRESSION, florissait au ______ siècle. 186.____

A. XVIe B. XVIIe C. XVIIIe D. XIXe

187. Un peintre décoratif célèbre dont les peintures murales se trouvent au Panthéon, à la Sorbonne, et à la Bibliothèque publique de Boston fut 187.____

A. Matisse
B. Seurat
C. Puvis de Chavannes
D. Géricault

188. Un célèbre compositeur français du XXe siècle est 188.____

A. Violet-le-Duc
B. Darius Milhaud
C. Hector Berlioz
D. Jean-Philippe Rameau

189. Gounod a composé la musique de 189.____

A. MIGNON
B. SAMSON ET DALILA
C. FAUST
D. PELLÉAS ET MÉLISANDE

190. L'administrateur civil d'un département en France est le 190.____

A. maire B. député C. préfet D. ministre

191. Le mouvement politique représenté pour la première fois au Parlement après les élections législatives de 1997 est 191.____

A. le socialisme
B. le centrisme
C. l'extrême droite
D. le mouvement écologique

192. Au milieu ______ il y a l'obélisque de Louqsor et deux belles fontaines, et tout autour,il y a les huit statues colossales qui représentent les grandes villes de France. 192.____

A. de Montmartre
B. de la Place de la Concorde
C. du Jardin de Luxembourg
D. du Champ-de-Mars

193. Paris vient de célébrer son 1

A. 200e anniversaire
B. millénaire
C. bimillénaire
D. 1500e anniversaire

194. Les Galeries Lafayette, le BHV, le Bon Marché, et le Printemps sont les noms _______ à Paris. 1

A. de grand magasins
B. d'arrondissements
C. de musées
D. de gares de chemin de fer

195. La tradition des santons dans la crèche de Noël est originaire de 1

A. Provence
B. Normandie
C. Gascogne
D. Bretagne

196. Le repas fait au milieu de la nuit de Noël s'appelle 1

A. la mi-carême
B. le festin des rois
C. le réveillon
D. la crèche

197. L'événement sportif annuel en France qui suscite le plus grand intérêt populaire est 1

A. le concours de tennis
B. la savate
C. le concours de natation
D. le Tour de France

198. Faire du change signifie 1

A. changer de pays
B. faire de la monnaie
C. convertir une monnaie étrangère
D. acheter au marché noir

199. La guerre d'Indochine a abouti à 1

A. la séparation du Viet Nam en deux
B. la séparation de la Corée en deux
C. l'indépendance du Cambodge
D. l'indépendance de la Birmanie

200. Le gouvernement socialiste français de Lionel Jospin a fait de l'emploi sa priorité. Son but est 2

A. d'améliorer les régimes de retraite
B. de réduire le chômage
C. d'éliminer les différences sociales
D. de réformer la Sécurité sociale

KEY (CORRECT ANSWERS)

1. B
2. B
3. C
4. D
5. A

6. A
7. A
8. B
9. C
10. D

11. B
12. C
13. D
14. B
15. D

16. C
17. D
18. D
19. B
20. D

21. B
22. D
23. C
24. A
25. B

26. A
27. D
28. A
29. B
30. B

31. C
32. B
33. B
34. D
35. C

36. C
37. C
38. A
39. C
40. A

41. A
42. C
43. A
44. A
45. C

46. B
47. B
48. C
49. A
50. B

51. B
52. C
53. A
54. C
55. D

56. B
57. D
58. C
59. B
60. B

61. B
62. C
63. A
64. A
65. D

66. D
67. A
68. A
69. C
70. B

71. B
72. A
73. C
74. A
75. D

76. C
77. C
78. A
79. C
80. D

81. C
82. D
83. B
84. A
85. C

86. D
87. D
88. B
89. A
90. C

91. B
92. C
93. D
94. C
95. A

96. D
97. A
98. B
99. A
100. D

101. C
102. C
103. B
104. C
105. D

106. A
107. D
108. B
109. C
110. D

111. B
112. B
113. A
114. A
115. D

116. D
117. B
118. A
119. A
120. A

121. A
122. D
123. D
124. A
125. C

126. B
127. D
128. C
129. C
130. D

131. C
132. D
133. C
134. A
135. C

136. D
137. A
138. B
139. B
140. A

141. B
142. D
143. D
144. B
145. C

146. A
147. C
148. B
149. D
150. C

151. B
152. D
153. A
154. C
155. D

156. C
157. C
158. A
159. B
160. B

161. B
162. D
163. D
164. A
165. B

166. B
167. D
168. A
169. B
170. D

171. A
172. C
173. A
174. D
175. B

176. C
177. D
178. B
179. C
180. D

181. B
182. B
183. A
184. C
185. A

186. D
187. C
188. B
189. C
190. C

191. D
192. B
193. C
194. A
195. A

196. C
197. D
198. C
199. A
200. B

EXAMINATION SECTION

DIRECTIONS: Each question or incomplete statement is followed by several suggested answers or completions. Select the one that BEST answers the question or completes the statement. *PRINT THE LETTER OF THE CORRECT ANSWER IN THE SPACE AT THE RIGHT.*

Questions 1-25.

DIRECTIONS: Select from among the four choices offered the word or expression which translates CORRECTLY the French word at the left.

1. cependant 1.____
   A. during B. pending C. however D. pendant

2. presque 2.____
   A. near B. pressing C. almost D. quite

3. d'ailleurs 3.____
   A. aside B. elsewhere C. whence D. moreover

4. blesser 4.____
   A. to canonize B. to bless
   C. to wound D. to bleed

5. nettoyer 5.____
   A. to clarify B. clear profit
   C. to deny D. to clean

6. lecture 6.____
   A. lecture B. perusal C. selection D. homily

7. dégoût 7.____
   A. sewer B. damage C. loathing D. drop

8. fond 8.____
   A. fond B. fund C. fountain D. basis

9. paupière 9.____
   A. eyelid B. pauper C. paucity D. flower

10. plutôt 10.____
    A. sooner B. rather
    C. more often D. presently

11. ouvrier 11.____
    A. over B. to open C. workman D. forget

12. maquillage 12._
A. French underground B. jockey
C. disguise D. make-up

13. barbouiller 13._
A. to besmear B. to grow a beard
C. to bungle D. to parboil

14. panier 14._
A. landing B. panel C. basket D. glaze

15. apprendre 15._
A. to append B. to learn C. to bring D. to add

16. rideau 16._
A. curtain B. ridiculous
C. wrinkle D. laughter

17. bail 17._
A. bucket B. yawn C. lease D. bail

18. gendre 18._
A. to engender B. son-in-law
C. gender D. kind

19. semelle 19._
A. sewing B. seed C. sole D. similar

20. ravissant 20._
A. changing one's mind B. delightful
C. ravenous D. raving

21. bague 21._
A. jail B. ring C. satchel D. joke

22. moitié 22._
A. mottled B. watered C. half D. moist

23. veille 23._
A. old B. please! C. veil D. eve

24. joue 24._
A. game B. cheek C. jolly D. joy

25. oser 25._
A. to dare B. willow
C. to take off D. to be idle

Questions 26-45.

DIRECTIONS: For each of the following items, select the word or phrase which forms a CORRECT association.

26. Marquise de Rambouillet 26.____
A. salons B. Louis XV
C. la Révolution D. Maupassant

27. Le Rouge et le Noir 27.____
A. Comédie Humaine B. Flaubert
C. roman psychologique D. Madame de Staël

28. Gobelins 28.____
A. tapisseries B. une sorte de gremlins
C. verreries D. théâtre

29. Abelard 29.____
A. chanson de Roland B. Mort d'Arthur
C. Héloise D. A Cassandre

30. Orly 30.____
A. écrivain B. ville industrielle
C. aéroport D. héros de roman

31. Sainte-Chapelle 31.____
A. Ste-Geneviève B. Louis XIV
C. Marie Antoinette D. Saint-Louis

32. Quai d'Orsay 32.____
A. la Sorbonne
B. port de Paris
C. un marché célèbre
D. Ministère des affaires étrangères

33. LE WAGON DE 3E CLASSE 33.____
A. Corot B. Courbet C. Daumier D. Daubigny

34. La ville de Washington 34.____
A. Genêt B. L'Enfant C. Bartholdi D. Le Nôtre

35. L'adjectif qui décrit Notre-Dame de Paris est 35.____
A. baroque B. rococo
C. ogivale D. renaissance

36. L'opéra CARMEN est basé sur une nouvelle de 36.____
A. Victor Hugo B. Coppée
C. Mérimée D. Gautier

37. Sèvres 37.____
A. fromage B. porcelaine
C. ganterie D. soie

38. Madame Bovary 38.___
A. Balzac B. Flaubert C. Stendhal D. Zola

39. LA DAME AUX CAMÉLIAS 39.___
A. Scribe B. Dumas père
C. Dumas fils D. Labiche

40. Arles est célèbre pour 40.___
A. sa musique B. son fromage
C. des ruines romaines D. son université

41. La pétanque 41.___
A. écheveau B. pilote
C. jeu de boules D. peloton

42. LE CORBEAU ET LE RENARD 42.___
A. Florian B. La Fontaine
C. Fontenelle D. Mistral

43. Le *père de la chimie* 43.___
A. Laplace B. Gay-Lussac
C. Agassiz D. Lavoisier

44. BOLÉRO 44.___
A. Debussy B. Milhaud C. Ravel D. Massenet

45. Un Impressionniste célèbre est 45.___
A. Manet B. Boucher C. Fragonard D. Nattier

Questions 46-65.

DIRECTIONS: In each of the following items, select from the four choices given the one which will make the sentence complete and correct.

46. Celui qui travaille pour l'administration s'appelle un 46.___
A. commis B. associé
C. fonctionnaire D. bureaucrate

47. Quand il y a un incendie, on appelle le(les) 47.___
A. gendarmes B. pompiers
C. propriétaire D. voleurs

48. Notre appartement se trouve au quatrième 48.___
A. étagère B. plancher C. étage D. galère

49. Les enfants aiment beaucoup les _____ de fées. 49.___
A. épopées B. comptes C. contes D. discours

50. Il est difficile de s'endormir si l'on n'a pas 50.___
A. sommelier B. somme C. sommeil D. soif

51. Avant de partir, donnez-moi un _____ de téléphone. 51.___
A. coupe B. sonnerie C. appel D. coup

52. Quand on me demande l'heure, je dis: _____ *quatre heures*. 52.___
A. C'est B. Ce sont C. Il est D. Nous avons

53. Je n'ai pas pu voir deux mètres devant moi à cause du 53.___
A. mistral B. brouillard
C. charivari D. brouhaha

54. Henri a donné sa démission _____ quelques jours. 54.___
A. depuis B. passé C. il y a D. puisque

55. Quand on est enrhumé, on a besoin d'un 55.___
A. gilet B. essuie-mains
C. mouchoir D. escarpin

56. Pour arriver en haut, il faut prendre 56.___
A. l'ascenseur B. le couloir
C. l'escargot D. le réverbère

57. Quand on ne voit pas le soleil, on dit qu'il fait 57.___
A. de la pluie B. couvert
C. du vent D. lourd

58. Il ne faut pas faire la liaison avant 58.___
A. haut B. héroïne C. homme D. haleine

59. On se plaît quand on est 59.___
A. fâché B. surmené C. pressé D. heureux

60. En faisant ses excuses on dit: *Je vous* _____ *de m'excuser*. 60.___
A. demande B. exige C. prie D. espère

61. Paul écrit _____ que Louis. 61.___
A. meilleur B. plus bien C. pire D. mieux

62. _____ prisonnier ne s'est évadé de cette prison. 62.___
A. Aucun B. Personne
C. Chacun D. Quelconque

63. Ce pauvre homme n'est pas instruit; il ne _____ ni lire ni écrire. 63.___
A. sait B. peut C. connaît D. comprend

64. J'ai _____ mes gants sur la commode. 64.___
A. quitté B. laissé C. parti D. congé

65. Quand un élève est en retard, on lui donne 65.___
A. une détention B. une gifle
C. des louanges D. une heure de retenue

Questions 66-80.

DIRECTIONS: From among the four choices offered, select the one which is SYNONYMOUS with the expression underlined.

66. Tout le monde était là excepté mon grand-père. 66.__
A. sans B. en outre C. sauf D. sain

67. Même en été, il porte un pardessus. 67.__
A. porte-manteau B. chandail
C. pantalon D. paletot

68. Je ne sers d'ordinaire de lunettes pour lire. 68.__
A. comme toujours B. habilement
C. d'habitude D. dorénavant

69. Au lieu de hors d'oeuvre, je prendrai du potage. 69.__
A. de la soupe B. pansement
C. une soucoupe D. du poisson

70. Rien ne croît dans son jardin. 70.__
A. presse B. pousse C. brunit D. monte

71. Je n'aime pas ce genre de maison. 71.__
A. sort B. cette sorte
C. ce gendre D. ce gentil

72. Il a accroché son chapeau à une branche de l'arbre. 72.__
A. suspendu B. perdu C. appliqué D. pendu

73. Qu'est-ce que ce coffre contient? 73.__
A. montre B. cache C. renferme D. garde

74. Cette jeune femme a l'air agitée. 74.__
A. dérangée B. émue C. distraite D. Animée

75. De quoi vous servez-vous pour vous sécher les mains? 75.__
A. essayer B. laver C. essuyer D. soigner

76. Dans le bois il y avait une obscurité profonde. 76.__
A. vallée B. verger C. buisson D. forêt

77. On nous demande de donner nos vêtements usés. 77.__
A. habits B. garnements
C. habiletés D. meubles

78. Mon oncle va m'emmener au théâtre pour voir un beau spectacle. 78.__
A. morceau B. scène C. pièce D. vue

79. Quelle drôle de figure! 79.__
A. visage B. taille C. chiffre D. numéro

80. Quoiqu'il soit tard, j'irai les voir. 80.___
A. afin qu' B. pourvu qu'
C. bien qu' D. pour peu qu'

Questions 81-90.

DIRECTIONS: From among the four choices offered, select the one which is the ANTONYM (opposite meaning) of the expression underlined.

81. C'est vrai, ce que vous dites là. 81.___
A. rigolo B. faux C. intrigant D. actuel

82. Il vaudrait mieux ôter votre manteau. 82.___
A. fermer B. jeter C. mettre D. monter

83. Pourquoi a-t-il acheté cette maison? 83.___
A. venu B. marchandé C. fendu D. vendu

84. Quant à ce livre, je l'ai trouvé intéressant. 84.___
A. entraînant B. ennuyeux
C. interminable D. énervant

85. Qu'est-ce qui se trouve devant votre maison? 85.___
A. au-dessous de B. dedans
C. derrière D. autour de

86. Mon frère aîné vient d'être décoré. 86.___
A. favori B. cadet C. adoré D. propre

87. Le lendemain de ma fête j'ai été malade. 87.___
A. veille B. après-demain
C. avant-hier D. semaine

88. Il a vécu pendant le règne de la reine Victoria. 88.___
A. a envoyé B. a fluctué
C. est mort D. a voyagé

89. A quelle heure êtes-vous sorti? 89.___
A. revendiqué B. pénétré
C. rentré D. entrevu

90. Mon père me permet de conduire l'auto. 90.___
A. défend B. protège C. empêche D. détourne

Questions 91-100.

DIRECTIONS: Read the following passage and answer each of the questions which follow it by selecting from the four choices offered the CORRECT answer to each question.

A travers quatre ans de famine et de silence, la France a chanté des chansons interdites. De vieilles chansons: la Marseillaise, la Carmagnole, l'Internationale, et aussi de nouvelles, celles qui parlent de balles, de couteaux et de dynamite, de vols de corbeaux au-dessus de nos plaines et de sang noir qui demain sèchera au soleil sur nos routes. Personne ne sait qui en a écrit les paroles et la musique: ces chansons sont aussi anonymes, aussi populaires que Frère Jacques ou Sur le Pont d'Avignon. Quel qu'en soit l'auteur c'est un poète, dont le nom, sans doute, nous est familier. Et je suis convaincu que celui qui a composé la mélodie n'est pas un dilettante, ni même un débutant, mais un musicien, un musicien français. C'est tout ce que nous savons de lui, tout ce que nous avons besoin de savoir.

91. Qui est l'auteur de ces nouvelles chansons? 91._
Un
    A. étranger B. débutant
    C. dilettante D. musicien français

92. Pourquoi ces chansons sont-elles restées anonymes? 92._
    A. Elles étaient communistes.
    B. Elles étaient nouvelles.
    C. Personne ne les a composées.
    D. Elles étaient interdites.

93. Qui a chanté à travers le silence? 93._
Le(la)(les)
    A. peuple français B. vois de corbeaux
    C. artistes D. Carmagnole

94. De quoi parlent ces nouvelles chansons? 94._
    A. Du soleil B. Des plaines
    C. De mort à l'ennemi D. De la famine

95. Ce *sang noir* rapelle le *sang impur* de quelle autre chanson? 95._
    A. LA MADELON B. LA CARMAGNOLE
    C. FRÈRE JACQUES D. LA MARSEILLAISE

96. Par qui LA MARSEILLAISE fut-elle composée? 96._
    A. Leconte de Lisle B. Rouget de Lisle
    C. Un inconnu D. André Chenier

97. Dans quelle ville a-t-on chanté LA MARSEILLAISE pour la première fois? 97._
    A. Marseille B. Strasbourg
    C. Orléans D. Paris

98. Que fait-on sur le pont d'Avignon? 98._
    A. On traverse le pont. B. L'on y mange.
    C. L'on y danse. D. L'on fait des rondeaux.

99. Que possèdent en commun les trois vieilles chansons dont on parle? 99.___
Elles sont
A. militaires B. anonymes
C. françaises D. révolutionnaires

100. Que faut-il simplement savoir de cet auteur inconnu? 100.___
A. C'est un poète.
B. C'est un nom familier.
C. C'est un musicien français.
D. Les paroles et la musique.

Questions 101-200.

DIRECTIONS: From the four choices offered, select the one which CORRECTLY fills the blank, or CORRECTLY translates a sentence or the underlined portion thereof.

101. cinq _____ dollars 101.___
A. mille B. mils C. milles D. mil

102. _____ forts qu'ils soient. 102.___
A. Quelles que B. Quel que
C. Quelques D. Quelque

103. J'espère qu'il _____ le faire. 103.___
A. puisse B. pourra C. pût D. dit pu

104. Je cherche un domestique qui _____ fidèle. 104.___
A. est B. soit C. sera D. serait

105. Ma montre n'est pas <u>remontée</u>. 105.___
My watch has not been
A. delivered B. repaired
C. sent up D. wound up

106. Elles se sont _____ des lettres. 106.___
A. écrites B. écrit C. écrits D. écrite

107. Elles se sont _____. 107.___
A. parlé B. parlés C. parlées D. parlée

108. Voici les jeunes filles qu'elle a _____ venir. 108.___
A. fait B. faites C. faits D. faite

109. Voilà la dame que j'ai 109.___
A. vu tomber B. vue tomber
C. vu tombé D. vu tombée

110. Dites-moi _____ vous amuse tant. 110.___
A. ce qui B. que C. ce que D. quoi

111. Voici des livres _____ je me sers. 111._
A. que B. qui C. dont D. ce dont

112. _____ avez-vous besoin? 112._
A. Qu'est-ce qui B. Qu'est-ce que
C. Qu' D. De quoi

113. Vous souvenez-vous de _____ s'est passé? 113._
A. ce dont B. dont C. ce que D. ce qui

114. Voici le monsieur à la fille _____ j'ai parlé. 114._
A. duquel B. de laquelle
C. dont D. de celui

115. Voici la table sur _____ je travaille. 115._
A. quoi B. quelle C. laquelle D. qui

116. _____ de ces garçons voulez-vous donner cette plume? 116._
A. A qui B. A quel
C. Auquel D. A laquelle

117. _____ vous plaignez-vous? 117._
A. De quoi B. Dont C. Que D. Lequel

118. Depuis quand _____ ici quand l'obus éclata? 118._
A. avez-vous B. êtes-vous
C. étiez-vous D. fûtes-vous

119. Parlez-lui quand vous le 119._
A. aurez vu B. voyiez C. voyez D. verrez

120. J'a voyagé en Europe _____ deux mois. 120._
A. pour B. pendant C. depuis D. près de

121. Voici des pommes. En avez-vous _____? 121._
A. mangé B. mangées C. manger D. mangés

122. Il a payé dix francs _____ douzaine. 122._
A. par B. une C. la D. pour

123. Si vous _____ à l'heure, nous serions allés au cinéma. 123._
A. finissiez B. finirez
C. aviez fini D. auriez fini

124. Êtes-vous malade, madame? Je _____ suis. 124._
A. la B. le C. y D. en

125. _____ arrivera le premier recevra le prix. 125._
A. Celui qui B. Qui C. Lequel D. Ce qui

126. Lisez les questions et répondez 126._
A. la B. y C. les D. eux

127. Je ne suis décidé _____ partir. 127.___
A. à B. de
C. no preposition D. pour

128. L'habit ne fait pas 128.___
A. l'homme B. le moine
C. le chevalier D. le soldat

129. Je ne m'attendais pas _____ vous voir. 129.___
A. de B. no preposition
C. à D. pour

130. Vous avez beau _____ lui parler. 130.___
A. de B. à
C. pour D. no preposition

131. Il a _____ beaucoup hier. 131.___
A. plut B. plu C. plus D. pluie

132. Elle a _____ partir. 132.___
A. dus B. dut C. dû D. due

133. Il a _____ une fortune. 133.___
A. acquis B. aquis C. acqui D. acquéri

134. Il est trois heures _____ ma montre. 134.___
A. par B. sur C. dans D. à

135. Voici un remède _____ rhumatisme. 135.___
A. contre le B. pour le C. de D. à

136. J'ai emprunté cette plume _____ mon frère. 136.___
A. à B. de C. dont D. par

137. J'ai acheté ces plumes et _____ mon frère. 137.___
A. ceux de B. celles de C. ceci de D. ces de

138. How long will you stay? 138.___
A. Depuis quand B. Combien de temps
C. Combien y aura-t-il D. Pendant quand

139. If you were to see him, would you remind him? 139.___
A. verriez B. voyiez C. ayez vu D. aviez vu

140. I don't know whether he will come. 140.___
A. s'il vienne B. s'il viendrait
C. s'il viendra D. s'il puisse venir

141. Do you understand what I mean? 141.___
A. qu'est-ce que B. ce qui
C. ce que D. ce dont

142. Voici la phrase que j'ai 142.___
A. traduie B. traduise C. traduit D. traduite

143. Le paysan demande qu'on lui _____ son argent. 143._
A. rendra B. rendre C. rende D. rendit

144. Je vous en prie. 144._
A. I shall pray for you.
B. I took some from you.
C. Please do!
D. I have a grudge against you.

145. Ils demeurent _____ Canada. 145._
A. dans le B. en C. au D. à

146. L'avion vole _____ la ville. 146._
A. sur B. en haut de
C. au-dessous de D. au-dessus de

147. Vous m'échauffez les oreilles. 147._
A. You bore me. B. You irritate me.
C. You talk too loud. D. You hurt my ears.

148. Avoir pignon sur 148._
A. l'échelle B. rue C. la maison D. le toit

149. There's no use in your going. 149._
Vous avez _____ aller.
A. envie B. beau C. honte D. hâte

150. He managed to make himself understood. 150._
Il est venu _____ de se faire comprendre.
A. à bout B. au bout C. au point D. enfin

151. He lives from hand to mouth. 151._
Il vit
A. de ses rentes B. au bas jour
C. de jour en jour D. au jour le jour

152. He speaks French rather badly. 152._
Il parle français
A. médiocrement B. tant bien que mal
C. de mal en pis D. de mal en mal

153. He has just arrived. 153._
Il _____ arriver.
A. vient d' B. est justement
C. vient à D. tient à

154. He knows how to go about it. 154._
Il sait
A. comment y aller B. que faire
C. quoi faire D. s'y prendre

155. Do you play the violin? 155._
Jouez-vous _____ violon?
A. du B. au C. à la D. sur le

156. He failed to finish his work. 156.____
Il a _____ finir son travail.
A. failli B. manqué
C. oublié de D. fait semblant de

157. I heard from him. 157.____
J'ai _____ de ses nouvelles.
A. reçu B. entendu C. appris D. su

158. Un coup de main 158.____
A. A slap B. A salute
C. A helping hand D. A punch

159. Vous avez mauvaise mine. 159.____
A. have migraine B. have bad manners
C. look bad D. have a bad temper

160. Avez-vous du feu? 160.____
A. Do you have fever?
B. Is there a light?
C. Have you heat in your house?
D. Have you a match?

161. Je le connais _____ vue. 161.____
A. par B. par la C. à D. de

162. I have a bone to pick with you. 162.____
A. J'ai maille à partir avec vous.
B. Je vous prends en grippe.
C. Je vous en veux.
D. Je vous sais mauvais gré.

163. Some friend or other 163.____
A. Un ami quelconque B. Un ami quiconque
C. Un ami n'importe quel D. Un ami ou autre

164. Son pain est cuit. 164.____
A. His goose is cooked. B. His work is done.
C. He earns his living. D. His future is assured.

165. Apportez-le-moi _____ qu'il est. 165.____
A. quel B. comme C. tel D. quiconque

166. You ought to do it. 166.____
A. devez B. devriez C. deviez D. devrez

167. Je m'oppose à votre suggestion. 167.____
I am opposed to it.
A. Je m'en oppose. B. Je m'y oppose.
C. Je me l'oppose. D. Je m'oppose à elle.

168. He hurt his finger. 168._

A. Il s'est fait mal au doigt.
B. Son doigt lui fait mal.
C. Il a fait mal à son doigt.
D. Il s'est fait mal à son doigt.

169. He packed his trunk. 169._

A. a empaqueté B. a emballé
C. a fait D. a ficelé

170. His life is at stake. 170._

A. Il court de sa vie. B. Il y met de sa vie.
C. Il en met de sa vie. D. Il y va de sa vie.

171. It's all up with him. 171._

Ç'en est

A. fait de lui B. fini de lui
C. fini avec lui D. pris de lui

172. Il ne peut pas se _____ à ce climat. 172._

A. prendre B. faire C. mettre D. soumettre

173. I ordered him to sit down. 173._

A. Je lui ai ordonné de s'asseoir.
B. Je l'ai ordonné de s'asseoir.
C. Je l'ai ordonné à s'asseoir.
D. Je lui ai ordonné à s'asseoir.

174. I am going nowhere. 174._

Je ne vais

A. quelque part B. nulle part
C. à part D. guère

175. Faire une course 175._

A. To run a race B. To take a walk
C. To take a trip D. To go on an errand

176. To take leave of 176._

Prendre _____ de

A. adieu B. part C. congé D. quitte

177. He is a friend of mine. 177._

C'est un

A. ami des miens B. ami de moi
C. des amis de moi D. de mes amis

178. Je vous y prends. 178._

A. I have caught you in the act.
B. I understand you.
C. I'm taking you at your word.
D. I'll take you there.

179. I taught him to swim. 179.___
A. Je l'ai appris à nager.
B. Je lui ai appris à nager.
C. Je l'ai appris de nager.
D. Je lui ai appris de nager.

180. Tell him to come. 180.___
A. Dites-le de venir. B. Dites-lui à venir.
C. Dites-lui de venir. D. Dites-lui venir.

181. The plural of *timbre-poste* is 181.___
A. timbres-postes B. timbres-poste
C. timbre-poste D. timbre-postes

182. Vous avez de la veine. 182.___
You are
A. impatient B. impudent C. vain D. lucky

183. I heard that he is sick. 183.___
A. J'ai entendu B. Je me rends compte
C. J'ai entendu parler D. J'ai entendu dire

184. Il se monte la tête. 184.___
He is
A. hurting his head B. raising his head
C. showing his head D. getting excited

185. Il faut que nous changions _____ train. 185.___
A. le B. de C. en D. par

186. What is the color of your eyes? 186.___
A. Qu'est-ce qui est la couleur
B. Qu'est-ce qu'est la couleur
C. Qu'est la couleur
D. De quelle couleur sont

187. Faire d'une pierre deux 187.___
A. morceaux B. tires C. coups D. fois

188. Il est tombé _____ terre. 188.___
A. sur B. à C. par D. en

189. I agree with you. 189.___
Je suis _____ avec vous.
A. d'avis B. d'accord C. d'opinion D. d'esprit

190. She is most unhappy. 190.___
A. la plus malheureuse
B. le plus malheureuse
C. on ne peut plus malheureuse
D. de plus en plus malheureuse

191. Il a mangé son blé en herbe. 191._
   A. He counted his chickens before they were hatched.
   B. He sowed his wild oats.
   C. His crop was spoiled.
   D. He squandered his capital.

192. On l'a mis au violon. 192._
He was
   A. made to practice B. fined
   C. confined to bed D. locked up

193. Il a pris les documents _____ tiroir. 193._
   A. dans le B. du C. au D. dedans le

194. Il a présidé _____ la réunion. 194._
   A. à B. dans
   C. no preposition D. sur

195. Il a fait le pied de grue pendant une heure. 195._
   A. He was restless B. He ran
   C. He stumbled D. He waited

196. Il fait son droit. 196._
   A. He does the right thing.
   B. He claims his rights.
   C. He goes straight ahead.
   D. He is studying law.

197. Dans le royaume des aveugles les borgnes sont 197._
   A. maîtres B. tyrans C. chiens D. rois

198. Fermez la porte à _____ tour. 198._
   A. grand B. fort C. double D. tour le

199. La scène que l'auteur nous a 199._
   A. dépeigné B. dépeignée C. dépeint D. dépeinte

200. Ne faites pas cas de cela. 200._
   A. Don't make a fuss over that.
   B. Don't be so sure about that.
   C. Don't pay attention to that.
   D. Don't work too much on that.

KEY (CORRECT ANSWERS)

1. C
2. C
3. D
4. C
5. D

6. B
7. C
8. D
9. A
10. B

11. C
12. D
13. A
14. C
15. B

16. A
17. C
18. B
19. C
20. B

21. B
22. C
23. D
24. B
25. A

26. A
27. C
28. A
29. C
30. C

31. D
32. D
33. C
34. B
35. C

36. C
37. B
38. B
39. C
40. C

41. C
42. B
43. D
44. C
45. A

46. C
47. B
48. C
49. C
50. C

51. D
52. C
53. B
54. C
55. C

56. A
57. B
58. A
59. D
60. C

61. D
62. A
63. A
64. B
65. D

66. C
67. D
68. C
69. A
70. B

71. B
72. A
73. C
74. B
75. C

76. D
77. A
78. C
79. A
80. C

81. B
82. C
83. D
84. B
85. C

86. B
87. A
88. C
89. C
90. A

91. D
92. D
93. A
94. C
95. D

96. B
97. B
98. C
99. D
100. C

101. A
102. D
103. B
104. B
105. D

106. B
107. A
108. A
109. B
110. A

111. C
112. D
113. D
114. A
115. C

116. C
117. A
118. C
119. D
120. B

121. A
122. C
123. C
124. B
125. A

126. B
127. A
128. B
129. C
130. D

131. B
132. C
133. A
134. D
135. A

136. A
137. B
138. B
139. B
140. C

141. C
142. D
143. C
144. C
145. C

146. D
147. C
148. B
149. B
150. A

151. D
152. B
153. A
154. D
155. A

156. A
157. A
158. C
159. C
160. D

161. D
162. A
163. A
164. D
165. C

166. B
167. B
168. A
169. C
170. D

171. A
172. B
173. A
174. B
175. D

176. C
177. D
178. A
179. B
180. C

181. B
182. D
183. D
184. D
185. B

186. D
187. C
188. C
189. B
190. C

191. D
192. D
193. A
194. C
195. D

196. D
197. D
198. C
199. D
200. A

EXAMINATION SECTION

DIRECTIONS: Each question or incomplete statement is followed by several suggested answers or completions. Select the one that BEST answers the question or completes the statement. *PRINT THE LETTER OF THE CORRECT ANSWER IN THE SPACE AT THE RIGHT.*

Questions 1-25.

DIRECTIONS: Each of the following sentences contains a blank space indicating that a word or phrase has been omitted. From the four choices, select the one which, when inserted in the blank space BEST fits in with the meaning of the sentence as a whole.

1. Jean revient à la maison. Sa mère lui dit: *Comme tu es méchant! Tu as _____ ton pantalon!* 1. D
   A. porté B. acheté C. trouvé D. déchiré

2. *N'avez-vous pas encore fini, Louise? Non. Je suis très _____ aujourd'hui.* 2. B
   A. éveillée B. lente C. habile D. adroite

3. Ma maison est solide. Elle est bâtie de _____. 3. D
   A. sable B. glace C. feuilles D. pierre

4. Jeanne va toujours bien. Elle est _____. 4. B
   A. en pleine compagne B. en excellente santé
   C. un peu en avance D. sur la bonne route

5. Tu cherches toujours tes gants? As-tu pensé à regarder dans _____? 5. C
   A. tes bas B. ton tapis
   C. tes poches D. ton couvert

6. Dépêchons-nous! Nous n'avons pas une minute à _____. 6. ~~D~~ C
   A. gagner B. trouver C. perdre D. laisser

7. Chut! Pas de bruit! Parlez _____, s'il vous plaît. 7. D
   A. à tort B. à haute voix
   C. à la fois D. à voix basse

8. Quand j'ai vu que Paul était vraiment malade, je lui ai dit d'aller chez lui et de se mettre au lit tout de suite. Il m'a obéi, et il est _____. 8. B
   A. revenu ici B. rentré à la maison
   C. sorti en ville D. retourné au bureau

9. *Maman, je meurs de faim! Donne-moi donc quelque chose à manger.* 9
Mais voyons, mon enfant, est-ce que tu _____?
A. veux un grand verre d'eau
B. préfères revenir demain
C. ne peux pas attendre le dîner
D. n'as pas ton cahier

10. Mon ami est tombé du mur, et il s'est fait mal _____. 10
A. au jambon B. à la pêche
C. au rang D. à la jambe

11. Je ne peux rien voir! J'ai perdu _____. 11
A. mes chaussures B. mon pardessus
C. mon veston D. mes lunettes

12. Notre professeur a trouvé cette histoire si amusante qu'il a _____. 12
A. poussé un soupir B. éclaté de rire
C. versé des larmes D. joué un tour

13. Je vais acheter ce chapeau vert; il me plaît parce qu'il est _____. 13
A. à la mode B. tout noir
C. assez laid D. trop grand

14. Je vais faire venir le médecin parce que j'ai un _____. 14
A. malentendu B. gros rhume
C. peu froid D. appétit formidable

15. Le marchand de tabac? Juste en face, monsieur, _____ de la rue. 15
A. au-dessus B. en dehors
C. de l'autre côté D. au milieu

16. La petite fille _____ parce qu'elle a peur. 16
A. danse B. chante C. pleure D. s'amuse

17. Pour aller le plus vite d'ici en Europe il faut prendre _____. 17
A. le bateau B. le chemin de fer
C. l'avion D. la voiture

18. Hier, dans un accident d'automobile, il a été gravement _____. 18
A. blessé B. guéri C. flatté D. remis

19. Je voudrais bien acheter ces skis, mais ils sont trop _____. 19
A. chers B. utiles C. doux D. amusants

20. Quel beau coucher de soleil! Le ciel est tout _____. 20
A. noir B. rouge C. blanc D. vert

21. Maman, je veux mettre cette lettre à la poste. As-tu un ____ que je peux mettre sur l'enveloppe? 21. ____
   A. billet B. prix C. timbre D. coin

22. Pourquoi n'allez-vous pas au cinéma ce soir? Je n'en ai pas ____. 22. ____
   A. envie B. peur C. honte D. soin

23. Mon verre est vide. Voulez-vous bien le ____. 23. ____
   A. briser B. remplir C. réparer D. vider

24. N'oubliez pas ce que je vous ai dit ____. 24. ____
   A. bientôt B. la semaine dernière
   C. la semaine prochaine D. après-demain

25. Quelle heure est-il, Jacques? Je ne sais pas. J'ai oublié ____. 25. ____
   A. ma sonnette B. ma montre
   C. ma cloche D. mon carnet

KEY (CORRECT ANSWERS)

1. D
2. B
3. D
4. B
5. C
6. C
7. D
8. B
9. C
10. D
11. D
12. B
13. A
14. B
15. C
16. C
17. C
18. A
19. A
20. B
21. C
22. A
23. B
24. B
25. B

TEST 2

DIRECTIONS: Each question or incomplete statement is followed by several suggested answers or completions. Select the one that BEST answers the question or completes the statement. *PRINT THE LETTER OF THE CORRECT ANSWER IN THE SPACE AT THE RIGHT.*

Questions 1-25.

DIRECTIONS: Each of the selections in this test is followed by several questions or incomplete statements. First read the selection carefully. Then, on the basis of the selection, decide which choice BEST answers the question or completes the statement.

Questions 1-2.

Robert pousse un cri de joie: dans la lettre que sa soeur lui envoie pour ses quinze ans, il trouve un billet de cinq cents francs! C'est la première fois qu'il en voit un, et il le montre à tout le monde.

1. Robert vient de recevoir 1.
   A. une montre
   B. sa première lettre
   C. un cadeau d'anniversaire
   D. une invitation de sa soeur

2. Depuis l'arrivée de cette lettre, Robert a quelque chose qu'il 2.
   A. avait recu souvent
   B. avait perdu autrefois
   C. avait déjà refusé
   D. n'avait jamais vu avant

Questions 3-5.

"Philippe, va porter cette lettre au bureau de poste," dit la mère de Philippe.

"Oh, maman! Un seul jour de congé par semaine, et je dois fair des courses!"

"Mais qu'as-tu, enfin? Tu seras de retour dans un quart d'heur

3. Philippe ne veut pas aller au bureau de poste aujourd'hui parce qu'il 3.
   A. veut faire plaisir à sa mère
   B. est facteur
   C. ne sait pas où il se trouve
   D. préfère s'amuser avec ses camarades

4. La mère dit que Philippe pourra aller au bureau de poste et revenir en 4. C
   A. trente minutes B. cinq minutes
   C. quinze minutes D. un seul jour

5. Aux États-Unis, cette conversation aurait lieu probablement un 5. A D
   A. vendredi B. mardi C. lundi D. samedi

Questions 6-7.

"Une bonne nouvelle, mes enfants," dit M. Martin avant de s'asseoir à table pour déjeuner. "Le directeur au Théâtre de l'Etoile m'envoie des billets pour ce soir."

6. La bonne nouvelle que M. Martin annonce à ses enfants, c'est 6. A B
   A. qu'il va leur envoyer des billets
   B. qu'ils sont invités au théâtre
   C. qu'ils sont invités à déjeuner en ville
   D. qu'il va se mettre à table

7. Quand cette scène se passe-t-elle? 7. A B
   A. Vers le melieu de l'après-midi
   B. Vers midi
   C. Vers cinq heures de l'après-midi
   D. Le soir

Questions 8-11.

Le matin, ma mère me réveille de très bonne heure. Je m'habille rapidement, et je sors avec mon petit sac sur le dos, et le bout du nez et les oreilles bien cachés dans une grosse écharpe de laine, car on gèle chez nous à cette époque de l'année. J'arrive presque toujours avant les autres. J'entre dans la salle encore vide, et je m'assieds à mon pupitre.

8. Cette scène se passe à la période de l'année où il fait 8. D C
   A. bon B. doux C. froid D. chaud

9. Cet enfant se rend 9. D
   A. à l'église B. au bureau
   C. au marché D. à l'école

10. L'enfant arrive généralement en 10. B D
    A. arrière B. retard C. dehors D. avance

11. Qui est là quand l'enfant entre dans la salle? 11. D A
    A. Personne B. Tout le monde
    C. Une autre personne D. Plusieurs personnes

Questions 12-14.

Deux fois par semaine, la tante Pauline portait à la ville les oeufs de sa basse-cour, le lait et le beurre d'une vache, les légum[es] et les fruits de son jardin. Ces jours-là, quittant très tôt le logis, elle le laissait jusqu'au soir à la garde de sa nièce.

12. Tante Pauline est 12
    A. couturière B. fruitière
    C. marchande D. fermière

13. A quel moment de la journée part-elle quand elle va en ville? 13
    A. De bonne heure le matin
    B. Après le déjeuner de midi
    C. A l'heure de rentrer
    D. Le soir

14. Quand la tante allait en ville, elle y passait 14
    A. peu de temps
    B. plusieurs jours
    C. toute la journée
    D. le temps d'acheter des fruits

Questions 15-16.

Oui, madame, je l'ai vu ici il y a quelques instants; mais il est sans doute sorti pour le moment. Je suis certaines qu'il n'est pas bien loin. Il ne s'absente jamais plus que le temps de prendre une tasse de café.

15. Le monsieur qu'on cherche est absent depuis 15
    A. une demi-heure B. hier
    C. longtemps D. peu de temps

16. Quand va-t-il revenir? 16
    A. Bientôt B. Demain
    C. A la fin de la journée D. Beaucoup plus tard

Questions 17-20.

La comtesse: J'ai horreur du vert. Il n'y a rien de vert dans ce château que vos gants. (Elle les jette au feu.)

Yvonne: (Elle ne peut pas s'empêcher de crier.) Mais je les ai payés très cher, ces gants.

La comtesse: Vous aviez tort.

17. La comtesse est une personne 17
    A. gentille B. excentrique
    C. accommodante D. polie

18. Les gants d'Yvonne sont
    A. de couleur verte   B. trop petits
    C. couleur de feu   D. parfumés

18. ~~C~~ A

19. Yvonne est si fâchée qu'elle
    A. pleure   B. ne peut rien dire
    C. parle très haut   D. avoue qu'elle a tort

19. ~~D~~ C

20. La comtesse croit qu'Yvonne a payé ses gants
    A. pas assez   B. assez
    C. peu cher   D. trop cher

20. D

Questions 21-23.

Quand ma mère, qui ne peut pas marcher, a besoin de quelque chose au jardin, dans la cour, dans la chambre, sur la table, elle a l'habitude de se servir de moi, comme elle se servirait d'une troisième main; et moi, je suis fière et heureuse de me sentir utile, comme une grande personne à la maison.

21. Qui est-ce qui raconte cette histoire?
    A. Une grande personne   B. Une petite fille
    C. Une domestique   D. Une vieille

21. ~~A~~ B

22. Pourquoi faut-il aider la mère? Elle est
    A. paresseuse   B. fière
    C. fatiguée   D. infirme

22. D

23. On voit que la personne qui parle est
    A. d'un bon caractère
    B. d'une mauvaise disposition
    C. d'un tempérament désagréable
    D. d'une nature triste

23. A

Questions 24-25.

"S'il continue à pleuvoir ainsi, je rentrerai toute mouillée; mas nouvelles chaussures seront ruinées et maman sera fâchée."

24. Qui est-ce qui parle?
    A. Une petite fille   B. Un jeune garçon
    C. Une mère   D. Un père de famille

24. ~~B~~ A

25. Cette personne a peur de se faire
    A. punir   B. récompenser
    C. ruiner   D. chausser

25. ~~B~~ A

KEY (CORRECT ANSWERS)

1. C
2. D
3. D
4. C
5. D

6. B
7. B
8. C
9. D
10. D

11. A
12. D
13. A
14. C
15. D

16. A
17. B
18. A
19. C
20. D

21. B
22. D
23. A
24. A
25. A

EXAMINATION SECTION
TEST 1

DIRECTIONS: Each question or incomplete statement is followed by several suggested answers or completions. Select the one that BEST answers the question or completes the statement. *PRINT THE LETTER OF THE CORRECT ANSWER IN THE SPACE AT THE RIGHT.*

1. Prenez cette chaise; elle est 1.____

   A. laide B. grande C. haute
   D. confortable E. jolie

2. On a transporté le pauvre Monsieur Dupont à l'hôpital hier, parce qu'il était 2.____

   A. grand B. médecin C. en bonne santé
   D. en retard E. malade

3. J'aime beaucoup entendre chanter cette dame; elle a une très belle. 3.____

   A. boîte B. voix C. musique
   D. bague E. figure

4. Le professeur dit à la chaise de se lever pour aller au 4.____

   A. carnet B. plafond
   C. tableau noir D. crayon
   E. porte-plume

5. Connaissez-vous *La Marseillaise*? C'est une très belle 5.____

   A. guerre B. chanson C. province
   D. ville E. boisson

6. Après l'été vient 6.____

   A. le mois B. la semaine
   C. l'automne D. le printemps
   E. la fête de Pâques

7. Il ne faut pas longtemps pour préparer cette leçon; elle est 7.____

   A. très facile B. nécessaire
   C. très difficile D. très longue
   E. française

8. Si je n'ai pas le temps de vous écrire une lettre, au moins je vous enverrai 8.____

   A. une carte postale B. une peinture
   C. une lettre D. de vos nouvelles
   E. la pendule

9. On ne dit que votre frère est malade; j'en suis 9.____

   A. content B. paresseux C. aimable
   D. puni E. désolé

10. Pour compléter son nouveau costume, il faut que Madame Le Brun s'achète une paire de 10.

A. magasins B. cannes C. chapeaux
D. cravates E. gants

11. Jean a dix ans, Marie en a quinze, et Robert est moins âgé que Jean de deux ans. Qui est le plus jeune? 11.

A. Marie B. Jean
C. Celui qui a douze ans D. Leur mère
E. Robert

12. Il promet de lui écrire tous les jours pendant son absence; il sera de retour dans une semaine. Combien de lettres lui écrira-t-il? 12.

A. zA. Deux B. Trente C. Sept
D. Quinze E. Cinquante

13. Vous êtes arrivé à huit heures; moi, trente minutes plus tard. Je suis donc arrivé à 13.

A. huit heures et quart
B. huit heures et demie
C. huit heures moins vingt
D. neuf heures
E. midi

14. C'est au printemps que les fleurs commencent à 14.

A. pousser B. regarder C. savoir
D. marcher E. pouvoir

15. Chez nous, la rentrée des classes a lieu généralement 15.

A. au mois de septembre B. au printemps
C. bientôt D. très tard
E. chez nous

16. Les États-Unis sont limités au nord par le Canada, et à l'ouest par 16.

A. le Mexique B. l'Amérique centrale
C. l'Amérique du Sud D. l'Océan Pacifique
E. l'Europe

17. Demain la classe commencera à onze heures; si vous arrivez à onze heures dix, vous serez 17.

A. en arrière B. devant C. en avant
D. en retard E. derrière

18. Si je vous demande encore un peu de ce jambon, c'est que j 'ai 18.

A. mal à la tête B. peur C. froid
D. faim E. sommeil

19. Pour cueillir les jolies fleurs du printemps, il faut aller 19.____

A. au magasin
B. dans les rues
C. chez le boulanger
D. sur les trottoirs
E. dans les bois

20. Dans une salle à manger, la table est généralement placée 20.____

A. au bout
B. à droite
C. sur le côté
D. au plafond
E. au milieu

21. Jacques n'aime pas la maison qu'il habite; il préfère la 21.____

A. poupée
B. fleur
C. table
D. vôtre
E. nappe

22. Quelle est votre viande favorite? 22.____
La mienne, c'est

A. le veau
B. la pomme de terre
C. le poisson
D. l'eau fraîche
E. le chou-fleur

23. Pour faire une ligne droite sur le papier, il faut se servir 23.____

A. d'une gomme
B. d'une chaise
C. d'une figure
D. d'un tableau noir
E. d'une règle

24. Ce petit gamin est bien triste; il 24.____

A. pleure
B. chante
C. joue
D. pleut
E. lit

25. Dans ce grand arbre un oiseau a fait son 25.____

A. ciel
B. nid
C. feuillage
D. lit
E. soleil

26. Le dimanche revient cinquante-deux fois 26.____

A. chaque semaine
B. le lundi
C. par an
D. le samedi
E. à l'école

27. Au petit-déjeuner, ce matin, j'ai bu 27.____

A. du beurre
B. du lait
C. des gâteaux
D. du sucre
E. du papier

28. Autrefois, les hommes ne savaient pas que la terre est 28.____

A. petite
B. plate
C. américaine
D. ronde
E. scientifique

29. Le professeur n'a pas fini; il a encore quelques devoirs à 29.____

A. gronder
B. corriger
C. répéter
D. perdre
E. jeter

30. Trouvez-vous ce mouchoir joli? Je l'ai acheté 30.

A. à la maison
B. dans le tiroir
C. chez ma tante
D. dans une boutique
E. dans la classe

31. Je suis arrivé ici trop tôt parce que ma montre 31.

A. retarde
B. est en or
C. avance
D. est neuve
E. va bien

32. Tous les matins je me lève quand j'entends sonner 32.

A. la classe
B. le dîner
C. les leçons
D. le réveille-matin
E. le déjeuner

33. Parce qu'il fait très chaud, nous buvons beaucoup 33.

A. de soleil
B. d'eau fraîche
C. de voyages
D. de vent
E. de bateaux

34. *Avez-vous bien dormi cette nuit?* 34.
Oui, je me suis très bien

A. amusé
B. habillé
C. reposé
D. lavé
E. essuyé

35. J'ai acheté plusieurs livres, mais je ne peux pas les lire tous à la fois; si vous voulez, je 35.
vous

A. en achèterai un
B. les vendrai tous
C. les donnerai tous
D. en volerai
E. en prêterai un

36. Ce cahier que j'ai acheté coûte vingt francs; j'ai donné au libraire un billet de cinquante 36.
francs et il m'en a donné

A. la monnaie
B. trois cahiers
C. un billet de cent francs
D. le double
E. l'équivalent en argent

37. Les enfants se lavent les mains avec de l'eau et 37.

A. du sucre
B. du savon
C. du sel
D. de la soie
E. un sac

38. C'est vous qui avez reçu cette récompense? Permettez-moi de vous 38.

A. ennuyer
B. en féliciter
C. fâcher
D. consoler
E. écrire

39. Si vous faites bien vos devoirs, vous allez obtenir 39.____

A. votre camarade de classe
B. le professeur
C. l'école
D. le prix
E. l'exercice

40. Je viens de voir mon ami Georges; je l'ai rencontré 40.____

A. il y a une semaine
B. demain
C. tout à l'heure
D. il y a un mois
E. l'hiver passé

KEY (CORRECT ANSWERS)

1.	D	11.	E	21.	D	31.	C
2.	E	12.	C	22.	A	32.	D
3.	B	13.	B	23.	E	33.	B
4.	C	14.	A	24.	A	34.	C
5.	B	15.	A	25.	B	35.	E
6.	C	16.	D	26.	C	36.	A
7.	A	17.	D	27.	B	37.	B
8.	A	18.	D	28.	D	38.	B
9.	E	19.	E	29.	B	39.	D
10.	E	20.	E	30.	D	40.	C

TEST 2

DIRECTIONS: Each question or incomplete statement is followed by several suggested answers or completions. Select the one that BEST answers the question or complètes the statement. *PRINT THE LETTER OF THE CORRECT ANSWER IN THE SFACE AT THE RIGHT.*

Questions 1-50.

DIRECTIONS: In each group below, sélect thé lettered word or phrase which MOST NEARLY corresponds in meaning to the expression in capital letters.

1. MOIS 1.

A. time B. field C. month
D. morning E. wall

2. TROUVER 2.

A. send B. carry C. write D. dig E. find

3. TRISTE 3.

A. forest B. wandering C. sad
D. triple E. true

4. JEUDI 4.

A. Tuesday B. Thursday C. judgment
D. joke E. June

5. TIROIR 5.

A. tire B. drawer C. story D. terror E. wit

6. REGARDER 6.

A. hold back B. earn C. refuse
D. look at E. corne down

7. COMIJIEN 7.

A. why B. nearly C. more than
D. how much E. in order to

8. CHERCHER 8.

A. answer B. wait for C. look for
D. drop E. be silent

9. OUVRIR 9.

A. under B. close C. cover D. open E. work

10. RETARD 10.

A. reply B. return C. tarnish
D. picture E. delay

11. ACCOMPAGNER 11.____

A. accompany
B. go to the country
C. pay back
D. accomplish
E. acknowledge

12. BIBLIOTHÈQUE 12.____

A. library
B. bible
C. biography
D. rébellion
E. punishment

13. DIRE 13.____

A. die
B. dear
C. say
D. help
E. open

14. BEAUCOUP 14.____

A. beauty
B. how much
C. little
D. saucer
E. much

15. EAU 15.____

A. oh!
B. water
C. eye
D. egg
E. boat

16. NOUVELLES 16.____

A. sails
B. level
C. dishes
D. grandchildren
E. news

17. RUE 17.____

A. rent
B. street
C. roof
D. fence
E. chair

18. CRITIQUE 18.____

A. cricket
B. question
C. game
D. crisis
E. criticism

19. MOUCHOIR 19.____

A. fly
B. song
C. handkerchief
D. immigrant
E. jaw

20. PLUSIEURS 20.____

A. the majority
B. several
C. addition
D. how many
E. plural

21. MINUIT 21.____

A. minute
B. noon
C. midnight
D. mine
E. minister

22. FROIDEUR 22.____

A. length
B. fright
C. frame
D. coldness
E. favor

23. LÀ 23.____

A. this
B. there
C. here
D. already
E. her

24. RENVOYER 24.

A. upset B. send away C. be proud
D. see again E. teach

25. MOUTON 25.

A. mouth B. hill C. sheep D. motion E. muscle

26. VRAI 26.

A. true B. view C. variety D. wind E. very

27. DÈS QUE 27.

A. as soon as B. in spite of C. in order that
D. for fear that E. because

28. CHAUSSURE 28.

A. soûl B. smile C. eyebrow D. shoe E. sun

29. SE MOQUER DE 29.

A. make fun of B. protest against
C. take notice of D. repent
E. make use of

30. FEU 30.

A. not many B. fee C. gun
D. fire E. sharp

31. ÉTONNER 31.

A. thunder B. sew C. astonish
D. design E. torture

32. SOURIRE 32.

A. mouse B. substitute C. risk
D. smile E. package

33. BOURSE 33.

A. burner B. purse C. ox D. burden E. crowd

34. DEVENIR 34.

A. return B. leave C. descend D. owe E. become

35. ALLUMETTE 35.

A. lark B. moon C. allowance
D. altar E. match

36. DÉRANGER 36.

A. disturb B. dismiss C. disguise
D. despise E. destroy

37. FLOTTER 37.____

A. flourish B. follow C. floor
D. flatten E. float

38. ALLEMAND 38.____

A. entirely B. German C. hungry
D. allowance E. agreeable

39. SAGESSE 39.____

A. underbrush B. salary C. wisdom
D. sadness E. salad

40. BLESSURE 40.____

A. wound B. blessing C. blanket
D. paleness E. certainty

41. ESPÉRER 41.____

A. despair B. salute C. prétend
D. hope E. specialize

42. NUAGE 42.____

A. novelty B. number C. night D. cloud E. harm

43. ÉTEINDRE 43.____

A. extinguish B. join C. exclaim
D. entertain E. begin

44. ARRETER 44.____

A. retire B. arrange C. sleep D. stop E. raise

45. BONTÉ 45.____

A. plenty B. bone C. kindness
D. candy E. branch

46. DURETÉ 46.____

A. dowry B. drum C. ripeness
D. greeting E. hardness

47. SOUPIRER 47.____

A. eat supper B. sow C. laugh
D. suspect E. sigh

48. ÉTOILE 48.____

A. sail B. statue C. stalk . D. star E. eternal

49. À TRAVERS 49.____

A. through B. in traveling C. with ease
D. until E. since then

50. LOINTAIN 50.

A. lonesome B. lively C. faithful
D. fountain E. distant

KEY (CORRECT ANSWERS)

1.	C	11.	A	21.	C	31.	C	41.	D
2.	E	12.	A	22.	D	32.	D	42.	D
3.	C	13.	C	23.	B	33.	B	43.	A
4.	B	14.	E	24.	B	34.	E	44.	D
5.	B	15.	B	25.	C	35.	E	45.	C
6.	D	16.	E	26.	A	36.	A	46.	E
7.	D	17.	B	27.	A	37.	E	47.	E
8.	C	18.	E	28.	D	38.	B	48.	D
9.	D	19.	C	29.	A	39.	C	49.	A
10.	E	20.	B	30.	D	40.	A	50.	E

EXAMINATION SECTION
TEST 1

DIRECTIONS: Each question or incomplete statement is followed by several suggested answers or complétions. Select the one that BEST answers the question or complètes the statement. *PRINT THE LETTER OF THE CORRECT ANSWER IN THE SPACE AT THE RIGHT.*

Questions 1-15.

DIRECTIONS: Place the letter of the BEST definition, synonym, or paraphrase in the space at the right.

1. gâteau 1.____

   A. vêtement B. porte
   C. dessert D. grande maison

2. viande 2.____

   A. quelque chose à manger B. petite ville
   C. long voyage D. poisson

3. demeurer 3.____

   A. fermer B. refuser C. finir D. habiter

4. il faut 4.____

   A. il est nécessaire B. il tombe
   C. il est triste D. il sort

5. salle 5.____

   A. pas propre B. arbre
   C. pièce D. vente

6. déjeuner 6.____

   A. devenir vieux B. manger
   C. changer de couleur D. jouer à la balle

7. trouver 7.____

   A. tomber B. jouer C. découvrir D. travailler

8. pauvre 8.____

   A. pas beaucoup B. pas riche
   C. petit D. timide

9. souvent 9.____

   A. vite B. trop
   C. tout de suite D. beaucoup de fois

10. promenade 10.____

    A. bal B. excursion C. fruit D. saison

11. jaune

A. pas vieux B. repas C. couleur D. jeu

12. demain

A. avant B. à l'extérieur
C. le jour suivant D. rapidement

13. lait

A. pas beau B. oublié C. liquide D. mauvais

14. ensemble

A. tous les deux B. partout
C. assez D. lentement

15. tout à fait

A. immédiatement B. facilement
C. complètement D. rapidement

Questions 16-22.

DIRECTIONS: Place the letter of the word indicating the opposite of the word gven.

16. avec

A. pour B. contre C. sans D. par

17. perdre

A. mettre B. trouver C. rester D. partir

18. plus

A. moins B. déjà C. partout D. jamais

19. avant

A. après B. devant C. alors D. depuis

20. content

A. heureux B. certain C. triste D. contenu

21. midi

A. entier B. demi C. minuit D. moitié

22. premier

A. unique B. dernier C. vieux D. deuxième

Questions 23-28.

DIRECTIONS: In the space at the right, place the letter of the word which has the same sound as the letter(s) shown in the brackets. The spelling may be different.

23. père [è] 23.____

A. faire B. et C. élite

24. chien [en] 24.____

A. entrer B. pain C. peine

25. garçon [g] 25.____

A. genou B. girafe C. gorge

26. monter [er] 26.____

A. terre B. fée C. fête

27. porte [o] 27.____

A. rose B. beau C. alors

28. en [en] 28.____

A. bien B. chance C. année

Questions 29-38.

DIRECTIONS: In the space at the right, write the letter before the word or words which BEST complete the sentence.

29. Cet hiver ils ______ au lycée. 29.____

A. ont B. font C. voient D. vont

30. En été, il ______ beau à Nice. 30.____

A. fait B. est C. faut D. sera

31. Quelle heure ______? 31.____

A. est-il B. fait-il C. est-elle D. est-ce

32. Le train ______ partir. 32.____

A. a B. est C. ira D. va

33. Quand je vais à l'école, je dois ______ à sept heures. 33.____

A. se lever B. m'aller
C. me lever D. s'en aller

34. Allons manger, si vous ______ faim. 34.____

A. avez B. êtes C. serez D. aurez

35. Deux et deux ______ quatre. 35.____

A. sont B. font C. fait D. est

36. Combien de jours _____ dans la semaine? 36

A. y ont-ils
B. sont-ils
C. y a-t-il
D. ont-ils

37. Ouvrez la fenêtre. _____ chaud. 37

A. Je suis
B. Je fais
C. Je vais
D. J'ai

38. Venez me ______ au revoir. 38

A. disant B. dire C. dites D. dit

Questions 39-53.

DIRECTIONS: In the space at the right, place the letter of the French word or words which BEST complete the sentence.

39. Racontez-______ une histoire. 39

A. la B. moi C. me D. les

40. Georges n'a pas vu ______ mère depuis Noël. 40

A. sa B. son C. lui D. à sa

41. ______ vous avez fait hier soir? 41

A. Que
B. Qu'est-ce que
C. Qu'est-ce qui
D. Quel

42. Je dine au restaurant ______ jour. 42

A. tout B. tout le C. chaque D. par

43. Ta mère appelle. Réponds-______. 43

A. la B. lui C. y D. pas

44. Est-ce que Roger a obtenu une ______ note que Pierre? 44

A. meilleure B. mieux C. plus D. bonne

45. ______ sont vos desserts favoris? 45

A. Qui B. Que C. Quoi D. Quels

46. Avez-vous vu le chapeau ______ j'ai acheté? 46

A. quoi B. qui C. que D. qu'

47. Jean aime Monique. Il pense ______. 47

A. la B. lui C. d'elle D. à elle

48. Comment vos amis passent-ils ______ vacances? 48

A. leurs B. leur C. vos D. ses

49. Il a dit ______. 49.____

A. ce B. celui C. ça D. ces

50. Je vais à la bibliothèque ______ étudier. 50.____

A. pour B. à C. par D. en

51. Il n'a pas ______ livres. 51.____

A. des B. de C. aucun D. un

52. Dites-moi ce ______ vous voulez. 52.____

A. qui B. quel C. quoi D. que

53. Voici des pommes. Combien ______ désirez-vous? 53.____

A. de B. les C. en D. des

Questions 54-63.

DIRECTIONS: In Questions 54 through 63, certain verbs have been left in the infinitive. In the space at the right, write the proper form of each verb in the past indefinite (passé composé).
Example; Il (dire) bonjour. a dit

54. Vos amis (voyager) en France cet été, n'est-ce pas? 54.____

55. Oui, ils y (aller) en juin. 55.____

56. Est-ce qu'ils (envoyer) des cartes postales? 56.____

57. Oui, mais pas beaucoup et je (ne pas regarder) leur itinéraire. 57.____

58. Est-ce qu'ils (avoir) du beau temps en France? 58.____

59. Non, pas toujours, et Georges (être) malade. 59.____

60. Ah! Est-ce qu'il (consulter) un médecin? 60.____

61. Je ne sais pas. Il (ne rien dire). 61.____

62. Est-ce qu'ils (voir) beaucoup de musées? 62.____

63. Oui, ils en (visiter) beaucoup. 63.____

Questions 64-74.

DIRECTIONS: The following paragraph contains a number of blank spaces, which are numbered. In the corresponding space at the right, write the letter of the French word or words which BEST fill each numbered space.

La cuisine (64) jouit d'une excellente réputation (65) très longtemps. La femme (66) travaille (67) de longues heures dans sa (68) à préparer des (69) renommés. (70) France (71) reste à table plus (72) (73) Etats-Unis en général et les repas sont (74) occasions idéales pour la conversation.

	A.	B.	C.	
64.	A. française	B. Française	C. France	64.
65.	A. dans	B. par	C. depuis	65.
66.	A. France	B. française	C. Française	66.
67.	A. dans	B. en	C. pendant	67.
68.	A. salle à manger	B. cuisine	C. cuisinère	68.
69.	A. plats	B. restaurants	C. chefs	69.
70.	A. A	B. En	C. Dans	70.
71.	A. il	B. ce	C. on	71.
72.	A. longtemps	B. beaucoup	C. ou moins	72.
73.	A. qu'en	B. qu'à	C. qu'aux	73.
74.	A. de l'	B. ces	C. des	74.

Questions 75-88.

DIRECTIONS: On the model of the first sentence given after each letter, A, B, and C, fill in the words missing in the second sentence, making all the changes necessitated by the new word or words given. Write your answer on the line numbered correspondingly.

Example: Pierre est un petit garçon.
Marie est (1) (2) fille.
Correct answers: 1. une
2. petite

A. Ce jeune homme a un chapeau gris et une cravate bleue. 75.
(75) (76) fille a des (77) (78) et un sac (79).

76.

77.

78.

79.

B. Ton manteau blanc est vieux, mais il est encore bon. 80.____
(80) chemise (81) est (82) , mais elle est encore (83) .

81.____

82.____

83.____

C. La nouvelle étudiante est très gentille. Elle est heureuse parce qu'elle est la première de la classe. 84.____
Le (84) étudiant est très (85) . Il est (86) parce qu'il est (87) (88) de la classe.

85.____

86.____

87.____

88.____

Questions 89-96.

DIRECTIONS: Read this passage carefully. Then answer Questions 89 through 96. The first four questions are multiple choice items; place in the space at the right the letter of the word which BEST completes the statement. The second four are to be marked TRUE (T) or FALSE (F).

Monsieur Thomas est très riche. Il a fait fortune dans le commerce des vins. Maintenant il demeure à Paris avec sa femme et sa fille. Madame Thomas a des ambitions sociales. Elle désire fréquenter la haute société. Comme son mari a beaucoup d'argent, elle espère marier sa fille Lucile à un jeune homme de la haute société. Mademoiselle Lucile est une jeune fille charmante. Elle a les yeux bleus, les cheveux blonds et le teint rosé. Elle rencontre à un bal un jeune homme élégant, Robert d'Argencourt, qu'elle admire beaucoup.

Robert n'est pas riche, mais il est de bonne famille et il a des manières très distinguées. Madame Thomas désire marier sa fille à ce jeune homme de bonne famille. En général, la fille d'un millionnaire n'a pas de difficulté à se marier. Lucile est riche et belle. Elle a les yeux bleus, les cheveux blonds et, chose rare, un teint qui est rosé sans l'aide de cosmétiques. Mais, malheureusement, elle a la bouche trop grande.

89. Monsieur Thomas a ______. 89.____

A. un fils
B. une fille
C. un fils et une fille

90. Lucile fait la connaissance de Robert ______. 90.____

A. chez elle
B. dans un magasin
C. en dansant

91. Lucile est ______. 91.____

A. brune
B. jolie
C. mariée

92. Madame Thomas désire marier sa fille à Robert parce qu'il est ______. 92.

A. général B. millionnaire
C. d'origine respectable

93. Monsieur Thomas est marchand de vin. 93.

94. Robert a beaucoup d'argent. 94.

95. La beauté de Lucile n'est pas parfaite. 95.

96. Madame Thomas ne veut pas entrer dans la haute société. 96.

Questions 97-100.

DIRECTIONS: In the space at the right, write the letter of the word or words which BEST complète the sentence.

97. Les montagnes entre la France et l'Italie sont 97.

A. les Alpes B. les Pyrénées
C. le Massif central

98. Il y a une grande cathédrale à 98.

A. Nice B. Chartres C. Fontainebleau

99. Le plus grand château de Louis XIV se trouve à 99.

A. Bordeaux B. Avignon C. Versailles

100. Le héros français de la Révolution américaine s'appelle 100

A. Charles Martel B. Napoléon III
C. La Fayette

KEY (CORRECT ANSWERS)

1.	C	26.	B	51.	B	76.	jeune
2.	A	27.	C	52.	D	77.	chapeaux
3.	D	28.	B	53.	C	78.	gris
4.	A	29.	D	54.	ont voyagé	79.	bleu
5.	C	30.	A	55.	sont allés	80.	Ta
6.	B	31.	A	56.	ont envoyé	81.	blanche
7.	C	32.	D	57.	n'ai pas regardé	82.	vieille
8.	B	33.	C			83.	bonne
9.	D	34.	A	58.	ont eu	84.	nouvel
10.	B	35.	B	59.	a été	85.	gentil
				60.	a consulté		
11.	C	36.	C	61.	n'a rien dit	86.	heureux
12.	C	37.	D	62.	ont vu	87.	le
13.	C	38.	B	63.	ont visité	88.	premier
14.	A	39.	B	64.	A	89.	B
15.	C	40.	A	65.	C	90.	C
16.	C	41.	B	66.	B	91.	B
17.	B	42.	C	67.	C	92.	C
18.	A	43.	B	68.	B	93.	T
19.	A	44.	A	69.	A	94.	F
20.	C	45.	D	70.	B	95.	T
21.	C	46.	C	71.	C	96.	F
22.	B	47.	D	72.	A	97.	A
23.	A	48.	A	73.	C	98.	B
24.	B	49.	C	74.	C	99.	C
25.	C	50.	A	75.	cette	100.	C

EXAMINATION SECTION
TEST 1

DIRECTIONS: Each question or incomplete statement is followed by several suggested answers or complétions. Select the one that BEST answers the question or completes the statement. *PRINT THE LETTER 0F THE CORRECT ANSWER IN THE SPACE AT THE RIGHT.*

Questions 1-15.

DIRECTIONS: Place the letter of the BEST définition, synonym, or paraphrase in the space at the right.

1. devoir 1.____

   A. regarder B. travail scolaire
   C. livre D. adieu

2. il fait mauvais 2.____

   A. il travaille mal B. il n'a pas fini
   C. il ne fait pas beau D. il n'est pas beau

3. couteau 3.____

   A. animal B. instrument
   C. dessert D. vêtement

4. de bonne heure 4.____

   A. amusant B. tout de suite
   C. heureux D. très tôt

5. tout le monde 5.____

   A. tous les gens B. la terre
   C. toujours D. l'univers

6. ciel 6.____

   A. partie de l'espace B. partie du corps
   C. animal D. chose à manger

7. chemin de fer 7.____

   A. petit meuble B. feu ouvert
   C. moyen de transport D. escalier

8. à peine 8.____

   A. presque pas B. cruellement
   C. par écrit D. complètement

9. litre 9.____

   A. mesure B. léger C. lumière D. désordre

10. verre 10.

A. couleur
B. meuble
C. utensile pour boire
D. insecte

11. pareil 11.

A. semblable B. parent C. fruit D. legume

12. peut-être 12.

A. c'est vrai
B. c'est exact
C. c'est loin
D. c'est possible

13. lunettes 13.

A. petites filles
B. instruments d'optique
C. repas
D. folles

14. c'est dommage 14.

A. c'est regrettable
B. c'est cassé
C. c'est impossible
D. c'est trop vieux

15. en haut 15.

A. très fort
B. au-dessus
C. excité
D. en-dessous

Questions 16-25.

DIRECTIONS: Place the letter of the word indicating the opposite of the given word in the space at the right.

16. vide 16.

A. plein B. solide C. lent D. possible

17. monter 17

A. regarder B. descendre C. lever D. cacher

18. court 18

A. long B. dur C. lent D. gentil

19. méchant 19

A. bon B. jeune C. amusant D. long

20. tard 20

A. doux B. gentil C. rapide D. tôt

21. souvent 21

A. toujours
B. précédent
C. rarement
D. seulement

22. sale 22.____

A. achat B. chambre C. ensemble D. propre

23. debout 23.____

A. fini B. peu C. couché D. derrière

24. oublier 24.____

A. se taire B. se souvenir
C. prendre D. fermer

25. prendre 25.____

A. laisser B. envoyer C. porter D. quitter

Questions 26-30.

DIRECTIONS: In the space at the right, place the letter of the word which has the same sound as the letters shown in brackets. The spelling may be different.
Example: belle [e] A. beau B. est C. été
The correct answer is B.

26. maison [on] 26.____

A. monsieur B. pompe C. donner

27. leur [eu] 27.____

A. peu B. soeur C. mieux

28. jambe [am] 28.____

A. temps B. madame C. femme

29. refuser [s] 29.____

A. ressembler B. pension C. deuxième

30. pur [u] 30.____

A. langue B. musique C. oui

Questions 31-40.

DIRECTIONS: In the space at the right, write the letter before the French verb from which BEST completes the sentence.
Example: Jean ______ ici.
A. a B. est C. fait D. va
The CORRECT answer is B.

31. ______-lui ce que vous voulez. 31.____

A. Aidez B. Regardez C. Dites D. Dites-vous

32. Quand il______ faim, il cherchait un bon restaurant. 3

A. était B. serait C. aurait D. avait

33. L'année dernière, il ______ très gentil pour moi. 3

A. a fait B. est allé C. a été D. a eu

34. Elle ______ chez vous demain. 3

A. aura B. pourra C. ira D. fera

35. Nous ne ______ hier. 3

A. viendrons pas
B. sommes pas venus
C. venons plus
D. viendrons plus

36. Ils nous ont______ beaucoup de lettres. 3

A. écrits B. écrites C. écrit D. écrivant

37. Ce n'est pas avec mes soeurs que Georges s'est ______. 3

A. promené
B. promenées
C. promenée
D. promenés

38. Le livre que mes soeurs leur ont ______ n'est pas intéressant. 3

A. prêtées B. prêté C. prêtés D. prêtée

39. Marie a de belles photos, mais nous le lui en avons pas 3

A. demandé B. demandée C. demandées D. demandés

40. C'est la nouvelle maison que mes amis ont ______. 4

A. achetés B. acheté C. achetées D. achetée

Questions 41-50.

DIRECTIONS: In the space at the right, place the letter of the French word or words which BEST complete the statement.

41. Marie n'a pas pu répondre ______ question. 4

A. de la B. la C. sa D. à ma

42. Le marchand ______ a vendu une belle automobile. 4

A. les B. l' C. leur D. eux

43. Est-ce qu'il boit de l'eau? Oui, il ______ boit. 4

A. en B. la C. de D. se

44. Pour étudier, il a ______ de son livre. 4

A. faut B. lu C. souvent D. besoin

45. Avez-vous ______ des vacances à Noël? 45.____
    A. eu B. été C. en D. pas

46. Savez-vous______ il n'est pas venu? 46.____
    A. pourquoi B. pour C. parce qu' D. par

47. Voulez-vous vous asseoir et______ reposer? 47.____
    A. se B. te C. nous D. vous

48. Voilà de bons étudiants. Je vais ______ faire travailler. 48.____
    A. les B. leur C. leurs D. le

49. J'ai vu votre maison, mais pas ______ de Roger. 49.____
    A. celle B. celui C. cela D. ce

50. Voilà le jeune homme ______ je vous ai parlé. 50.____
    A. que B. dont C. qui D. auquel

Questions 51-60.

DIRECTIONS: In the following paragraphs, some verbs are given in the infinitive. Write the proper form of the verb (in the proper tense of the indicative, subjunctive, or infinitive) in the space at the right.

A. Vous devez absolument (venir) (51) me (voir) (52) ice. J'espère qu'il fera beau quand vous (arriver) (53). Si vous étiez là aujourd'hui, nous (profiter) (54) ensemble d'un beau soleil et nous pourrions nous (promener) (55).

51.____
52.____
53.____
54.____
55.____

B. Il faut que vous (venir) (56) à Paris aujourd'hui. Demain vous (voir) (57) le Musée du Louvre; c'est un musée que je (connaître) (58) très bien. J'ai peur que vous n' (avoir) (59) pas le temps de le visiter en un seul jour. Je désire que vous (faire) (60) un bon séjour à Paris.

56.____
57.____
58.____
59.____
60.____

Questions 61-69.

DIRECTIONS: The following paragraph is written in the présent tense. Rewrite it in the past (as if you were to start with *Hier matin* instead of *Ce matin)* by placing the proper form of each verb in the space numbered correspondingly. For each verb, only the imperfect (imparfait) or only the past indefinite (passe composé) is correct.

Ce matin, Pierre (travaille) (61) comme d'habitude dans son jardin, quand, tout à coup, il (commence) (62) à pleuvoir. Aussitôt Pierre (rentre) (63) dans la maison et (crie) (64) qu'il (va) (65) fermer les fenêtres de sa chambre pour protéger ses livres. Sa femme (le voit) (66) et (éclaté) (67) de rire. Il lui (répond) (68) que ces livres (sont) (69) très importants.

Questions 70-81.

DIRECTIONS: In the blanks below, write the CORRECT word needed to complete the idea. In some cases, no word is needed, and you will simply write 0. The words from which you may choose are: de, des, d', pour, à, and en. Some are used more than once.

Les habitants ______ (70) la région veulent ______ (71) avoir ______ (72) récoltes abondantes. Ils décident ______ (73) travailler la terre jusqu'à ce qu'elle cesse ______ (74) être improductive; ______ (75) trouver la culture la mieux adaptée au sol, ils demandent ______ (76) des spécialistes de les aider. Ils sont obligés ______ (77) se donner beaucoup ______ (78) peine, mais ils sont habitués à une vie dure. C'est ______ (79) travaillant de la sorte qu'ils peuvent ______ (80) espérer encore davantage ______ (81) fruits cette année.

Questions 82-90.

DIRECTIONS: Read this passage carefully. Then answer the questions below. The first four are multiple choice items; the next five are to be marked TRUE (T) or FALSE (F).

Au déjeuner, je soumets à un ami américain les idées suivantes d'Aldous Huxley, qui a dit: *Le monde sera américanise. C'est inévitable. Est-ce bien? Que peut-on attendre de ces machines trop parfaites? Des loisirs? Soit. Mais à quoi seront employés ces loisirs? Nous le voyons aux Etats-Unis: à écouter du jazz a la radio et à voir de mauvais films. Plus de loisirs signifie simplement plus de cinéma. La production en série tue la beauté; elle augmente le confort, mais aussi la laideur. Même dans les choses de l 'esprit, on cherche à produire pour la masses or, la masse a mauvais goût. L'homme moyen hait la culture. L'homme moyen veut de la musique facile et des histoires sentimentales. Il est vrai que l'Amérique a encore l'illusion que l'éducation transformera l'homme moyen. Mais c'est faux, l'éducation ne transforme que quelques sujets d'élite. L'éducation de l'avenir sera aristocratique, ou elle ne sera plus.*

Mon ami américain répondit: *Propos de cynique. Moi, je me refuse à être un cynique. Si soixante-dix ans de vie m'ont enseigné quelque chose, c'est à croire aux hommes et au progrès. Pourquoi dire que les loisirs seront toujours employés à entendre de la mauvaise musique et à lire de mauvais livres? Est-ce que l'homme moyen n'a pas jadis, compris Homère et la Bible, qui sont des chefs-d'oeuvre? Est-ce que les meilleures salles de concert ne sont pas toujours pleines? Chez vous, Hugo, en Russie, Tolstoï, sont des auteurs populaires^ ce sont de grands écrivains. Quant à dire que la production de masses tuera la beauté, pourquoi? Au contraire, la beauté devient une valeur industrielle. . .*

82. Huxley dit que l'homme moyen américain a des passe-temps 82.____

    A. intelligents B. médiocres C. culturels

83. Huxley dit que les choses fabriquées en grande quantité sont 83.____

    A. belles B. faciles C. laides

84. L'ami américain répond que le progrès appartient 84.____

    A. à l'élite B. aux artistes
    C. à tous les hommes

85. L' ani américain est 85.____

    A. cynique B. optimiste C. pessimiste

86. Huxley dit que les Américains ne vont plus au cinéma. 86.____

87. Huxley dit que les Américains moyens ont des goûts raffinés. 87.____

88. Huxley dit que l'éducation est profitable seulement aux intelligences supérieures. 88.____

89. L'arii américain a l'expérience d'une longue vie. 89.____

90. L ' ani américain dit qu'il y a toujours beaucoup de monde aux concerts. 90.____

Questions 91-100.

DIRECTIONS: In the space at the right, place the letter of the word or words which BEST complete the sentence.

91. Une province française qui produit beaucoup de vin est

A. la Normandie B. la Bourgogne
C. l'Ile de France

92. Un des plus célèbres châteaux de la Loire est celui de

A. Chartres B. Avignon C. Chambord

93. Le fleuve qui sépare la France de l'Allemagne est

A. le Rhin B. le Rhône C. la Marne

94. Strasbourg est la ville principale de

A. la Lorraine B. la Bretagne C. l'Alsace

95. Le Mont Saint-Michel se trouve en

A. Provence B. Normandie C. Bourgogne

96. La bataille de Napoléon Ier à Waterloo a eu lieu en

A. 1715 B. 1815 C. 1915

97. Le cardinal de Richelieu était Premier ministre au ______ siècle.

A. XVI B. XVII C. XVIII

98. Un des plus grand poètes français est

A. Gustave Flaubert B. Victor Hugo
C. Albert Camus

99. Paul Cézanne est un célèbre ______ français.

A. peintre B. romancier C. général

100. Les jeunes Français suivent des cours ______.

A. à l'auberge B. à la bourse C. au lycée

KEY (CORRECT ANSWERS)

1. B
2. C
3. B
4. D
5. A
6. A
7. C
8. A
9. A
10. C
11. A
12. D
13. B
14. A
15. B
16. A
17. B
18. A
19. A
20. D
21. C
22. D
23. C
24. B
25. A
26. B
27. B
28. A
29. C
30. B
31. C
32. D
33. C
34. C
35. B
36. C
37. A
38. B
39. A
40. D
41. D
42. C
43. A
44. D
45. A
46. A
47. D
48. A
49. A
50. B
51. venir
52. voir
53. arriverez
54. profiterions
55. promener
56. veniez
57. verrez
58. connais
59. ayez
60. fassiez
61. travaillait
62. a commencé
63. est rentré
64. a crié
65. allait
66. l'a vu
67. a éclaté
68. a répondu
69. étaient
70. de
71. 0
72. des
73. de
74. d'
75. pour
76. à
77. de
78. de
79. en
80. 0
81. de
82. B
83. C
84. C
85. B
86. F
87. F
88. T
89. T
90. T
91. B
92. C
93. A
94. C
95. B
96. B
97. B
98. B
99. A
100. C

EXAMINATION SECTION
TEST 1

DIRECTIONS: You will hear a series of remarks or questions. After each remark or question has been spoken, you are to select, from among the four choices printed below each question, the reply that would MOST probably be made to the remark or question. For example, you hear: (MB) Seriez-vous assez aimable pour m'indiquer le bureau de poste?

Now read the four choices below:

A. C'est assez loin, monsieur; êtes-vous à pied?
B. Malheureusement pas; cela fait trois jours qu'il n'est pas sorti.
C. Voilà justement le notaire qui sort de chez lui.
D. Je regrette, monsieur; le facteur est malade.

Of the four choices, A is the MOST appropriate reply, so you would mark the letter A in the space at the right.

Here is another example: (W) J'espère pouvoir me coucher tôt ce soir, pour une fois.

A. Il n'y a pas d'écho chez moi.
B. Pour pouvoir t'asseoir, je suppose.
C. Tu pourras même le faire deux ou trois fois.
D. On dînera donc de bonne heure.

Of the four choices, D is the MOST appropriate reply, so you would mark the letter D in the space at the right.

NOW GET READY TO ANSWER QUESTION NUMBER ONE.

Numéro 1 *(WA) Vol Air France 425, embarquement immédiat, porte numéro 8.*

1. A. Ah enfin! Nous avons attendu assez longtemps. 1.____
   B. Il est bien loin, le port?
   C. Ils ont trouvé mon portefeuille.
   D. Quant à moi, j'en emporte huit.

Numéro 2 *(MA) Dis-moi, elle est loin cette piscine?*

2. A. Tais-toi et nage! 2.____
   B. Tu as raison, éloignons-nous.
   C. Mais non, c'est juste à côté.
   D. Non, elle n'aime pas se baigner.

Numéro 3 *(WB) Pour la semaine à venir il va falloir prévoir manteaux et couvertures car la température va baisser.*

3. A. Je suis content. Sa fièvre vient de tomber. 3.____
   B. Alors, il va falloir'aussi mettre le chauffage.
   C. Pour connaître mon avenir, je consulte mon horoscope.
   D. Tant mieux, on n'aura plus besoin de vêtements chauds.

Numéro 4 *(MB) Mon amie Sylviane ne peut pas m'accompagner a Eome, mais ça ne fait rien. J'y connais pas mal de gens.*

4. A. Moi non plus, je n'aime pas voyager. 4.
   B. Moi, je ne bois jamais de rhum.
   C. Justement. Tout le monde aime bien Sylviane.
   D. C'est bien. Comme ça, vous ne serez pas tout seul.

Numéro 5 *(WA) Je suis très inquiète au sujet de mon frère. Voilà huit Jours que j'essaie de lui téléphoner,, mais personne ne repond.*

5. A. En effet, c'est une époque très inquiétante. 5.
   B. Ne t'en fais pas, il doit être en voyage.
   C. Comment? Tu n'as pas de ses nouvelles depuis des mois.
   D. Mon frère n'est pas bavard non plus.

Numéro 6 *(MA) J'ai perdu mon gros chat roux. L'avez-vous vu?*

6. A. Oui, il parlait avec notre voisine ce matin. 6.
   B. Oui, je crois qu'il rêvait de partir en France.
   C. Non, mais il y avait un petit gris dans mon jardin.
   D. Non, avez-vous bien cherché dans toutes vos poches?

Numéro 7 *(MB) Dis-moi, as-tu jamais vu une foule pareille?*

7. A. Pas depuis longtemps, il y a vraiment beaucoup de monde. 7.
   B. Oui, mais ça ne sera pas pour demain.
   C. Tu sais, je l'ai toujours trouvée un peu bête.
   D. A mon avis, ils ne se ressemblent pas du tout.

Numéro 8 *(WA) Il a tellement plu que mon jardin est inonde.*

8. A. Vous devriez arroser plus souvent. 8.
   B. Cela arrive souvent dans cette région.
   C. Les étés sont de plus en plus chauds.
   D. Ce cadeau m'a beaucoup plu.

Numéro 9 *(WA) Attachez vos ceintures, redressez vos sièges, relevez vos tablettes, nous allons atterrir dans quelques minutes.*

9. A. Le service est vraiment lent dans ce restaurant. 9.
   B. Ah déjà! Je n'ai pas vu passer le temps.
   C. Je l'ai déjà mangée, ma tablette de chocolat.
   D. Quelques minutes? Ça ne me suffit pas pour m'habiller.

Numéro 10 *(MA) Je me demande pourquoi je ne gagne jamais a la loterie nationale.*

10. A. La loterie, c'est une question d'offre et de demande. 10.
    B. Au niveau national, moi je ne vote jamais.
    C. Il est difficile de bien gagner sa vie.
    D. C'est que tu n'as pas de chance, voilà tout.

Numéro 11 *(MB) Pourriez-vous me passer Madame Pitiot, s'il vous plaît?*

11. A. Oui, je m'en passe facilement. 11.____
    B. Oui, vous avez bien réussi à votre examen.
    C. Un instant, ne quittez pas.
    D. Je les ai vus passer tout à l'heure.

Numéro 12 *(WA) Moi, je trouve que Gisèle a beaucoup maigri ces derniers* temps.

12. A. *Ce* n'est pas vrai, elle n'en a pas autant. 12.____
    B. Cela fait deux mois qu'elle est au régime.
    C. Ce n'est pas la première fois qu'elle perd.
    D. Cela te va très bien, ne t'en fais pas.

Numéro 13 *(WA) Qu'est-ce qu'elle vous a raconté? Elle est tombée en panne?*

13. A. Oui, elle s'est cassé la jambe. 13.____
    B. Oui, elle dit qu'il n'y avait plus de pain.
    C. Oui, elle l'a rencontrée aux sports d'hiver.
    D. Oui, elle a eu un pneu crevé.

Numéro 14 *(MA) T'as vu le match samedi soir? C'était fantastique. Pirelli a couru comme un fou et a marqué deux buts.*

14. A. Ah, je trouve que Paris-Match est un journal sans intérêt. 14.____
    B. Moi, quand j'ai bu je ne prends pas la voiture.
    C. Vraiment? J'espère qu'il ne les a pas sérieusement blessés.
    D. Tu sais, le football ne m'intéresse pas beaucoup.

Numéro 15 *(WB) D'après ce que j'ai entendu dire. Edith et François, qui étaient si inséparables ces derniers mois, ne se voient plus.*

15. A. Quel dommage! Pour moi c'était le couple parfait. 15.____
    B. François voit très bien, mais Edith est plutôt myope.
    C. Pas étonnant, vu le temps qu'il fait aujourd'hui.

Numéro 16 *(WB) Alors, le dernier film de Depardieu, ga t'a plu?*

16. A. Pas du tout, je suis parti avant la fin. 16.____
    B. Chaque fois que je vous vois j'ai envie de pleurer.
    C. Vu qu'il pleuvait, je n'ai pas pu sortir.
    D. Ça, mon vieux, ça ne te va pas.

Numéro 17 *(MA) Et le grille-pain, je le branche ou?*

17. A. Hais dans l'arbre, bien sûr! 17.____
    B. A la boulangerie du coin.
    C. Je l'ai trouvé dans le camion gris.
    D. Il y a une prise là, à côté du réfrigérateur.

Numéro 18 *(MA) Il y a longtemps que ton père est là?*

18. A. Ça fera bientôt une semaine. 18
B. Il fait encore mauvais temps.
C. C'est arrivé juste au bon moment.
D. Il était bien temps qu'il parte.

Numéro 19 *(MB) La prochaine fois que tu me demanderas de te rendre servioe$_3$ mon garqon, tu pourras toujours attendre !*

19. A. Ça m'est égal; de toutes façons, toi, tu ne m'aides jamais. 19
B. Je fais le service pendant que tu m'attends.
C. Attends que j'aie quelque chose à te rendre.
D. Le garçon a dit qu'il n'a pas compris la commande.

Questions 20-24.

DIRECTIONS : You will now listen to a dialogue. After thé dialogue, you will be asked several questions about what you hâve just heard. Select thé BEST answer to each question from among thé four choices printed after each question, There is no sample question for this part.

(MA) Bonjour, Madame Durand. Les vacances sont donc finies?
(WA) Ah, bonjour, Monsieur Simon. Oui, nous voilà de retour à Paris depuis dimanche soir.
(MA) Tout s'est bien passé? Où étiez-vous cette année?
(WA) En Bretagne, à quelques kilomètres de la mer dans un petit village encore assez tranquille.
(MA) Avez-vous en beau temps?
(WA) Plus ou moins. Quelques journées ensoleillées, mais pas mal de brume le matin et des ondées. Un temps de Bretagne, quoi!
(MA) Vous avez quand même pu vous baigner?
(WA) Oh ça alors! Vous savez, il n'y a pas eu moyen.
(MA) Conment ça, pas eu moyen?
(WA) Eh bien, les jours de pluie, nous sommes restés à l'abri dans la petite maison que nous avions louée.
(MA) Alors, il a plu tout le temps?
(WA) Non, mais les jours de soleil nous n'avons même pas pu nous approcher de la plage tant il y avait de voitures sur la route. Impossible de se garer.
(MA) Quel dommage de ne pas pouvoir se baigner par beau temps.
(WA) Oh, de toute façon, vous savez, l'eau est plutôt fraîche en Bretagne, il faut le dire, trop fraîche pour mes rhumatismes.
(MA) C'est vrai que pour les rhumatismes, la Côte d'Azur est plus indiquée. Mais là, on ne peut mettre un pied sur les plages sans risquer de marcher sur un corps étalé au soleil ou de recevoir un ballon en pleine figure.
(WA) Alors, si je comprends bien, vous êtes retourné à Cannes chez votre fille cet été?
(MA) Oh non, ma femme est partie toute seule. Moi, voyez-vous, ce que j'aime, c'est rester à Paris au mois d'août. Il est si facile d'y circuler en voiture. Les rues sont vides. Il n'y a pas de queues, pas de bruit. C'est merveilleux, et c'est bien moins cher que la Bretagne ou la Côte d'Azur.

Numéro 20 *(WB) Où habitent ces deux personnes?*

20. A. Sur la Côte d'Azur B. En Bretagne 20.____
C. A Paris D. A Cannes

Numéro 21 *(WB) Où Madame Durand a-t-elle passé ses vacances?*

21. A. Sur un bateau 21.____
B. Dans une maison face à la mer
C. Dans le sud de la France
D. Dans un village tranquille.

Numéro 22 *(WB) Pourquoi Madame Durand n'a-t-elle pas pu s'approcher de la plage?*

22. A. A cause du mauvais temps 22.____
B. A cause de la circulation
C. A cause de ses rhumatismes
D. A cause des jeux de ballons

Numéro 23 *(WB) Qu'est-ce que la femme de Monsieur Simon a fait au mois d'août?*

23. A. Elle a loué une maison sur la Côte d'Azur. 23.____
B. Elle est allée à Cannes pour la première fois.
C. Elle a accompagné son mari à Paris.
D. Elle est allée rendre visite à sa fille.

Numéro 24 *(WB) Qu'est-ce que Monsieur Simon a décidé de faire au mois d'août?*

24. A. Rester sur place 24.____
B. Partir en Bretagne
C. Descendre dans le Midi
D. Se reposer dans un petit village

Questions 25-30.

DIRECTIONS: You will now listen to a dialogue. After thé dialogue, you will be asked several questions about what you hâve just heard. Select thé BEST answer to each question from among thé four choices printed after each question, There is no sample question for this part.

(MA) Allez les enfants, dépêchons-nous.
(WA) On est dans quelle voiture, Georges?
(MA) Attends que je regarde les billets....Nous sommes dans la voiture 8. Elle doit être vers la tête du train. Oui, la voilà, la 8. Allez, montez les gosses!
(WA) On a des places ensemble?
(MA) Bien sûr. On est juste là, au milieu. On a les numéros 21 à 24.
(WA) Parfait. On est en face les uns des autres. On va pouvoir jouer aux cartes.
(WB) Excusez-moi, messieurs-dames. Je crois que vous avez pris nos places à nous.
(MA) Ah non, madame. Elles sont à nous, ces places. Vous n'avez qu'à regarder...21, 22, 23 et 24.

(WB) Je suis désolée, monsieur. Mais c'est nous qui avons les places 21, 22, 23 et 24. Vous vous êtes peut-être trompés de voiture.
(MA) Nous? Mais non. C'est bien la voiture 8?
(WB) Oui, mais nos places à nous sont aussi dans la voiture 8.
(MA) Alors, ça doit être une erreur d'ordinateur. Tiens, voilà le contrôleur, on va lui demander. Monsieur...monsieur, s'il vous plaît.
(MB) Oui, monsieur? Qu'est-ce qu'il y a?
(MA) Eh bien, il y a un petit contretemps. Ma famille et moi, nous avons réservé ces places-ci, mais cette dame prétend que les places sont à elle et à ses amies. Voici nos billets, Vous voyez, elle se trompe...ou c'est peut-être une erreur d'ordinateur.
(MB) Faites-moi voir vos billets.... Mais non, ce n'est pas une erreur d'ordinateur, et cette dame a bien raison. Les places sont à elle. Nous sommes aujourd'hui le 15, vos places, monsieur, sont pour le 14.
(WA) Qu'est-ce qu'il raconte, Georges? Nos places, elles sont pour le train d'hier?
(MA) Mais non, voyons, c'e.st pas possible.
(WA) Laisse-moi voir.... Ecoute, Georges, il a raison, le contrôleur, nos billets sont pour le 14.
(MA) Ça alors! Je ne sais pas comment c'est arrivé. C'est peut-être quand j'ai changé les billets. Tu te rappelles? On devait prendre le train de 17h et c'est toi qui as voulu partir plus tôt.
(WA) Qu'est-ce qu'on va faire?
(MB) Euh...il y a deux places, là, près de la porte. Vous trouverez peut-être des places dans la dernière voiture.
(WA) Bon, écoute, Georges. Moi, je reste là avec la petite. Toi et Jean-Pierre, vous allez chercher des places à l'arrière du train.
(MA) Si tu veux. Allons-y, mon garçon.
(WA) Et Georges...
(MA) Oui?
(WA) A l'avenir, les billets, c'est moi qui m'en occupe.

Numéro 25 (MB) Dans quel contexte cette discussion a-t-elle lieu?

25. A. A la fin d'une excursion en train 25.
B. Au début d'un voyage
C. Au guichet de la gare
D. A l'entrée d'un parking

Numéro 26 (MB) Qu 'est-ce qui a provoqué une dispute dans cette scène?

26. A. La femme de Georges s'est plainte de leurs places. 26.
B. Deux groupes de voyageurs réclament les mêmes places.
C. Les enfants de Georges ont refusé de jouer aux cartes.
D. On a retardé l'heure du départ.

Numéro 27 (MB) Qu'est-ce qu'on découvre au cours de cette scène?

27. A. L'ordinateur est tombé en panne. 27.
B. Georges s'est trompé de date.
C. La dame et ses amies se sont trompées de gare.
D. Le contrôleur a changé les billets.

Numéro 28 *(MB) Que fait le contrôleur?*

28. A. Il donne raison à la dame et à ses amies. 28.____
    B. Il refuse de résoudre le problème.
    C. Il trouve d'autres places pour la dame et ses amies.
    D. Il affirme que c'est une erreur d'ordinateur.

Numéro 29 *(MB.) Quel est le résultat final de cette discussion?*

29. A. Quelqu'un doit descendre. 29.____
    B. Le contrôleur se fâche.
    C. La dame et ses amies prendront le train de 17 heures.
    D. La famille ne sera pas assise ensemble.

Numéro 30 *(MB) Quel mot caractérise le mieux l'attitude de la femme de Georges à la fin du passage?*

30. A. Moqueuse B. Soulagée 30.____
    C. Anxieuse D. Furieuse

KEY (CORRECT ANSWERS)

1. A
2. C
3. B
4. D
5. B
6. C
7. A
8. B
9. B
10. D
11. C
12. B
13. D
14. D
15. A
16. A
17. D
18. A
19. A
20. C
21. D
22. B
23. D
24. A
25. B
26. B
27. B
28. A
29. D
30. A

TEST 2

DIRECTIONS: Each question or incomplete statement is followed by several suggested answers or completions. Select the one that BEST answers the question or completes the statement. *PRINT THE LETTER OF THE CORRECT ANSWER IN THE SPACE AT THE RIGHT.*

Questions 1-6.

DIRECTIONS: You will now listen to a dialogue. After the dialogue, you will be asked several questions about what you hâve just heard. Select thé BEST answer to each question from among thé four choices printed after each question,

(MB) Cher docteur, votre dernier ouvrage s'intitule *La Santé de la peau et les progrès de la médecine*. Vous voilà donc reparti en croisade! Exposer sa peau au soleil, dites-vous, fait vieillir avant l'âge. Mais vous allez vraiment désespérer vos lecteurs avant leurs vacances!

(WB) C'est désespérant, mais vrai. On le sait depuis un siècle au moins. Au siècle dernier et de tout temps, seuls les paysans et les montagnards avaient la peau hâlée, bronzée si vous voulez. C'est la grande couturière Coco Chanel qui, dans les années quarante, a lancé la mode du soleil et a corimencé à ruiner la peau des bourgeoises. Le progrès social et les médias ont fait le reste: aujourd'hui, un vacancier se doit d'être bronzé. Je sais, comme tout le monde, qu'il fait bon au soleil, que sa caresse est délicieuse. Et sa lumière est vraiment bénéfique aux personnes qui souffrent de dépression. Je sais également que toutes les activités de plein air sont un besoin et un plaisir pour la grande majorité des gens. Mais j'ai le regret de vous dire ceci: le dessèchement de la peau, les rides, les taches pigmentées que vous pouvez observer chez les personnes de moins de cinquante ans, tout cela n'est dû qu'au soleil.

(MB) Pas possible! Rien que le soleil? Enfin, vous avez sans doute raison, docteur, mais personnellement, je ne crois pas que vos arguments puissent changer les habitudes des gens qui adorent le soleil.

Numéro 1 *(WA) De quoi s'agit-il dans le nouveau livre du docteur?*

1. A. Du progrès général de la médecine 1
   B. D'une croisade contre la médecine traditionnelle
   C. Des effets du soleil sur les personnes âgées
   D. Des dangers du soleil pour la peau

Numéro 2 *(WA) D'après le docteur, qui a lansë la mode du soleil?*

2. A. Les vacanciers B. Les jeunes 2
   C. Une couturière D. Un médecin

Numéro 3 *(WA) D'après le docteur, pourquoi s'expose-t-on au soleil?*

3. A. Pour rester jeune 3
   B. Pour garder la forme
   C. Pour le simple plaisir
   D. Pour des raisons médicales

Numéro 4 *(WA) D'après le docteur, depuis quand être bronzé est-il à la mode?*

4. A. Depuis toujours 4.____
   B. Depuis une cinquantaine d'années
   C. Depuis le début du siècle
   D. Depuis les années soixante

Numéro 5 *(WA) Qu'est-ce que le docteur affirme dans cet entretien?*

5. A. Les mauvais effets du soleil se manifestent à partir de l'âge de cinquante ans. 5.____
   B. Le soleil est une source importante de vitamines.
   C. Le soleil est un vrai réconfort pour les dépressifs.
   D. Le grand air stimule l'appétit de la plupart des gens.

Numéro 6 *(WA) Quelle est l'attitude du journaliste à la fin du dialogue ?*

6. A. Sceptique B. Enthousiaste 6.____
   C. Anxieux D. Indifférent

Questions 7-12.

DIRECTIONS: Questions 7 through 12 are to be answered on the basis of the following dialogue.

(WA) Allô, Barbara? Est-ce que tu as regardé les informations à la télé ce soir?
(WB) Non, le téléphone a sonné au moment où j'allais le faire. C'était Martine. Alors, tu sais comment elle est, elle n'a pas arrêté de parler pendant une demi-heure. J'avais beau essayer de l'interrompre. Impossible.
(WA) Mais qu'est-ce qu'elle avait à te raconter?
(WB) Oh, tu sais, c'est toujours la même chose avec Martine. Son fils aîné, Gérard, est en pleine crise d'adolescence. Il refuse de sortir la poubelle, se couche à n'importe quelle heure, il laisse traîner ses vêtements dans tous les coins, il se sert de toutes les serviettes de toilette chaque fois qu'il prend une douche, ce qui est au moins trois fois par jour. Enfin, toujours les mêmes histoires.
(WA) Ah, je sais. Mon fils, c'était pareil, mais enfin ça passe. De toutes façons, Barbara, l'an prochain, Gérard sera à l'université, n'est-ce pas?
(WB) Mais non, figure-toi! Maintenant il veut faire du théâtre, tu t'imagines! Et il veut vivre la vie d'artiste! Tu te rends compte! Et il est prêt à faire n'importe quoi. Travailler comme garçon de café, vendeur de chaussures, ponper de l'essence s'il le faut! Et, par-dessus le marché il veut aller en Amérique! Enfin. Mais, dis-moi qu'est-ce que tu voulais me dire, toi?
(WA) Eh bien, Barbara, figure-toi que j'ai vu ta fille à la télé ce soir. Elle était en train de manifester devant le Palais de Justice et de se faire arrêter par...
(WB) Quoi!
(WA) Oui, oui, oui. Alors, tu as intérêt à raccrocher tout de suite et à courir au poste de police.

Numéro 7 *(MA) Pourquoi l'amie de Barbara lui tèlèphone-t-elle'?*

7. A. Pour lui expliquer que Gérard est en difficulté 7
B. Pour lui demander quelques conseils
C. Pour l'inviter à aller au théâtre ce soir-là
D. Pour lui dire ce qu'elle a vu à la télé

Numéro 8 *(MA) Pourquoi Barbara n'a-t-elle pas regardé les informations à la télé?*

8. A. Parce que Martine l'a gardée longtemps au téléphone 8
B. Parce qu'elle s'est disputée avec sa fille
C. Parce qu'elle était occupée à faire le ménage
D. Parce que les informations ne l'intéressent pas

Numéro 9 *(MA) Dans oe dialogue, pourquoi la mère de Gérard s 'inquiète-t-elle?*

9. A. Il ne veut pas trouver du travail. 9
B. Il s'intéresse trop à la politique.
C. Il est extrêmement désordonné.
D. Il ne se lave pas assez souvent.

Numéro 10 *(MA) Quels sont les projets d'avenir de Gérard?*

10. A. Aller à l'université 10
B. Devenir acteur
C. Être homme d'affaires
D. Faire de la politique

Numéro 11 *(MA) Qu'est-ce qui est arrivé à la fille de Barbara?*

11. A. Elle a été arrêtée par la police. 11
B. Elle a présenté les nouvelles à la télé.
C. Elle a été blessée dans une manifestation.
D. Elle est partie en Amérique.

Numéro 12 *(MA) Qu'est-ce qu'on peut conclure de cette conversation?*

12. A. La télévision influence les actions des jeunes. 12
B. Les adolescents sont très influencés par leurs parents.
C. Il est facile de faire carrière au théâtre.
D. Les enfants réservent toujours des surprises à leurs parents.

Questions 13-22.

DIRECTIONS: In each of the following sentences, one word has been omitted and replaced by a line. Complete each sentence by writing on this line ONE SINGLE French word that is correct in BOTH meaning and form according to the context of each sentence. NO VERB FORMS may be used. Expressions such as *jusqu'à,* and *se qui* and *ae que* are NOT considered single words.

Examples: Jean _n'_ est pas grand.
Cela ne dépend que _de_ vous.

13. Je rie souviens très bien de ce ______ vous parlez.

14. Des deux livres que vous venez de terminer, ______ préférez-vous?

15. Je vous présente Madame Roland; ______ est le docteur qui a soigné mon mari.

16. Au rioment ______ il est passé, je l'ai tout de suite reconnu.

17. Es-tu surprise, Annie? Oui, je ______ suis.

18. Il a______ insisté que j'ai fini par l'amener avec nous.

19. Comnent! Vous aimez la musique des jeunes? Nous ne nous ______ habituerons jamais.

20. Il est épuisé car le bruit des voitures______ a empêché de dormir.

21. On ne dit que vous vous chargez des affaires de M. Langet. Depuis quand vous ______ occupez-vous?

22. Nous étions trop fatigués ______ continuer.

Questions 23-35.

DIRECTIONS: Within the following paragraph, thirteen verb forms hâve been omitted and each has been replaced by a line. Complete the paragraph by writing on each line the correct form of the verb, based on the context provided by the sentences. The infinitive form of the verb to be used is shown in parentheses below each line. Be sure to read the entire paragraph before writing your answers. Check your spelling carefully; accents and agreement must be correct for the answer to be considered correct.

Cette année, après __________ 23 (hésiter) de longues semaines, Doriinique et Pierre se sont décidés à __________ 24 (emmener) lmeurs enfants à la montagne. Une fois __________ 25 (arriver) à St. Gervais, ils __________ 26 (descendre) à l'Auberge des Cloches. En __________ 27 (ouvrir) les fenêtres, ils __________ 28 (découvrir) la blancheur des pentes et l'air pur que leur médecin leur __________ 29 (conseiller) plusieurs fois déjà. Et le lendemain ils ont dit à leurs enfants, *Bien que vous* __________ 30(avoir) *un peu peur, vous* __________ 31 (se sentir) *plus à l'aise sur les pistes des.que vous* __________ 32 (prendre) *.quelques leqons de ski.* L'air __________ 33 (stimuler) l'appétit des enfants à la montagne, et le soleil __________ 34 (être) une source importante de vitamines. Dominique et Pierre, ils __________ 35 (être) enthousiastes après leurs leçons de ski.

KEY (CORRECT ANSWERS)

1. D
2. C
3. C
4. B
5. C

6. A
7. D
8. A
9. C
10. B

11. A
12. D
13. dont
14. lequel
15. c'est

16. où
17. le
18. tant/tellement
19. y
20. l'a

21. en
22. pour
23. avoir hésité
24. emmener
25. arrivés

26. sont descendus
27. ouvrant
28. ont découvert
29. avait conseillé/avait conseillés
30. ayez

31. vous sentirez
32. aurez pris/prendrez
33. stimule
34. est
35. sont

EXAMINATION SECTION
TEST 1

DIRECTIONS: Below each of the following passages, there are one or more questions or incomplete statements about the passage. Read each passage carefully, and choose the BEST answer. *PRINT THE LETTER OF THE CORRECT ANSWER IN THE SPACE AT THE RIGHT.*

PASSAGE

Des statistiques récentes ont révélé que les émissions de télévision consacrées aux animaux étaient celles qui avaient le plus de succès auprès des téléspectateurs de n'importe quel âge. Quand on combine le charme d'un beau paysage avec celui des bêtes sauvages, on a un spectacle apprécié de tout le monde.

1. Quelle sorte de programme de télévision est très populaire? Les programmes 1.____

A. sur les statistiques
B. de jeux télévisés
C. policiers
D. sur la nature

PASSAGE

Bien que l'anglais soit la première langue étrangère enseignée en France, les jeunes Français ont du mal à maîtriser cette langue dans la vie courante car l'enseignement donné à l'école est souvent très théorique. C'est pourquoi de plus en plus de programmes d'échanges d'élèves et d'étudiants sont organisés entre la France et le Royaume-Uni ou les Etats-Unis. Il a en effet été démontré qu'un séjour dans un pays anglophone était un excellent moyen d'enseignement pratique de l'anglais.

2. Comment les jeunes Français peuvent-ils améliorer leur maîtrise de l'anglais courant? En 2.____

A. suivant un enseignement théorique
B. suivant des cours intensifs
C. séjournant dans un pays anglophone
D. prolongeant leurs études en France

PASSAGE

La lutte contre la pollution des véhicules à moteur a commencé tardivement en France comparativement à certains de ses voisins européens et aux Etats-Unis. Désormais, l'essence sans plomb est distribuée sur tout le territoire, et les voitures françaises doivent se soumettre aux mêmes normes, et aux mêmes contrôles réguliers, que les autres pays européens.

3. Qu'a fait la France pour lutter contre la pollution automobile? Elle a 3.____

A. utilisé l'essence sans plomb avant les Etats-Unis
B. adopté des normes différentes de celles des autres pays de la CEE
C. supprimé les contrôles techniques
D. adopté tardivement les mêmes mesures anti-pollution que les autres pays européens

PASSAGE

Chaque année à Genève, vers la fin du mois de mai, se tient un Salon international du Livre et de la Presse. Plus qu'une exposition de livres étrangers, ce Salon est surtout l'occasion de rencontres et d'échanges entre libraires, éditeurs, écrivains, dessinateurs, journalistes et autres artistes venus de plusieurs pays du monde.

4. Que se passe-t-il à Genève chaque année au mois de mai? Un(une)

   A. exposition internationale de l'édition et de la presse
   B. salon de voitures d'occasion
   C. rencontre sportive internationale
   D. salon du tourisme à l'étranger

PASSAGE

Monsieur Pillet, un épicier de province, a eu un très joyeux Noël. Il a décidé de manger les huîtres qu'il n'avait pas vendues avant les fêtes. Pendant qu'il en mangeait une, il s'est cassé une dent sur un petit objet rond et dur. Cet objet était une perle, qui a été estimée à 3.000 francs. M. Pillet croit de nouveau au Père Noël!

5. Pourquoi cet épicier est-il content?
   Il

   A. a reçu beaucoup de cadeaux de Noël
   B. est allé voir le dentiste
   C. a mangé beaucoup d'huîtres
   D. a trouvé un objet de grande valeur

PASSAGE

Les Français viennent de découvrir le neveu de Picasso, Xavier Vilato, peintre comme son oncle Pablo, mais auquel il refuse d'être comparé. *Si, je peins, dit-il, c'est que j'appartiens à une famille de peintres, comme d'autres appartiennent à. des dynasties de savants ou de commerçants. J'ai exposé mes premières toiles a II ans et mon fils$_3$ qui a 16 ans, veut aussi devenir peintre.*

6. Pourquoi Xavier Vilato est-il peintre?

   A. Il veut surpasser son oncle.
   B. C'est une tradition de famille.
   C. Ce métier lui permet des contacts avec des rois.
   D. Il a besoin de beaucoup d'argent.

PASSAGE

Le sud de la France, en particulier la Côte d'Azur et le Languedoc-Roussillon, continue d'attirer chaque été des dizaines de milliers de touristes, Français et étrangers de plusieurs pays d'Europe, en quête de soleil et de dépaysement. Et depuis les événements qui ont bouleversé les pays de 1'ex-URSS au début des années 90, de plus en plus de touristes viennent de pays d'Europe de l'Est.

7. Que se passe-t-il dans le midi de la France l'été? 7.____

A. Il y a de moins en moins de touristes.
B. La région est envahie d'Allemands.
C. La région est envahie de touristes français et étrangers.
D. Les touristes restent de plus en plus longtemps.

PASSAGE

Le baccalauréat reste le symbole des études à la française, mais il a beaucoup changé depuis sa création. A l'origine, le bac comportait deux options: lettres et sciences. Aujourd'hui les candidats ont le droit de choisir entre près de vingt-huit baccalauréats différents, qui représentent une grande variété de domaines.

8. Qu'est-ce qui marque le baccalauréat d'aujourd'hui? 8.____

A. Il ressemble à l'examen original.
B. Il offre un grand choix aux candidats.
C. On a éliminé la partie de lettres.
D. On a abandonné les options.

PASSAGE

Depuis le printemps 1977, le gouvernement français offre des voyages-études gratuits à certains jeunes Américains. La connaissance de la langue française est indispensable aux candidats. Ils sont sélectionnés selon leur degré de connaissance de la langue. Le voyage dure environ quinze jours et toutes les dépenses sont payées par le gouvernement.

9. Qu'est-ce qui est nécessaire pour obtenir un de ces voyages en France? 9.____

A. Payer toutes ses dépenses
B. Aimer beaucoup la France
C. Savoir le français
D. Connaître une famille française

PASSAGE

A Paris, la meilleure saison pour les amateurs de musique classique correspond à peu près à l'année scolaire. L'hiver, par exemple, est une période de l'année qui n'est pas recherchée par les touristes. C'est pourtant à ce moment-là qu'il y a de nombreux concerts donnés toutes les semaines par plusieurs grands orchestres français. On peut y assister à des prix modérés.

10. Quandfaut-il aller à Paris pour assister aux meilleurs concerts? 10

A. Entre septembre et juin
B. Pendant les grandes vacances
C. Le quatorze juillet
D. Pendant les fins de semaine

PASSAGE

Selon des statistiques récentes, l'écrivain belge Georges Simenon a plusieurs millions de lecteurs. Il est philosophe et aussi journaliste de talent, mais il est surtout connu pour ses romans policiers. Tout le monde est d'accord pour reconnaître l'intérêt du public pour les aventures de l'Inspecteur Maigret, son personnage traditionnel. Ses romans ont été traduits et lus partout dans le monde.

11. A quoi Georges Simenon doit-il sa réputation? 11
A ses

A. articles de journaux
B. traductions de romans étrangers
C. dissertations philosophiques
D. histoires policières

PASSAGE

Un guide vendu chez tous les marchands de journaux, a été publié pour tous les étudiants de l'université. Dans ce livre, on montre aux étudiants comment subsister avec peu d'argent, comment emprunter de l'argent aux banques, et où trouver un emploi. On leur parle aussi, bien entendu, du système universitaire français.

12. Pourquoi ce livre est-il tellement apprécié des étudiants? 12
Il

A. donne les réponses aux questions des examens
B. contient un plan du métro
C. ne coûte pas cher
D. offre des renseignements pratiques

PASSAGE

Véronique est comme beaucoup de jeunes filles de son âge. *Je gagne très bien ma vie, dit-elle, et je n'ai aucun besoin de sécurité. Je dépense presque tout pour mes vêtements. J'aime m'habiller et suivre la mode. Je ne mets pas un sou de coté.*

13. Pourquoi est-ce que Véronique n'économise pas d'argent? 13

A. Son salaire est très bas.
B. Elle aime être élégante.
C. Elle voyage fréquemment.
D. Son loyer lui coûte cher.

PASSAGE

Le gouvernement de l'Arabie Séoudite travaille avec des savants français et japonais dans le but d'amener des icebergs géants du Pôle Sud jusqu'à la Mer Rouge. Les administrateurs espèrent que ces blocs de glace de plusieurs kilomètres de long fourniront de l'eau potable, et qu'ils permettront la condensation de nuages géants qui seront changés en pluie au dessus des déserts.

14. À quoi serviront les icebergs transportés en Arabie? 14.____
À

A. construire des igloos
B. résoudre le problème de l'eau
C. stabiliser la température de la mer
D. conserver les aliments dans une glacière

PASSAGE

Il y a un renouveau du jazz en France. Cette renaissance est dénontrée par la vitalité des musiciens français, le grand nombre de concerts, la qualité des disques et le volume de leur ventes. Les clubs de jazz créés récemment ont déjà reçu plusieurs musiciens de réputation mondiale.

15. Qu'est-ce qui arrive au jazz en France? 15.____
Il

A. est abandonné par les musiciens sérieux
B. a moins de succès que la musique classique
C. redevient très populaire
D. n'est pas très apprécié du grand public

PASSAGE

Le système social français, qui est considéré comme l'un des meilleurs du monde, est aujourd'hui remis en question à cause du déficit immense de la Sécurité sociale. L'abaissement de l'âge de la retraite et l'allongement de la durée de vie contribuent à ce phénomème, mais les abus du système social sont également pour beaucoup responsables de cette situation. Le gouvernement français examine des moyens de résoudre ce déficit mais toutes les mesures proposées sont très impopulaires, tant la population française considère comme un droit acquis de bénéficier d'une couverture médicale totale en toutes circonstances.

16. Pourquoi les mesures de réforme de la Sécurité sociale sont-elles impopulaires? 16.____
Parce que

A. les étrangers ne bénéficient pas des remboursements médicaux
B. les cotisations sont trop élevées pour la plupart des Français
C. l'âge de la retraite a été abaissé
D. la Sécurité sociale est une institution inébranlable aux yeux des Français

PASSAGE

Il fait souvent beau l'été à Paris. Profitez des week-ends et des belles soirées - les plus longues de l'année - pour découvrir les monurients, parcs et châteaux de la région parisienne, et déjeuner à l'ombre d'une terrasse de café animée par la présence des touristes de passage.

17. Quelle suggestion fait-on aux Parisiens pour mieux profiter du beau temps? 17
De

   A. partir pour le midi
   B. visiter les sites historiques de leur région
   C. faire des projets de voyages à l'étranger
   D. pratiquer leur sport favori

PASSAGE

Frottez un grand bol avec une gousse d'ail. Mettez dans ce bol un mélange de légumes coupés en morceaux, tels que chicorée, laitue, scarole, épinards. Garnir avec des morceaux de tomates et d'oignons. Au moment de servir, ajoutez votre sauce préférée.

18. Qu'est-ce qu'on prépare avec cette recette? 18
Un(une)

   A. boisson   B. omelette   C. gâteau   D. salade

PASSAGE

Avant la dernière étape du Tour de France en 1989, le Français Laurent Fignon portait le maillot jaune et devançait l'Américain Greg Lemond de 50 secondes. Dans cette dernière étape, une course contre la montre individuelle entre Versailles et Paris, Lemond reprit 58 secondes sur Fignon. Lemond gagna son deuxième Tour de France avec le plus petit écart dans l'histoire du Tour.

19. La victoire de l'Américain au Tour de France en 1989 fut remarquable parce que 19

   A. la dernière étape commença à Versailles
   B. ce fut la première victoire d'un Américain au Tour de France
   C. Lemond gagna le Tour par si peu de temps
   D. le Tour se termina à Paris

PASSAGE

Vous pouvez apprendre à mieux skier en trois jours, affirme Jean-Claude Killy dans son livre intitulé LE SKI. L'essentiel est consacré au skieur, à sa psychologie, à sa forme physique, et aux techniques qu'il doit utiliser depuis ses débuts jusqu'à la compétition. Ces différentes étapes sont abondamment illustrées de photos de Jean-Claude Killy dans toutes les situations et toutes les positions.

20. Pourquoi recommande-t-on de lire ce livre? 20.____
Pour

A. se perfectionner dans un sport d'hiver
B. voir si Killy a raison
C. apprendre à faire de la photo
D. compléter ses connaissances en littérature

PASSAGE

Quand l'avion que vous attendez a plusieurs heures de retard, vous pouvez faire pas mal de choses pour passer le temps sans quitter l'aéroport. Par exemple, c'est une bonne occasion de faire faire un double de vos clefs, ou de faire prendre des photos d'identité, de visiter la pharmacie ou les boutiques pour acheter ce dont vous aurez toujours besoin. Pour toutes ces activités, bien entendu, il faut que vous vous trouviez dans un grand aéroport corime Orly ou Charles de Gaulle.

21. Comrient vous conseille-t-on de passer le temps en attendant un avion? 21.____
En

A. allant en ville
B. vérifiant vos bagages
C. faisant des achats variés
D. visitant les chapelles

PASSAGE

L'accueil est très gentil. On mange au calme sous des parasols et sur des tables de jardin. Le décor est vert tendre et la nourriture très agréable pour un prix raisonnable: 25F pour une entrée et un plat chaud. Les spécialités sont délicieuses: plats de légumes frais, crêpes farcies aux fruits de mer et de somptueux desserts.

22. Quel est l'objet de cette réclame? 22.____
Un(une)

A. endroit où bien manger
B. magasin de meubles
C. école de cuisine
D. exposition d'art

PASSAGE

Il semble que l'argent et les carnets de chèques vont disparaître; l'usage des cartes de crédit se généralise en France. La petite carte en plastique sert à tout payer. Il suffit de la présenter à la caisse du métro, à la sortie de l'autoroute, au restaurant ou dans les grands magasins. Elle est automatiquement refusée si les fonds sont insuffisants.

23. Que dit-on à propos des cartes de crédit? 23.____

A. Leur utilisation est très répandue.
B. Les banques s'opposent à leur emploi.
C. Elles sont refusées pour le métro.
D. Le public ne leur fait pas confiance.

PASSAGE

Le Festival du Cinéma à Cannes a célébré son 50ème anniversaire en 1997, sous la présidence de l'actrice Isabelle Adjani. Ce festival a contribué à la célébrité de la Côte d'Azur et de la petite ville de Cannes. Durant la période du festival, le coeur de la ville bat au rythme du cinéma, et est envahi de touristes et autres curieux qui hantent les bars à la nuit tombée pour tenter de reconnaître une vedette parmi un public bigarré d'individus aux vêtements excentriques et aux yeux cachés soud d'opaques lunettes noires.

24. Quel est l'un des aspects curieux du Festival de Cannes? 24

A. La plage est déserte.
B. Il attire de nombreux curieux.
C. Il est rare d'y voir des touristes.
D. Les habitants de Cannes quittent la ville.

PASSAGE

Cela n'était pas arrivé depuis trente ans. Tout Paris a acclamé ce grand succès de la scène. Le public a fait la queue pendant trois heures dans les rues glacées pour payer soixante francs le droit de voir cette pièce. Les directeurs de l'établissement, émerveillés, ont distribué gratis du café et du chocolat aux spectateurs souffrant du froid.

25. Pourquoi ces gens faisaient-ils la queue? 25
Pour

A. profiter des soldes
B. déjeuner gratuitement
C. aller au théâtre
D. protester contre la hausse des prix

KEY (CORRECT ANSWERS)

1. D
2. C
3. D
4. A
5. D
6. B
7. C
8. B
9. C
10. A
11. D
12. D
13. B
14. B
15. C
16. D
17. B
18. D
19. C
20. A
21. C
22. A
23. A
24. B
25. C

TEST 2

DIRECTIONS: Below each of the following passages, there are one or more questions or incomplete statements about the passage. Read each passage carefully, and choose the BEST answer. *PRINT THE LETTER OF THE CORRECT ANSWER IN THE SPACE AT THE RIGHT.*

PASSAGE

De plus en plus nombreux sont les vacanciers qui ne veulent pas passer bêtement l'été à bronzer. Ils préfèrent consacrer une partie de leur congé à découvrir une technique manuelle. On leur offre des séjours très populaires qu'ils passent à faire de la poterie ou de la sculpture. On organise aussi des activités pour tous les goûts, de la préparation des confitures à la réparation d'une voiture.

1. Comment peut-on profiter de ses vacances? 1
   En

   A. apprenant à faire quelque chose
   B. visitant des galeries d'art
   C. vendant des produits de ferme
   D. achetant une auto d'occasion

PASSAGE

L'hôpital américain de Paris est situé à Neuilly, tout près du centre de la ville. Cet hôpital, dont le personnel est en grande partie bilingue, avait à sa création pour objectif de fournir ses services à tout Américain, riche ou pauvre, célèbre ou inconnu.

2. Quel principe cet hôpital a-t-il adopté? 2

   A. D'offrir ses services aux diplomates âgés
   B. D'augmenter son personnel
   C. De forcer les malades à parler anglais
   D. De soigner tous les malades américains

PASSAGE

Le château de Balleroy, monument historique qui date de l'époque de Louis XIII, a été acheté par un Américain, propriétaire de journaux financiers et grand amateur d'art. Le nouveau propriétaire a décidé d'apporter des améliorations dans les parties historiques qui continuent d'être ouvertes au public et dans les appartements privés: ameublement nouveau, salles de bains, etc., afin que Balleroy devienne un centre touristique important.

3. Quelles étaient les intentions du nouveau propriétaire? 3

   A. Transporter le château en Amérique
   B. Publier des revues d'art français
   C. Restaurer un château ancien
   D. Faire des recherches historiques

PASSAGE

La course a vécu, hier, une étape dramatique où la sueur et les larmes se sont mêlées pour offrir un des grands moments du sport. Un premier cycliste, Van Impe, qui semblait s'envoler vers la victoire est tombé et a perdu de précieuses secondes. A force de courage et d'intelligence, un autre coureur, Thévenet, a pu conserver huit secondes d'avance au classement général. Trente coureurs ont été éliminés.

4. Qu'est-ce que ce passage décrit? 4._____
Un(une)

A. pièce de théâtre
B. manoeuvre militaire
C. accident de voiture
D. événement sportif

PASSAGE

Le film, *L'Armée des douze singes,* fut inspiré par le film de Chris Marker, *La Jetée.* Dans celui-ci, un jeune garçon est témoin un jour à l'aéroport d'Orly à Paris de sa propre mort qui aura lieu une vingtaine d'années plus tard.

5. De quelle sorte de film s'agit-il? 5._____
C'est un film

A. comique
B. de science fiction
C. policier
D. d'espionnage

PASSAGE

La ville de Rouen est connue à la fois pour la place qu'elle occupe dans l'histoire nationale, pour ses nombreux et illustres monuments et pour les affreuses blessures reçues au cours de la dernière guerre mondiale. C'est aussi un grand port et un très important centre régional pour l'industrie.

6. Pourquoi la ville de Rouen est-elle célèbre? 6._____

A. On y trouve de grands hôpitaux.
B. C'est un centre artistique et scientifique.
C. On y trouve des ruines romaines.
D. C'est une ville historique et commerciale.

PASSAGE

Furieux du nombre de touristes qui passaient dans ses terres pour aller à la plage, un propriétaire a décidé de faire usage d'une force de découragement originale: il a laissé ses vaches, ses chiens et ses taureaux en liberté dans ses champs.

7. Comrient cet homme a-t-il découragé le passage des touristes dans sa propriété? 7._____
Il

A. a fermé ses portes
B. a appelé la police
C. s'est servi de ses animaux
D. est parti en vacances

PASSAGE

Quarante mille cas de malaria il y a dix ans - six millions par an aujourd'hui! Mais il y a aussi, sous les tropiques, et mène dans l'Est méditerranéen, bien d'autres fièvres tropicales qui reviennent en force. Alors, si vous partez en vacances là-bas, suivez attentivement les conseils que vous donne le Ministère de la Santé.

8. Quel danger menace plus que jamais les voyageurs? 8
La(les)

A. chaleur
B. insecticides
C. maladies
D. conflits

PASSAGE

En 1969, le gouvernement japonais fit don à la principauté de Monaco d'une centaine de cerisiers à fleurs, qui furent plantés le long de la mer à Monte Carlo en présence du prince Rainier III et de la princesse Grace. Selon un voeu exprimé par la princesse, un véritable jardin japonais fut inauguré le 7 mai 1994 par le prince Rainier. Ce jardin, qui s'étend sur 7000 mètres carrés, allie harmonieusement cascades d'eaux fraîches et temples en miniature.

9. Pourquoi un jardin japonais fut-il créé à Monte Carlo? 9
Parce que

A. la princesse Grâce l'avait souhaité
B. le gouvernement japonais l'avait demandé
C. le prince Rainier est passionné par le Japon
D. il n'y avait pas de jardin à Monte Carlo

PASSAGE

A Montréal, la circulation à pied se fait beaucoup sous terre. On trouve ainsi 3200 kilomètres de passages souterrains qui relient des centaines de bureaux, d'hôtels et de commerces. Cette situation peut créer des angoisses, des anxiétés et des phénomènes de claustrophobie identiques à ceux causés par certains parkings souterrains.

10. Quel pourrait être le résultat de la circulation à pied sous terre? 10

A. Des révolutions industrielles
B. Des maladies des yeux
C. De nombreux accidents
D. Des problèmes psychologiques

PASSAGE

Depuis l'année du bicentenaire des Etats-Unis, les restaurants américains se sont multipliés à Paris et ont lancé une nouvelle mode: celle de la cuisine américaine. Leurs cuisiniers nous ont expliqué leurs meilleures recettes pour le poulet, le chili et les haricots rouges à la mode de la Nouvelle-Orléans, en Louisiane.

11. Qu'a-t-on découvert en France depuis le bicentenaire des Etats-Unis? 11.____

A. L'histoire des Etats-Unis
B. Des plats typiquement américains
C. Les produits agricoles américains
D. La présence de Français en Louisiane

PASSAGE

L'avocate et écrivain Gisèle Halimi naquit en Tunisie mais fit ses études universitaires en France. Son premier livre, *La cause des femmes,* raconte non seulement ses expériences en tant que jeune fille dans une famille pauvre en Tunisie, mais aussi ses idées sur le rôle des femmes dans la société. Gisèle Halimi fonda également le mouvement CHOISIR qui exerce depuis une influence importante dans la vie politique en France.

12. De quoi Gisèle Halimi parle-t-elle dans *La cause des femmes*? 12.____

A. De la vie politique en France
B. De sa vie en Tunisie
C. Des possibilités d'élire une femme à l'Elysée
D. Des difficultés à fonder le mouvement CHOISIR

PASSAGE

Monsieur Hotier, 33 ans, marié, père de famille et couronné de diplômes, mène une double vie: celle de brillant professeur et celle de clown brillant. Ses étudiants ont de 20 à 25 ans. Ses spectateurs les plus enthousiastes ont à peine 10 ans.

Pourtant, Monsieur Hotier n'a *dans le sang* ni l'enseignement ni le cirque: son père était électricien-radiologue, sa mère ouvrière dans le textile.

13. Comment est-ce que cet homme gagne sa vie? 13.____

A. Il exerce deux professions.
B. Il est détective.
C. C'est un mécanicien.
D. C'est un médecin.

PASSAGE

Chaque village en France a sa petite auberge. Il s'agit quelquefois d'un moulin ou d'un manoir transformé en auberge avec quelques chambres à louer. Quand on voyage sur les routes secondaires, il faut faire très attention pour découvrir ces logements qui sont souvent extrêmement agréables. Il est aussi nécessaire de les trouver de bonne heure, car il y a beaucoup de Français qui cherchent la même chose.

14. Quel conseil vous donne-t-on? 14.____
De

A. voyager par les autoroutes en France
B. descendre dans des hôtels de luxe
C. chercher des restaurants bien connus
D. loger dans les petits hôtels de campagne

PASSAGE

Pendant ses premières années d'école, l'enfant manque plus souvent la classe que pendant tout le reste de sa scolarité. Les responsables sont le rhume, la grippe et leurs complications. Chaque hiver, dans les maternelles et les petites classes de l'école primaire, beaucoup de places sont vides à cause de l'éternel enrhumé. Il ne reste parfois plus qu'un tiers des élèves.

15. Pourquoi les jeunes élèves sont-ils souvent absents de l'école? 15

   A. Le mauvais temps bloque les routes.
   B. Ils sont malades.
   C. Les classes ne sont pas importantes.
   D. Ils détestent l'école.

PASSAGE

Vous trouverez une carte dans la chambre 'avec tous les renseignements nécessaires. Si vous désirez que le petit déjeuner vous soit servi dans la chambre, il vous suffit d'indiquer votre choix sur cette carte et de la suspendre à la poignée de votre porte avant de vous coucher.

16. Que faut-il faire pour prendre son petit déjeuner dans sa chambre? 16

   A. Remplir une carte le soir précédent
   B. Parler au maître d'hôtel
   C. Donner un coup de téléphone à la cuisine
   D. Rapporter un plateau de la salle à manger

PASSAGE

Après une dure journée de travail, il est bon d'essayer de faire une petite sieste. Si vous ne pouvez pas dormir, allongez-vous sur le dos et essayez de relaxer vos muscles un par un en commençant par les pieds, les jambes, puis les épaules, le cou, jusqu'aux doigts. C'est presque aussi profitable qu'une sieste.

17. Qu'est-ce qu'on vous suggère de faire après le travail? 17
De

   A. vous reposer
   B. faire une longue promenade
   C. manger un grand repas
   D. lire le journal

PASSAGE

Et vous, qu'aimeriez-vous faire en buvant un Perrier? lire? écouter? jouer? construire? réfléchir? La compagnie Perrier veut vous offrir quelque chose. Lisez la liste de loisirs ci-dessous et mettez une croix dans la case du loisir que vous préférez. Envoyez votre bulletin de participation à la ville indiquée. Répondez tout de suite et on vous enverra des livres ou des disques ou des jeux d'adresse et d'intelligence.

18. Quel est le but de cette annonce publicitaire? 18.____

A. Donner une recette
B. Expliquer comment recevoir un cadeau
C. Promettre un voyage gratuit
D. Changer votre point de vue

PASSAGE

Depuis la prise de la Bastille en 1789, Paris a trouvé dans les Fêtes du 14 juillet son rythme populaire le plus profond et le plus universel. Ce jour-là, le pouvoir d'aimer est véritablement dans la rue où se retrouvent les jeunes et les moins jeunes, tous ceux pour qui Paris est une fête.

19. Pour qui cet événement est-il important? 19.____
Pour

A. la haute société
B. le gouvernement
C. les révolutionnaires
D. le peuple

PASSAGE

Le pastis se boit surtout comme apéritif dans le Midi. Les deux grandes narques de cette boisson désaltérante parfumée à 1'anis sont Ricard et Pernod. On mélange le pastis, qui est d'une couleur jaunâtre, avec de l'eau. Une fois ainsi mélangé, le pastis change de couleur et devient blanchâtre et opaque.

20. Le pastis est très populaire 20.____

A. comme digestif
B. à Paris
C. dans le sud de la France
D. à cause de sa couleur

PASSAGE

A travers les âges, la Bourgogne a toujours connu l'avantage d'un cliriat où se mêlent les pluies venues de l'ouest, les froidures d'Europe centrale et les chaleurs méditerranéennes.

21. Quel est le caractère dominant du climat de la Bourgogne? 21.____
La(le)

A. froid
B. vent
C. chaleur
D. variété

PASSAGE

Marié à une Française et établi en France depuis plusieurs années, Pierre Salinger a été une sorte de présence de la France à la Maison Blanche. C'est l'un des hommes les plus capables d'expliquer l'Amérique aux Français - et la France aux Américains. Il était conseiller personnel du Président Kennedy. C'est ce poste qui a marqué son entrée dans la politique et qui l'a placé au centre des décisions mondiales.

22. Pourquoi Pierre Salinger est-il si important? 22
Il

A. est expert dans les relations franco-américaines
B. est directeur d'un magazine français
C. a habité à la Maison Blanche
D. a épousé une Française

PASSAGE

Si vous n'avez jamais écouté votre disque préféré avec un casque, vous avez certainement manqué quelque chose. Car, avec un casque, c'est dans votre tête que se fait le mixage des sons, pas sur les murs de votre salon. Ainsi vous entendez chaque note exactement comme elle a été jouée.

23. Pour quelle raison est-ce qu'on utilise cet appareil? 23
Pour

A. faire du vélo
B. écouter de la musique
C. jouer au football
D. faire des explorations sous-marines

PASSAGE

L'un des éléments les plus nécessaires pour élever un futur champion de la race canine c'est l'excellence de son alimentation. C'est pour cette raison que les éleveurs choisissent des produits naturels sélectionnés. Ces produits, de la viande fraîche par exemple, sont mélangés à du riz, complément idéal pour constituer un repas complet. Les chiens adorent ce régime dès la première fois.

24. Que faut-il faire pour avoir un beau chien? 24

A. L'empêcher de trop manger
B. Lui donner beaucoup de repos
C. Bien choisir sa nourriture
D. Connaître son pedigree

PASSAGE

Deux jeunes filles d'une petite île près de la Bretagne viennent d'entrer en contact avec un écolier américain de Pennsylvanie. Elles ont trouvé, sur une plage, la bouteille qu'il avait jetée à la mer, en avril de l'an dernier, pendant des vacances aux Antilles. La bouteille, qui a mis plus d'un an à traverser l'Atlantique, contenait son nom, son adresse et une lettre demandant de lui écrire si la bouteille était découverte.

25. Qu'est-ce que ces deux jeunes filles ont découvert? 25
Un(une)

A. Américain en détresse
B. message intéressant
C. bouteille de vieux vin
D. trésor ancien

KEY (CORRECT ANSWERS)

1. A
2. D
3. C
4. D
5. B
6. D
7. C
8. C
9. A
10. D
11. B
12. B
13. A
14. D
15. B
16. A
17. A
18. B
19. D
20. C
21. D
22. A
23. B
24. C
25. B

TEST 3

DIRECTIONS: Below each of the following passages, there are one or more questions or incomplete statements about the passage. Read each passage carefully, and choose the BEST answer. *PRINT THE LETTER OF THE CORRECT ANSWER IN THE SPACE AT THE RIGHT.*

PASSAGE

Glace, neige, verglas, le mauvais temps est de nouveau sur les routes. Pour vous aider à mieux traverser cette saison, on a organisé une école de conduite sur glace à Chamonix. La piste est un circuit naturel qui recrée les pires conditions sur route. Les moniteurs sont d'anciens coureurs automobiles des rallyes les plus difficiles. Cette année, passez de la théorie à pratique dans une école de conduite sur glace.

1. Qu'est-ce que vous apprendrez à cette école?
   À

   A. vous préparer pour le Grand Prix
   B. réparer vous-même votre voiture
   C. mieux conduire pendant l'hiver
   D. retrouver les automobilistes perdus dans la neige

PASSAGE

Chaque été, la France donne un spectacle qui n'existe dans aucun autre grand pays industrialisé. En réalité, la France s'endort pendant les mois de vacances de juillet et d'août. Le pays tourne au ralenti, les usines ferment l'un des deux mois et donnent congé à leurs employés; les bureaux commerciaux, gouvernementaux et les magasins travaillent considérablement moins. Pendant deux mois, la production nationale française diminue de 40%.

2. En quoi la France est-elle différente des autres pays industrialisés en été?

   A. Sa vie artistique est intense.
   B. Le travail est interrompu par les touristes étrangers.
   C. Sa productivité baisse considérablement.
   D. Les ouvriers n'ont pas de vacances.

PASSAGE

Pour fêter le 14 juillet cette année, il y a eu, comme d'habitude, des bals, des jeux et des fanfares. Mais la manifestation la plus populaire est restée la course traditionnelle des garçons de café. Plus de cent concurrents y ont participé. Il s'agissait de courir dans les rues de Paris en tenant une bouteille et trois verres sur un plateau. Gagne celui qui finit le premier sans rien laisser tomber.

3. Qu'est-ce que ces garçons de café ont fait pour le 14 juillet?
   Ils ont

   A. joué de la musique
   B. servi des boissons aux spectateurs
   C. inauguré un grand bal populaire
   D. pris part à une compétition

PASSAGE

Le lunch s'organise en l'honneur d'un baptême, d'une première communion, de fiançailles ou d'un mariage. On n'invite pas moins de cinquante personnes à un lunch. Il faut donc prévoir une grande variété de boissons, des sandwichs, des pâtisseries et des petits fours en grande quantité.

4. Qu'est-ce qu'un lunch français? 4.____
C'est

A. le grand repas de midi
B. une réception pour une occasion spéciale
C. l'apéritif avant un banquet
D. un goûter simple avec des gâteaux

PASSAGE

Je viens de traverser l'Atlantique à la voile. Du bateau, j'ai pu voir ce qu'on ne remarque pas d'un avion à 10.000 mètres d'altitude, Mauvaise surprise à quelques kilomètres de la côte: impossible de se brosser les dents à l'eau de mer parce qu'elle était complètement couverte d'une couche épaisse de pétrole noirâtre. Nous avons mis deux jours à traverser cette saleté. Une semaine plus tard, nous sommes tombés sur une autre couche de mazout !

5. De quoi cette personne se plaint-elle? 5.____

A. De la nourriture
B. Du mauvais temps
C. Du bruit des avions
D. De la pollution des océans

PASSAGE

Peu avant leur premier départ pour Montréal, plusieurs étudiants ont révélé qu'ils se sentaient au bord d'une grande aventure et qu'ils avaient l'impression de faire un saut dans l'inconnu. C'est de là que leur est venue l'idée d'assembler pendant leur voyage un guide pour leurs camarades de classe qui devaient faire le même voyage par la suite. D'abord, ils ont fait une liste des restaurants à prix raisonnables. Ensuite, ils ont ajouté les épiceries, les cinémas, les théâtres et les musées.

6. Pourquoi ces jeunes gens ont-ils décidé de composer un guide de Montréal? 6.____
Pour

A. payer leurs frais de voyage
B. devenir célèbres
C. aider d'autres étudiants
D. passer le temps

PASSAGE

Aujourd'hui, quand on achète une nouvelle voiture, on la souhaite différente. Bien sûr, on recherche toujours la voiture capable de passer partout, mais surtout de passer sans s'arrêter trop souvent dans les stations d'essence et les ateliers de réparation.

7. Quelle qualité recherche-t-on maintenant dans sa voiture? 7.____

A. Rapidité
B. Confort
C. Esthétique
D. Économie

PASSAGE

En France, si vous allez faire des achats en ville entre midi et deux heures de l'après-midi, ne vous étonnez pas de trouver la plupart des magasins fermés. Certains restent ouverts, mais si vous ne savez pas exactement lesquels, vous risquez de perdre votre temps.

8. Pourquoi vous conseille-t-on de ne pas faire vous courses à l'heure du déjeuner?

   A. Beaucoup de magasins sont fermés.
   B. Vous n'aurez pas le temps.
   C. Il y a trop de monde dans les magasins.
   D. La ville est trop loin.

PASSAGE

Jean Paul ne se prend jamais au sérieux et il a un sens extraordinaire de l'amitié. Il ne dit jamais de mal de personne. Il est honnête et franc comme un vrai sportif. Ce qui est fantastique, chez lui, c'est qu'il ne se fâche jamais. Toujours calme, il ne laisse jamais paraître ses ennuis.

9. Qu'est-ce qui distingue ce jeune homme?
   Il

   A. fait beaucoup de sport
   B. est très sérieux
   C. est très important
   D. a de grandes qualités

PASSAGE

Un fjrand éditeur français avoue franchement qu'il est fanatique de la bicyclette.

L'auto, dit-il, enseigne l'orgueil, l'égoïsme, la tristesse, la folie. Elle est l'instrument de l'obésité, de l'apathie, de la dépression nerveuse, de la crise cardiaque.

La bicyclette, au contraire, enseigne la modestie, le don de soi, l'énergie, la gaieté. C'est la servante du corps et de l'esprit

10. Pourquoi ce monsieur est-il fanatique de la bicyclette?
    Elle

    A. est bonne pour la santé
    B. produit de grands champions
    C. ne cause aucune pollution
    D. est utile pour les pauvres

PASSAGE

Il est souvent difficile et long de trouver dans un livre de cuisine une recette qu'on a le temps de préparer. Afin de simplifier ce genre de recherche, ce livre de cuisine contient un tableau dans lequel sont classées toutes les recettes d'après leur temps de préparation et de cuisson.

11. Qu'est-ce qu'il est important de considérer dans le choix d'une recette? 11.____

A. Le prix des ingrédients
B. La température de cuisson
C. Le temps de préparation
D. Le niveau de difficulté

PASSAGE

Chaque vendredi, il y a du poisson au collège de Clermont, pas dans les assiettes mais au tableau noir. Ce jour-là, après les classes ordinaires, commence le cours de pêche à la ligne du Professeur Pin. Jean-Louis Pin, professeur d'éducation physique au collège, a eu l'idée d'organiser ce cours pour les enfants. C'est un grand succès!

12. Qu'est-ce que ce professeur enseigne après ses classes? 12.____

A. La cuisine
B. La pêche
C. La voile
D. Le dessin

PASSAGE

Si vous marchez pour prendre de l'exercice, vous devez y mettre un peu d'enthousiasme. Adoptez pour commencer votre vitesse normale et ensuite, vous pourrez marcher un peu plus vite. Balancez les bras naturellement. Prenez appui sur le bout des pieds pour accélérer. Il s'agit d'être conscient de l'effort sans éprouver aucun inconfort. Respirez lentement et profondément.

13. Comnent vous conseille-t-on de marcher? 13.____

A. En groupe
B. Très lentement
C. Sans faire aucun effort inutile
D. Un peu plus vite que la normale

PASSAGE

Dès qu'on met le pied sur le sol du Japon, on se trouve dans un autre monde. La longue présence militaire américaine à la fin de la guerre a facilité la pénétration de l'anglais et c'est toujours la première langue étrangère. Mais le policier, le chauffeur de taxi, l'homme de la rue ne connaissent et ne lisent que la japonais. Le Français moyen qui débarque au Japon est pratiquement sourd, aveugle et muet.

14. Pourquoi le Français moyen est-il handicapé au Japon? 14.____

A. On y favorise les militaires.
B. La nourriture ne lui va pas.
C. Les Japonais préfèrent les Américains.
D. Il ne parle pas la langue.

PASSAGE

Ceux qui habitent Parly 2 apprécient chaque jour davantage cet *art de vivre unique au monde.* Placés au milieu d'une nature superbe, les petits immeubles carrés de Parly 2 n'ont que deux ou quatre étages. Parly 2, c'est une ville-jardin de 100 hectares où l'on trouve huit clubs avec piscines et tennis près du château de Versailles et du Musée de l'Arbre. En y achetant un appartement, on peut être sûr de résoudre le mieux possible son problème-logement. Visitez les appartements-modèles tous les jours, même le dimanche, de 10 à 19 heures.

15. Qu'est-ce que cette annonce vous suggère? 1

A. D'acheter un logement
B. D'apprécier un château
C. De faire du sport
D. De visiter un musée

PASSAGE

Montréal est une ville de théâtres et les spectateurs ont beaucoup de choix, de la Place des Arts au plus petit théâtre de la région. Le théâtre le plus original de Montréal n'est pas situé au centre-ville comme la plupart, mais dans un vieux bâtiment sur une île du fleuve Saint-Laurent. C'est la Poudrière, non seulement connue pour ses pièces de théâtre mais aussi pour son caractère historique.

16. Pourquoi ce théâtre est-il intéressant?

A. C'est le plus grand théâtre de la ville.
B. Il est très différent des autres théâtres.
C. Il est situé au coeur de la ville.
D. On y présente surtout des pièces modernes.

PASSAGE

Tapez dans vos mains en rentrant dans une pièce et la lampe s'allume aussitôt. Refaites la même chose et elle s'éteint. Il suffit de brancher cet appareil d'un côté à la lampe, de l'autre à une prise. Cet appareil vous évitera de chercher la lampe dans le noir.

17. A quoi sert cette nouveauté?
À

A. chauffer la maison
B. ouvrir la porte
C. contrôler l'éclairage électrique
D. réparer les moteurs électriques

PASSAGE

Le Sybarite est un charmant restaurant parisien. Pour fêter son premier anniversaire, le patron offre deux menus à des prix très raisonnables quand on considère la qualité. Le premier vous offre une salade, une grillade de boeuf ou le plat du jour, une tarte et une carafe de vin très correct. L'autre, plus élégant, vous propose en plus du foie gras, du fromage, un choix de desserts et une demi-bouteille de vin.

18. Pourquoi vous recommande-t-on ce restaurant? 18.____

A. Il n'est pas cher mais excellent.
B. Il est établi depuis le longues années.
C. Le patron s'occupe de vous lui-même.
D. Le menu change tous les soirs.

PASSAGE

A 20 ans à peine, et sans savoir lire une note de musique, le guitariste français Django Reinhardt s'affirmait comme un des musiciens de jazz les plus influents du monde. Il avait deux doigts invalides à la main gauche, mais sa superbe technique étonnait les spécialistes. Son absence de connaissance musicale théorique ne l'empêchait pas de créer de nombreuses compositions encore jouées de nos jours. Il savait à peine écrire son nom, mais sa signature musicale l'a immortalisé. Django *était* un pur génie.

19. Pourquoi le succès de cet homme est-il remarquable? 19.____

A. Son succès a duré peu de temps.
B. Ses connaissances en musique étaient purement théoriques.
C. Il s'est intéressé à la musique tard dans sa vie.
D. Il avait des handicaps sérieux.

PASSAGE

Un objet volant non identifié a été vu récemment par plusieurs personnes dans le ciel au sud de Paris tout au long de la matinée. Selon les témoins, c'était un objet d'apparence métallique qui avait la forme d'un tube dont une extrémité brillait d'une lumière rouge. Observé à la jumelle, l'objet semblait monter et descendre et puis a disparu complètement.

20. Qu'est-ce que ces gens ont vu? 20.____
Un

A. spectacle artistique
B. phénomène mystérieux
C. oiseau exotique
D. feu d'artifice

PASSAGE

Quarante-quatre ans après les Américains, les Parisiens viennent de découvrir le premier centre commercial ouvert 24 heures sur 24.

Insomniaques, vous pouvez désormais, à quatre heures du matin, faire votre marché de la semaine, choisir un disque ou un livre, acheter vos croissants du petit déjeuner, un costume ou des chaussettes.

21. Qu'est-ce qu'il y a de nouveau à Paris? 21.____

A. Des magasins ouverts jour et nuit
B. Un nouveau restaurant pour le petit déjeuner
C. Des boutiques pour les étrangers
D. Un médicament pour les gens qui ne peuvent pas dormir

PASSAGE

Le 19 août 1984, une cinquantaine de voiliers prirent le départ dans le port de Québec pour la première course transatlantique *Ouest-Est.* Cette course avait pour but de célébrer le quatre cent-cinquantième anniversaire du voyage de Jacques Cartier, découvreur du Canada. A leur arrivée à Saint-Malo, en Bretagne, les participants partagèrent des souvenirs et des prix.

22. Pourquoi cette course a-t-elle été organisée?
Pour

A. inaugurer un service maritime
B. célébrer la découverte de la Bretagne
C. marquer un événement historique
D. fêter la fondation de Saint-Malo

PASSAGE

Si vous êtes passionné de tennis, quand vous partez en vacances, vous avea envie sans doute d'emporter votre raquette dans vous bagages. Mais où jouer à l'étranger? Ce problème est définitivement résolu grâce à ce nouveau guide. On y trouve plus de 2500 adresses de courts de tennis que vous pouvez louer à l'heure ou à la journée. Ce guide est valable non seulement pour la France, mais aussi pour beaucoup d'autres pays.

23. Que vous indique ce guide?

A. Quand partir en vacances
B. Où jouer au tennis
C. Comment perfectionner sa technique
D. Quels bagages emporter

PASSAGE

Généralement, l'été, le soleil est présent pour le plus grand bonheur de tous, ou de presque tous. Votre jardin, par exemple, risque de souffrir de ce magnifique ciel bleu et de cette chaleur si agréable, car il a soif. Pour tout ce qui pousse, l'eau, c'est la vie.

24. De quoi faut-il s'occuper quand il fait beau et chaud?
De

A. la santé de nos animaux
B. notre corps et de notre nourriture
C. la climatisation de nos maisons
D. nos plantes et de nos fleurs

PASSAGE

A Bayeux, en Normandie, le grand exploit de Guillaume le Conquérant en 1066 est immortalisé sur 60 mètres de toile brodée: la Tapisserie de Bayeux. Un enfant qui voit la Tapisserie pour la première fois pense immédiatement à une immense bande dessinée en couleurs; un adulte y voit un chef-d'oeuvre de l'art médiéval. C'est un document exceptionnel sur la civilisation du onzième siècle, une fresque unique de la vie quotidienne imprégnée d'un réalisme minutieux.

25. Quel est l'intérêt de cette tapisserie? 25.____

A. Les enfants apprécient ses dessins.
B. Elle symbolise un système économique.
C. Elle donne des détails sur la vie médiévale.
D. C'est un succès de la technologie moderne.

KEY (CORRECT ANSWERS)

1. C
2. C
3. D
4. B
5. D
6. C
7. D
8. A
9. D
10. A
11. C
12. D
13. D
14. D
15. A
16. B
17. C
18. A
19. D
20. B
21. A
22. C
23. B
24. D
25. C

EXAMINATION SECTION

TEST 1

DIRECTIONS: Below each of the following passages, there are one or more questions or incomplete statements about the passage. Read each passage carefully, and choose the BEST answer. *PRINT THE LETTER OF THE CORRECT ANSWER IN THE SPACE AT THE RIGHT.*

PASSAGE

Tous les pays ont une façon spéciale de célébrer les fêtes de fin d'année. En France on fait un réveillon pour Noël et pour le jour de l'An. Pour Noël, on dispose autour du sapin tous les cadeaux pour les enfants et les personnes adultes présentes pour la soirée. Tandis que le 1er janvier il est de tradition de distribuer des étrennes à certaines personnes et d'envoyer des cartes de voeux à celles avec lesquelles on tient à entretenir de bonnes relations.

1. Dans quelle mesure la manière de célébrer les fêtes de fin d'année en France diffère de celle des Etats-Unis? 1.____
   A. On fait un grand repas le lendemain de Noël.
   B. On ne célèbre pas le jour de l'An.
   C. On ne distribue des cadeaux qu'aux enfants.
   D. On offre des cadeaux pour Noël, et des étrennes et cartes de voeux le jour de l'An.

PASSAGE

Le peuple de Paris a attaqué la Bastille - énorme prison d'Etat où l'on pensait trouver des armes. Aujourd'hui, il ne reste plus rien de cette prison. Une immense colonne a été construite au centre de la place de la Bastille. Au sommet de la colonne on a placé une statue représentant le génie de la Liberté.

2. Comment les Parisiens ont-ils remplacé la Bastille? Par un 2.____
   A. musée historique
   B. grand arsenal
   C. haut monument
   D. parc national

PASSAGE

Les Parisiens ont besoin de cinq paires de chaussures par an. Les autres Français en ont besoin de trois seulement. C'est peut-être parce que, dans la capitale, on est toujours pressé et on court tout le temps.

3. Pourquoi les Parisiens ont-ils peut-être besoin de plus de chaussures que les autres Français? 3.____
   Ils

A. se dépêchent trop
B. sont plus riches
C. ont des chaussures de qualité inférieure
D. en prennent beaucoup soin

PASSAGE

La truffe est une sorte de champignon que l'on trouvait traditionnellement surtout sous la terre légère du Périgord, au-dessous de grands arbres, et dont la culture s'est étendue dans d'autres régions. On ramasse les truffes entre novembre et février quand elles sont bien mûres et bien parfumées. Ce parfum est si faible que seuls les porcs et certains chiens peuvent le sentir.

4. Quand cherche-t-on la truffe? 4.
A. Pendant les grandes chaleurs
B. Pendant la saison froide
C. Quand il fait nuit
D. Quand les plantes sont en fleurs

PASSAGE

Une compagnie offre aux touristes américains la possibilité d'habiter une maison privée en Europe, pendant qu'une famille européenne habite chez eux.

Nous pouvons imaginer tous les avantages de cet échange. Le plus important c'est que les gens n'auront plus peur de retrouver leur maison en mauvais état à leur retour.

5. Qu'est-ce que ce nouveau service permet de faire? 5.
A. De demander aux voisins de surveiller la maison
B. D'économiser en réduisant le prix des billets
C. De connaître l'Europe sans y aller
D. De partir sans s'inquiéter de sa maison

PASSAGE

Des savants ont dû quitter très rapidement une île de l'Antarctique pendant une violente éruption volcanique. La terre a commencé à trembler et le bateau qu'ils ont pris a eu des difficultés à s'approcher de la côte à cause de la violence des vagues.

6. Pourquoi des savants ont-ils dû quitter cette île? 6.
A. Un désastre de grande proportion les menaçait.
B. Les glaces immobilisaient leur bateau.
C. Plusieurs avaient une maladie inconnue.
D. Ils avaient fini leur travail.

PASSAGE

Les hommes affirment d'habitude que les femmes ne savent pas conduire. Les statistiques, au contraire, indiquent que les femmes causent moins d'accidents que les hommes. Les études sociologiques prouvent que la femme qui conduit une voiture prend beaucoup de précautions et fait très attention à la circulation.

7. Pourquoi est-ce que les femmes causent moins d'accidents de voiture que les hommes? 7.____
Elles
   A. apprennent à conduire à l'école
   B. sont plus négligentes que leurs maris
   C. sont plus prudentes que les hommes
   D. laissent conduire leurs maris

PASSAGE

Un motocycliste s'arrête devant le magasin où il a acheté sa moto et entre dans la boutique. Un vendeur s'approche et dit:

- Monsieur?
- J'ai acheté une moto ici il y a quelques mois...
- Parfaitement, Monsieur. Je vous reconnais.
- Vous m'avez garanti de remplacer tout ce que je casserais pendant six mois.
- Mais oui, Monsieur.
- Bon. Alors, voulez-vous me remplacer les quatre dents que j'ai cassées dans ma bouche en tombant de la moto hier?

8. Pourquoi ce motocycliste s'arrête-t-il dans ce magasin? 8.____
   A. Parce que sa moto est en panne
   B. Parce qu'il a eu un accident
   C. Pour faire un paiement
   D. Pour faire signer sa garantie

PASSAGE

Pour moi, dit Georges Simenon, le golf n'est pas un sport, c'est une obsession. On y passe sa vie en voulant perfectionner la position des pieds, des jambes, des épaules, des mains, des doigts, de la tête. On se dépêche parce qu'on a des joueurs derrière soi; on s'impatiente parce qu'on en a devant soi. Et le soir, au lieu de s'endormir, on pense toujours à la manière de corriger ses erreurs.

9. Pourquoi Simenon dit-il que le golf est une obsession? 9.____
Ça
   A. rend les gens paresseux
   B. cause trop d'accidents
   C. augmente l'appétit
   D. demande trop de persévérance

PASSAGE

Le père ne joue qu'un rôle indirect dans la formation du très jeune enfant. Jusqu'à l'âge de deux ans, la majorité des enfants disent *papa* à tous les hommes sans distinction. Pour le petit enfant, le père joue seulement le rôle d'un personnage qui le corrige et qui l'aime en même temps.

10. Quelle est l'importance du père dans la formation de l'enfant de moins de deux ans? 10.
Il
A. joue un rôle secondaire
B. est beaucoup trop sévère
C. ne fait pas attention à l'enfant
D. répond à tous ses besoins

PASSAGE

Le peintre Toulouse-Lautrec est né en France il y a plus de cent ans. L'artiste n'avait jamais été honoré comme il le méritait pendant sa vie. Pour célébrer son centième anniversaire, sa ville natale a exposé cinq cents de ses tableaux et dessins. Parmi ces peintures se trouvait le *Moulin Rouge* que le peintre a rendu célèbre.

11. Comment la ville natale de Toulouse-Lautrec l'a-t-elle honoré? 11.
Elle
A. a élevé un monument à sa mémoire
B. lui a offert un cadeau
C. a donné son nom à une rue
D. a montré ses chefs-d'oeuvre

PASSAGE

Nous allons faire un film qui raconte la vie d'Edith Piaf sans rien y changer. D'abord parce qu'il n'est pas nécessaire de le faire, ensuite parce qu'elle a été la plus grande chanteuse populaire depuis la seconde guerre mondiale. Toutes ses chansons lui ressemblent. Elles reflètent la rue, la pauvreté, la solitude et la misère qui ont été sa vie.

12. Qu'est-ce qui a fait le succès de la chanteuse Edith Piaf? 12.
A. Ses chansons étaient très gaies.
B. Ses rôles au cinéma étaient nombreux.
C. Elle décrivait sa vie dans ses chansons.
D. Elle aimait la musique militaire.

PASSAGE

Un jour, Françoise Sagan décida de changer sa manière de vivre. Depuis longtemps, elle habitait chez les autres: chez ses parents ou ses amies. Mais elle eut soudain envie d'être seule, d'avoir son *chez soi*, et prit son propre appartement, dont elle décora elle-même les quatre pièces. C'était là qu'elle voulait vivre désormais, entourée de son secrétaire, de son employée de maison, de son chien et de son chat.

13. Quelle décision prit brusquement Françoise Sagan? 13.___
    A. De vivre à la campagne B. De s'acheter une villa
    C. D'habiter avec sa mère D. De louer un logement

PASSAGE

L'adoption d'une nouvelle législation redonne au français son rang de seconde langue officielle. A cette occasion, le Gouverneur a offert un grand dîner. Il y a invité les principaux membres de la législature et des personnalités françaises et canadiennes.

Ceci prouve l'intérêt du Gouvernement de la Louisiane en faveur de l'usage officiel du français.

14. Pourquoi cette cérémonie a-t-elle eu lieu? 14.___
    Pour
    A. remettre le français à sa place d'honneur
    B. fêter l'anniversaire du Gouverneur
    C. commémorer un événement tragique dans l'histoire
    D. protester contre une nouvelle loi

PASSAGE

- Vous ne dansez pas si mal que ça, Monsieur, mais il est évident que vous ne dansez pas souvent!

- C'est exact, Mademoiselle, je ne danse presque jamais.

- Vous n'aimez pas ça, Monsieur?

- Au contraire, Mademoiselle, mais je n'ai pas le temps de danser à cause de mes études.

15. Pourquoi cet étudiant est-il un danseur médiocre? 15.___
    Il
    A. déteste la musique moderne
    B. est trop occupé par son travail
    C. n'aime pas la danse
    D. manque totalement d'aptitudes

PASSAGE

Un journaliste demandait à Toscanini s'il parlait beaucoup de langues: Quatre exactement. Quand je suis avec une jolie femme, je parle français. En discutant de mes affaires, j'emploie l'anglais. Quand je veux faire peur à quelqu'un, je parle allemand. Et finalement, quand je me coupe en me rasant, je me sers de ma langue maternelle!

16. Quel usage Toscanini faisait-il des langues qu'il parlait? 16.
Il
A. parlait surtout espagnol
B. n'en parlait qu'une très couramment
C. les mélangeait toutes
D. les utilisait toutes selon les circonstances

PASSAGE

Plusieurs collections de petits guides pratiques sont publiées en France à l'attention des étrangers désirant visiter le pays. Ces guides donnent au visiteur toutes sortes de renseignements: vocabulaire sélectionné, phrases couramment utilisées, conseils pour certaines situations. Le tout constitue une introduction à la vie en France, très utile pour toute personne qui vient d'un pays étranger.

17. Pour qui a-t-on publié ces livres? 17.
Pour les
A. diplomates français
B. professeurs français
C. touristes qui viennent en France
D. Français qui vont à l'étranger

PASSAGE

Il faut commencer votre visite aux lieux mêmes où Paris a commencé à vivre: dans l'île de la Cité, devant Notre-Dame. Ouvrez les yeux, regardez bien. Tout a commencé ici. Dans trois îles, qui aujourd'hui en forment une seule, les Gaulois avaient construit la petite ville de Lutèce, qui s'est étendue par la suite sur les deux rives de la Seine.

18. Où doit-on aller aujourd'hui pour vour les origines de la ville de Paris? 18.
Dans
A. une église
B. une île
C. une bibliothèque
D. les faubourgs

PASSAGE

Quand vous êtes à l'extérieur du Québec ou de la ville d'Ottawa, il vous suffit de composer 1-800-463-3350 au téléphone. Sans avoir à payer, vous serez relié directement au bureau des télégrammes de la ville de Québec. Vous pourrez ainsi, pendant vos voyages à travers le Canada tout entier, envoyer vos télégrammes en français.

19. Que faut-il faire au Canada pour envoyer un télégramme en français? 19.___
   A. Aller à Québec
   B. Utiliser un numéro spécial
   C. Payer la téléphoniste en francs
   D. Trouver une cabine téléphonique spéciale

PASSAGE

La vie d'un champion n'est pas ce que le public pense. Elle n'est pas faite seulement de voyages, de réceptions, de rencontres intéressantes, de victoires et de remises de trophées. En réalité, tout cela ne représente qu'une petite partie de sa vie qui est faite surtout d'exercices interminables, de fatigue constante et d'une grande solitude.

20. Quel est l'aspect dominant de la vie d'un champion? 20.___
   Il
   A. donne beaucoup de réceptions
   B. n'aime pas le public
   C. est toujours entouré d'amis
   D. travaille presque continuellement

PASSAGE

Un passager de notre compagnie aérienne n'est jamais seul. Avant le voyage, les agents de la compagnie organisent pour lui l'itinéraire qu'il désire. Lorsqu'il reçoit son billet, nous lui donnons toutes les explications nécessaires sur le climat du pays, les théâtres, les restaurants, etc. Quand il arrive à destination, le personnel de la compagnie lui donne tous les renseignements pratiques dont il a besoin pendant son séjour à l'étranger.

21. Pourquoi cette compagnie aérienne est-elle appréciée des voyageurs? 21.___
   A. La compagnie s'occupe de tous les détails.
   B. Les avions sont très confortables.
   C. Les voyages ne coûtent pas cher.
   D. Les employés parlent plusieurs langues.

PASSAGE

La bicyclette connaît depuis quelque temps une popularité sans précédent. Des observateurs ont étudié les causes de cette nouvelle mode. Parmi les raisons les plus souvent citées, on trouve: le souci de l'environnement, la crise de l'énergie et, pour l'individu, l'importance de se maintenir en forme.

22. Pourquoi la bicyclette est-elle de plus en plus populaire? 22.
    A. À cause de certaines préoccupations de l'homme moderne
    B. À cause d'un goût pour les choses anciennes
    C. Parce qu'elle est plus confortable que l'automobile
    D. Parce qu'on s'intéresse aux compétitions sportives

PASSAGE

Une Québécoise célèbre: Céline Dion. Cette chanteuse de langu natale française, mais qui interprète des chansons aussi bien en anglais qu'en français, a la particularité d'être devenue aussi populaire aux Etats-Unis et au Canada qu'en Europe. Elle a notammen beaucoup de succès en France, où ses disques sont très vendus.

23. Qu'est-ce qui fait la particularité de Céline Dion? 23.
Elle
    A. est inconnue en France
    B. ne chante qu'en une seule langue
    C. est chanteuse d'opéra
    D. est célèbre aussi bien dans des pays anglophones que francophones

PASSAGE

Le village de Montbraye fait face à un problème grave: la nouvelle génération, dans sa majorité, quitte ce village et va s'installer en ville. Ce phénomène est assez général pour la campagne française, mais ici, à Montbraye, la situation est particulièrement importante car rien n'a pu arrêter le départ des jeunes.

24. Quelle situation existe parmi les jeunes de Montbraye? 24.
Ils
    A. s'intéressent beaucoup à la vie à la campagne
    B. abandonnent leur village natal
    C. s'arrêtent de travailler
    D. construisent un grand nombre de maisons

PASSAGE

J'ai de la chance parce que mon oncle a une station-service. Alors, je travaille pour lui. Comme il pleut assez souvent au mois de décembre, les autos sont sales et je les lave. Comme ça j'ai assez d'argent pour acheter mes cadeaux de Noël.

25. Comment cette jeune fille gagne-t-elle de l'argent? Elle 25.___
A. nettoie des voitures B. est vendeuse
C. conduit un taxi D. garde ses neveux

KEY (CORRECT ANSWERS)

1. D
2. C
3. A
4. B
5. D

6. A
7. C
8. B
9. D
10. A

11. D
12. C
13. D
14. A
15. B

16. D
17. C
18. B
19. B
20. D

21. A
22. A
23. D
24. B
25. A

TEST 2

DIRECTIONS: Below each of the following passages, there are one or more questions or incomplete statements about the passa Read each passage carefully, and choose the BEST answer *PRINT THE LETTER OF THE CORRECT ANSWER IN THE SPACE AT THE RIGHT.*

PASSAGE

Nous arriverons en retard. Des orages violents, accompagnés de fortes pluies, ont causé des inondations dans la campagne. Nous n'avons pas pu continuer car les routes étaient bloquées. Mais nous pensons reprendre la route après-demain. Heureusement, notre petite auto marche très bien.

1. Quelle est la cause de l'interruption du voyage? 1.
   A. La voiture est en panne.
   B. La circulation est trop intense.
   C. Le chauffeur est malade.
   D. Le mauvais temps crée des difficultés.

PASSAGE

La distraction typique des villes du Midi c'est la promenade du soir, et surtout du dimanche, dans l'avenue principale de la ville. On se promène lentement; on se salue, on s'examine, on se critique; on se parle ou on se fait simplement un signe. C'est comme une réunion en plein air.

2. Quel est l'avantage de ces promenades? 2.
   On
   A. y perd son temps
   B. peut y faire des affaires
   C. y rencontre des gens
   D. s'y retrouve seul

PASSAGE

En été, beaucoup de familles font de longs voyages en auto. A l'heure du déjeuner, on fait trop souvent un pique-nique ou on prend seulement un sandwich et un café. C'est à dire qu'au pique-nique, on a tendance à ne pas assez manger. Les docteurs disent que c'est dangereux, car soixante et onze pour cent des automobilistes qui ont un accident n'avaient pas assez mangé. Pour éviter des accidents, les docteurs conseillent donc de prendre des repas plus substantiels.

3. Qu'est-ce que les docteurs recommandent aux voyageurs? 3.___
   A. D'éviter les voyages en voiture
   B. De bien se nourrir à midi
   C. De trouver un endroit sans insectes
   D. De conduire à une vitesse raisonnable

PASSAGE

L'Agence Nationale pour l'Emploi (A.N.P.E.) est une institution gouvernementale dont le rôle est d'aider les demandeurs d'emploi à trouver un travail. Elle a des bureaux régionaux dans chaque préfecture, et des antennes locales dans la plupart des villes de France. Les demandeurs d'emploi peuvent y consulter les petites annonces, obtenir des renseignements sur les allocations de chômage, ou discuter avec des conseillers qui peuvent les orienter vers un autre métier offrant davantage de débouchés ou les encourager à suivre des cours de formation complémentaires.

4. Qu'est-ce qu'une A.N.P.E.? 4.___
   Un(une)
   A. organisme d'aide aux chômeurs
   B. bureau de renseignements sur les allocations familiales
   C. agence de travail par intérim
   D. organisation d'aide aux S.D.F.

PASSAGE

A Paris, dans son magasin, un jeune homme a créé une sorte d'organisation des Nations Unies de la musique. Parmi les instruments qu'il vend, on trouve des harpes indiennes, des tambours des Andes, des flûtes marocaines et de splendides cithares des Indes.

5. Qu'est-ce qu'il y a d'extraordinaire dans ce magasin? 5.___
   A. Une collection de journaux politiques
   B. Des spécialités gastronomiques
   C. De très vieux livres
   D. Des instruments de divers pays

PASSAGE

Contrairement à ce que l'on pourrait croire en lisant les journaux, la mer et la montagne ne sont pas les seuls endroits à attirer les gens pour leurs vacances. Selon une statistique établie par le Commissariat Général du Tourisme, c'est la campagne qui est la plus fréquentée. Les gens logent dans leur propre maison de campagne, chez des parents ou chez des amis.

6. Où la plupart des Français vont-ils passer leurs vacances? 6.___
   A. Dans les montagnes   B. Dans les grandes villes
   C. À la campagne   D. Au bord de la mer

PASSAGE

Les *Restos du Coeur*, telle est l'appellation donnée aux centres improvisés dans Paris et la plupart des villes de France en hiver, et où les personnes déshéritées peuvent venir prendre un repas gratuitement. C'est l'humoriste français Coluche, révolté par les injustices sociales et les lacunes des services publics, qui en est à l'origine. Les S.D.F. (sans domicile fixe) et autres marginaux de la société avaient en lui un ami sincère,et Coluche est encore aujourd'hui cher à la mémoire de tous.

7. Pourquoi dit-on que Coluche était l'ami sincère des S.D.F.? 7.
Il
   A. était l'un d'entre eux
   B. aimait bien fréquenter les restaurants
   C. avait des amis dans le gouvernement
   D. a pris l'initiative de faire quelque chose pour eux

PASSAGE

Le stress est une maladie contemporaine. Les causes en sont multiples. N'importe quel changement ou rupture dans la vie familiale ou professionnelle peut en être a l'origine, de même que des soucis d'argent, de travail, d'organisation, de pression psychologique exercée par d'autres personnes, etc. Le stress peut être positif et encourager à l'action, surtout lorsqu'il est causé par un événement heureux, mais il a plus souvent des effets négatifs.

8. A quoi est dû le stress? 8
   A. À des troubles psychologiques
   B. À la fatigue physique
   C. À des causes très diverses
   D. À un rythme de vie trop régulier

PASSAGE

Le touriste séjournant à Paris est immédiatement frappé par ce que lui offre le métro parisien. Tout d'abord, un sentiment de sécurité; il est pratiquement impossible de se perdre. Des indicateurs de direction se trouvent dans toutes les voitures. Puis un sentiment d'économie: en effet on peut traverser Paris plusieurs fois pour un prix très modéré. Enfin les travaux de rénovation effectués régulièrement dans le métropolitain l'ont rendu non seulement confortable mais esthétique.

9. Qu'est-ce qui caractérise le métro parisien aujourd'hui? 9
   A. Les conditions favorables du voyage
   B. Le fait qu'il est gratuit
   C. La fréquence des arrêts
   D. L'abondance des panneaux publicitaires

PASSAGE

Georgette déjeune chez Jeannine.
Georgette dit: Ces légumes sont délicieux.
Jeannine répond: Ils viennent de mon jardin.
Georgette dit: Ils sont bien meilleurs que ceux qu'on achète chez l'épicier, mais ça doit demander beaucoup de travail et de soin.
Jeannine répond: Oui, ça prend des heures, mais, je t'assure, j'adore jardiner. J'aime voir pousser tous ces légumes; ça m'amuse.

10. Pourquoi Jeannine cultive-t-elle ses propres légumes? 10.___
   A. Elle les vend à l'épicier.
   B. Elle aime travailler dans le jardin.
   C. Ça lui permet de faire des économies.
   D. Ça fait plaisir à ses invités.

PASSAGE

En France, il y a quelques années, on a donné le droit de vote aux jeunes à partir de 18 ans. Cette bonne nouvelle n'a étonné personne. Le président de la République a simplement tenu sa parole: il avait fait cette promesse partout dans le pays pendant sa campagne électorale.

11. Comment se fait-il que les jeunes de 18 ans peuvent maintenant voter en France? 11.___
   A. Le référendum a été accepté.
   B. Le candidat élu l'avait promis.
   C. Il y a beaucoup de manifestations.
   D. Il y a eu un coup d'état.

PASSAGE

C'est au 18e siècle que les cafés sont devenus populaires en France. Les philosophes, les écrivains et les artistes y passaient des heures à discuter, en buvant un verre de vin ou un café. L'un des plus fameux, fréquenté par Voltaire, Rousseau, Diderot et bien d'autres, se trouve encore de nos jours à l'endroit où il était il y a presque trois cents ans. Mais c'est maintenant un restaurant: il s'appelle le Procope et se trouve au Quartier Latin à Paris.

12. Qu'est-ce qui rend le Procope si exceptionnel? 12.___
Il
   A. existe encore aujourd'hui
   B. est connu pour ses vins
   C. est fréquenté par des musiciens
   D. est très récent

PASSAGE

Le 1er mai de chaque année, les Français célèbrent la Fête du Travail. Ce jour est férié, et l'occasion pour les travailleurs de défiler dans les villes et de faire la fête. Des brins de muguet, la fleur de saison, sont vendus dans les rues, car il est aussi coutume ce jour-là d'offrir un brin de muguet porte-bonheur.

13. Que font les Français le 1er mai? 13.
Ils
   A. vont mettre des fleurs sur les monuments aux morts
   B. ont congé et offrent des brins de muguet
   C. célèbrent la fête du printemps
   D. quittent la ville pour la campagne

PASSAGE

Les autoroutes du ciel commencent à connaître elles aussi leur problèmes de circulation. Le couloir aérien Paris-Londres transpor plus d'un million de passagers. Les avions sont pleins et les plac sont retenues plusieurs jours à l'avance. Pour remédier à l'augmentation du trafic qui, sur certaines lignes, double tous les cinq ans, on a récemment multiplié par deux le nombre des vols.

14. Comment a-t-on résolu ce problème de la circulation aérienne? 14
On a
   A. construit de nouvelles autoroutes
   B. limité le nombre des passagers
   C. adopté de plus grands avions
   D. augmenté la fréquence des départs

PASSAGE

L'AVARE a été présenté pour la première fois au Palais Royal le 9 septembre 1668. Molière lui-même jouait le rôle principal. Pour jouer ce rôle il faut une énergie physique extrême. Dès sa première apparition sur la scène, Harpagon est violent et agité et il garde cette attitude pendant toute la pièce.

15. Qu'est-ce qui est remarquable à propos de ce rôle? 15
Il
   A. change au milieu de la pièce
   B. a été créé pour le roi
   C. est très fatigant à jouer
   D. est incompréhensible pour les spectateurs

PASSAGE

Au Palais de Versailles, on peut voir des orangers, ce qui est rare, car dans cette partie de la France, les hivers sont très froids. Cela n'a pas arrêté Louis XIV, qui a fait venir ces arbres d'Espagne. En hiver, comme au printemps et en automne, ces arbres fragiles restent à l'intérieur du Palais. C'est seulement en été qu'on peut voir ces arbres dans les jardins.

16. Comment ces orangers peuvent-ils vivre à Versailles? 16.___
   A. Il y fait toujours beau.
   B. Ils passent seulement l'été à l'extérieur.
   C. Ce sont des arbres artificiels.
   D. On les garde toute l'année dans le Palais.

PASSAGE

Un satellite artificiel nécessite, pour son lancement, un tube porteur qui se compose de trois étages. Le premier envoie le satellite au-delà des limites de l'atmosphère; le deuxième l'amène près de l'orbite choisie; et le troisième est utilisé pour ajuster sa vitesse et l'orientation de cette vitesse.

17. Qu'est-ce qui est nécessaire pour mettre un satellite sur orbite? 17.___
   A. L'absence d'atmosphère
   B. Un temps pluvieux
   C. Des avions extrêmement rapides
   D. Plusieurs systèmes de propulsion

PASSAGE

Tous les ans, des millions de Français partent en vacances en camping. Ils veulent quitter les villes pour trouver le silence et la nature. Le silence? Quelle ironie! Dans les terrains de camping, on entend les radios, le bruit des voitures, les cris des enfants. La nature? Elle est dévastée par la présence de milliers de personnes. Il vaudrait sans doute mieux passer ses vacances à la maison, dans son jardin.

18. Pourquoi le camping est-il de moins en moins le moyen idéal de passer les vacances? 18.___
   A. Il y a trop de campeurs bruyants.
   B. On dépense trop d'argent.
   C. C'est trop calme.
   D. On se trouve trop isolé.

PASSAGE

Voici un cadeau économique et pratique pour vos amis qui apprécient la cuisine française: la carte postale-recette. On peut en acheter dans tous les magasins à journaux, dans toutes les librairies. La carte représente une photo en couleur d'un plat favori appétissant, comme la salade niçoise ou les escargots de Bourgogne. Sur la carte, il y a une liste de tous les ingrédients à utiliser et la manière de préparer le plat.

19. Que voyez-vous sur cette carte postale? 19
Un(une)
A. de vos plats préférés B. article de journal
C. adresse de restaurant D. photo de vos amis

PASSAGE

Le Festival International de la Bande dessinée a lieu chaque année en janvier à Angoulême depuis 1974. Les plus grands dessinateurs européens viennent y présenter leurs dernières créations, toujours plus originales. Ce festival est l'occasion pour les fans de B.D. de venir observer le travail de ceux qui les font rêver, ou de se lancer eux-mêmes à tracer leurs premiers coups de crayon au fil de leur inspiration naissante.

20. Qu'est-ce que le Festival International de la B.D.? 20
A. Une rencontre d'intellectuels européens
B. Un festival littéraire
C. Une rencontre d'éditeurs et d'auteurs de bandes dessinées
D. Un salon d'exposition de bandes magnétiques

PASSAGE

A New York, on a organisé une réception pour des marchands de vin et pour des membres de la presse américaine. A cette occasion, les tables étaient couvertes de plats typiques des Etats-Unis et de bouteilles de vin français. Ainsi on a pu apprécier le célèbre steak grillé au feu de bois du Texas, en même temps qu'un bon vin rouge venant de France. Les organisateurs de cette présentation ont réussi à prouver que les vins français vont très bien avec la cuisine américaine.

21. Qu'est-ce qu'on a découvert à cette réception franco-américaine? 21
Les
A. vins français accompagnent bien les plats américains
B. Américains n'aiment pas boire le vin français
C. vins américains sont meilleurs que ceux de France
D. Français détestent la cuisine américaine

PASSAGE

Francois Truffaut, metteur en scène d'importants films français, tourne des films qui sont vivants et extrêmement divertissants. Il déclare avoir vu deux mille films avant l'âge de vingt ans. C'est peut-être pourquoi son premier film, LES QUATRE CENTS COUPS, est principalement autobiographique. C'est une étude des jeunes de son époque. Il s'agit d'un adolescent abandonné et incompris qui se laisse aller à la délinquance.

22. Quel est le sujet du premier film de Truffaut? 22.____
C'est
   A. un grand roman d'amour
   B. une comédie musicale
   C. l'histoire d'un jeune homme
   D. un film de gangsters

PASSAGE

Régulièrement des initiatives individuelles sont prises en France pour aider les jeunes marginaux à s'intégrer à la société. L'une d'entre elles fut d'organiser une croisière en voilier pour un groupe d'une trentaine de jeunes délinquants sortis de prison. Non seulement cette expérience a permis à ces jeunes de découvrir un autre univers que celui de leur cellule ou de la banlieue où ils sont nés, mais ils ont appris à naviguer, ce qui fut pour certains d'entre eux le début d'une nouvelle vocation.

23. Dans quelle intention a-t-on organisé ce voyage? 23.____
Pour
   A. battre un record de vitesse
   B. préparer des échanges entre étudiants
   C. former une marine internationale
   D. aider à la réhabilitation de jeunes délinquants

PASSAGE

Un feu de colline a éclaté, lundi en fin de matinée, dans la banlieue nord de Marseille, au bout de la chaîne de l'Estaque. Poussé par un vent violent, le feu s'est rapproché dangereusement du nord de Marseille. La circulation sur l'autoroute a dû être interrompue à partir de treize heures dans les deux sens.

24. Quelle a été la conséquence de cet incendie? 24.____
   A. Tout un quartier a été détruit.
   B. Une grande route a été bloquée.
   C. Les conditions atmosphériques ont été perturbées.
   D. De nombreux accidents se sont produits.

PASSAGE

Pour rétablir une tradition du passé, les musiciens de l'Harmon Municipale d'Orbec ont donné un concert en plein air sur la Place Fc Sous la direction de leur chef, ils ont interprété les morceaux qui avaient obtenu le plus de succès au cours des concerts d'autrefois.

25. Quelle tradition a été renouvelée? 25.
   A. La grande place a changé de nom.
   B. Le maire a donné un grand banquet.
   C. L'orchestre a joué de la musique dans la rue.
   D. Il y a eu une grande manifestation politique.

KEY (CORRECT ANSWERS)

1. D
2. C
3. B
4. A
5. D

6. C
7. D
8. C
9. A
10. B

11. B
12. A
13. B
14. D
15. C

16. B
17. D
18. A
19. A
20. C

21. A
22. C
23. D
24. B
25. C

TEST 3

DIRECTIONS: Below each of the following passages, there are one or more questions or incomplete sentences about the passage. Read each passage carefully, and choose the BEST answer. *PRINT THE LETTER OF THE CORRECT ANSWER IN THE SPACE AT THE RIGHT.*

PASSAGE

Nous avons débarqué ce matin vers onze heures après une traversée assez mouvementée. On avait plusieurs heures de retard. D'abord, le moteur ne marchait pas bien. Ensuite, il y a eu du brouillard, puis du vent, enfin, il a plu. La mer était très agitée et beaucoup de voyageurs étaient malades. Moi aussi, naturellement. Je t'assure que le mal de mer, ça n'est pas agréable du tout!

1. Comment cette personne a-t-elle fait le voyage? En 1.___
   A. bateau B. avion C. train D. voiture

PASSAGE

Les supermarchés français donnent de moins en moins de sacs en plastique à leurs clients, ou distribuent des sacs blancs sur lequel ne figure pas le nom de la grande surface. Ils craignent d'être accusés d'ajouter à la pollution du territoire si on retrouvait leurs sacs vides abandonnés dans la nature. Les considérations écologiques sont très présentes dans les esprits, et les Français trouvent naturel d'apporter leurs propres sacs au supermarché lorsqu'ils vont faire leurs courses.

2. Pourquoi les Français apportent-ils souvent leurs sacs dans les supermarchés? 2.___
   Les
   A. magasins n'ont plus de sacs à donner
   B. sacs en plastique polluent l'environnement
   C. sacs en plastique fournis par les supermarchés ne sont pas solides
   D. emballages fournis ne sont jamais assez grands

PASSAGE

Tous les 21 juin est célébrée en France la Fête de la Musique, à l'occasion du premier jour de l'été. Musiciens et chanteurs, seuls ou en groupe, se produisent dans tout le pays lors de cette grande manifestation populaire visant à abolir les frontières entre les genres, entre amateurs et professionnels - et entre les pays: 85 Etats en effet ont déjà rejoint l'initiative française, qui avait été lancée en 1982 par Jacques Lang, Ministre de la culture sous la présidence de François Mitterrand.

3. Que font les Français lors de la Fête de la Musique? 3.
Ils
   A. célèbrent le printemps
   B. organisent des concours de danse
   C. vont écouter chanteurs et musiciens dans les rues
   D. vont à l'étranger

PASSAGE

Il y a au moins deux millions de personnes d'origine canadienne-française qui demeurent en Nouvelle-Angleterre. Ces Franco-Américai (comme ils préfèrent qu'on les appelle) sont les descendants de ceux qui sont venus du Canada pour travailler dans les manufactures de textile au milieu du 19ème siècle. Aujourd'hui, ils restent une force puissante et facile à identifier. Ils parlent toujours franç mais comme seconde langue.

4. Qui sont les Franco-Américains? 4.
Des
   A. descendants de Canadiens français
   B. étrangers venus directement de France
   C. Français qui ont abandonné leur langue maternelle
   D. Américains qui travaillent en France

PASSAGE

Chaque année en automne se tient le Festival International du Film Francophone de Namur, en Belgique. Pendant huit jours, il accueille les professionnels du 7e Art, cinéphiles et large public, autour de colloques, d'animations et d'oeuvres originales venues des 4 coins de la Francophonie, et favorise une meilleure compréhension et une plus grande solidarité entre les peuples du Nord et du S

5. Que permet le Festival International du Film Francophone de Namur? 5.
   A. Une meilleure connaissance d'autres cultures francophones
   B. Une découverte des meilleurs films américains
   C. Des rencontres sportives
   D. Des jeux télévisés

PASSAGE

Un jour - c'était dans les années 50 - le général de Gaulle déclara à son aide de camp et à sa femme qu'il ne fumerait plus. A partir de cet instant, il ne toucha plus jamais aux cigares et aux cigarettes anglaises qu'il aimait tant.

6. Comment le général de Gaulle s'est-il arrêté de fumer? 6.
   A. Son docteur lui en a donné l'ordre.
   B. Il l'a fait progressivement.
   C. Son entourage le lui conseillait.
   D. Il s'est décidé brusquement.

PASSAGE

Parmi les causes qui nous prédisposent aux accidents, viennent en premier lieu nos émotions, l'inquiétude ou la colère par exemple, et la fatigue. Lorsque notre esprit fonctionne mal, l'émotion nous mène tout droit vers la catastrophe. L'émotion peut paralyser la raison et peut nous rendre vraiment indifférents aux dangers. La mauvaise humeur est donc un état d'esprit dangereux.

7. Qu'est-ce qui cause souvent les accidents? 7.___
   A. Des conditions psychologiques extrêmes
   B. Le manque d'expérience des jeunes
   C. La circulation intense dans les villes
   D. Des voitures qui roulent trop lentement

PASSAGE

La plupart des habitants de Paris n'y sont pas nés. Il est bien connu que la capitale attire la population des provinces. Les régions les plus rurales, comme la Bretagne et le Massif Central, contribuent énormément à cette immigration. La région du Nord de la France fournit aussi un contingent important d'habitants.

8. Quel est l'élément principal de la population parisienne? 8.___
   A. Des personnes très jeunes
   B. Des provinciaux
   C. Les travailleurs temporaires
   D. Les Parisiens d'origine

PASSAGE

Le centre de la petite ville de Saint-Tropez est réservé aux piétons. Eux seuls ont accès à la plupart des rues de la ville et les voitures n'ont pas le droit d'y circuler et doivent être garées dans des parkings aménagés à cet effet hors du centre. Cette mesure a été prise pour éviter les embouteillages dans Saint-Tropez, et aussi pour donner un cachet plus typique au centre-ville et le rendre plus attirant pour les touristes.

9. Pourquoi le vieux Saint-Tropez est-il interdit aux voitures? 9.___
   Pour
   A. limiter le nombre de touristes dans la ville
   B. construire de nouvelles autoroutes
   C. ouvrir d'immenses parcs de stationnement
   D. eviter les embouteillages et rendre la ville plus agréable

PASSAGE

Sacha, un petit Allemand de onze ans, a bien peur de voir ses vacances en France se terminer dès le premier jour. La voiture de ses parents, une Opel blanche, a été volée, avec tous leurs bagages devant un hôtel de la banlieue de Paris. Alors, si vous voyez une Opel blanche, pensez à Sacha.

10. Pourquoi les vacances de Sacha risquent-elles d'être interrompues? 10
   A. Il est tombé malade.
   B. Il a perdu ses parents.
   C. Des voleurs ont pris la voiture de la famille.
   D. Ses parents ont eu un accident.

PASSAGE

Le Québec est francophone. Cette caractéristique, loin de passer inaperçue, détermine tout un mode de vie. Les Québécois, dont les ancêtres sont venus de France il y a plus de trois siècles se sont établis dès le 17ème siècle dans la vallée du Saint-Laurent Ils l'ont transformée, et puis, ils ont conquis les régions voisines

11. De quelle origine sont les Québécois? 11
   A. Indienne B. Française
   C. Américaine D. Canadienne

PASSAGE

Depuis l'indépendance, on a assisté en Algérie à une montée de l'intégrisme et au retour des valeurs traditionnelles, sources de nombreuses violences et d'instabilité. Les journalistes, les artistes, les intellectuels, les femmes en particulier, sont les plus directement visés par les vagues d'attentats qui se sont multipliées depuis le début des années 90.

12. Comment la montée de l'intégrisme se manifeste-t-elle en Algérie? 12
   A. La liberté de la presse a été reconnue.
   B. Les valeurs traditionnelles ont disparu.
   C. Les femmes participent davantage à la vie politique.
   D. Les actes d'attentat sont fréquents.

PASSAGE

La ville de Djibouti, située sur la côte de la Mer Rouge, au nord de l'Éthiopie, est un des lieux les plus chauds du globe. L'humidité et la chaleur y rendent la vie très pénible. Au sud de la ville, c'est le désert, et seules quelques plantes réussissent à y pousser. A l'exception de quelques oasis où on trouve de l'eau ce désert est inhabitable.

13. Qu'est ce qui caractérise le mieux la ville de Djibouti? 13.___
    A. Le climat est très dur.
    B. Elle est située près de grandes forêts vierges.
    C. C'est une ville typiquement orientale.
    D. Les hivers y sont très rigoureux.

PASSAGE

On a imaginé une série d'objets ingénieux pour améliorer le confort des personnes âgées: un miroir à placer près d'une fenêtre pour regarder dans la rue, une barre pour sortir facilement de la baignoire, un système d'ouverture automatique pour la porte d'entrée, des outils à long manche pour jardiner assis.

14. Dans quel but ces objets ont-ils été inventés? 14.___
    Pour
    A. protéger les fenêtres
    B. garder les portes
    C. distraire les enfants
    D. aider les vieilles personnes

PASSAGE

L'union libre est un phénomène courant en France. Les couples non mariés se sont même vus reconnaître des droits presque identiques à ceux des couples qui ont choisi de passer devant le maire pour officialiser leur vie commune: droits à la sécurité sociale, aux allocations familiales, à la retraite, au congé parental en cas de naissance d'un enfant, etc. Seule l'autorité fiscale ne reconnaît pas le concubinage et considère les partenaires de l'union libre comme des célibataires, les imposant au taux maximum.

15. Quelle est la situation des concubins en France? 15.___
    Ils
    A. ont tous les droits des couples mariés
    B. ont presque les mêmes droits, hormis des avantages fiscaux
    C. n'ont pas le droit de se marier
    D. ne paient pas d'impôts

PASSAGE

Dès le premier juillet, sur les autoroutes de France, les voitures avancent très lentement: 25 millions de Français partent en vacances. C'est que, pour les Français, les vacances d'été sont devenues une tradition et une obligation. Elles répondent aussi à un besoin de liberté, liberté d'action et de mouvement. Si on demandait à l'un de ces automobilistes pourquoi il se jette ainsi sur les routes dangereuses, il répondrait probablement: *Il faut que je me repose.*

16. Pourquoi voit-on des millions de Français sur les routes en juillet? 16
Ils
   A. veulent échapper aux chaleurs de l'été
   B. vont travailler à l'étranger
   C. aiment conduire dangereusement
   D. veulent être libres et se reposer

PASSAGE

Un nouveau système de chauffage des maisons a été expérimenté en France comme dans d'autres pays: le chauffage solaire. De grands panneaux sombres, recouvrant une partie de la toiture ou certaines façades des murs exposés en plein sud, recueillent la chaleur du soleil et l'emmagasinent. Elle est ensuite rediffusée selon divers systèmes à l'intérieur de toute la maison. Ce système de chauffage est assez onéreux à l'installation mais il est parfaitement respectueux de l'environnement.

17. Quel est l'intérêt essentiel de ce système de chauffage? 17
Il
   A. remplace le toit de la maison
   B. permet de rafraîchir la maison durant l'été
   C. protège l'environnement
   D. ne coûte pas cher à installer

PASSAGE

L'aéroport de Blagnac a été le théâtre de la rencontre joyeuse de deux frères séparés depuis 44 ans. L'un d'entre eux habitait Toulouse, une ville du sud de la France. L'autre vivait aux États-Unis, à Philadelphie. Après une correspondance active, les deux frères se sont enfin retrouvés.

18. Qu'est-ce qui s'est passé à l'aéroport de Blagnac? 18
   A. Deux hommes ont été séparés après un accident.
   B. Deux frères ont été tués.
   C. Une réunion familiale a eu lieu.
   D. Une troupe de Philadelphie a joué une pièce.

PASSAGE

En 1953, un médecin français a eu l'idée d'envoyer une classe d'enfants en montagne pendant un mois. L'expérience a été convaincante. Non seulement la santé de chaque enfant est devenue plus solide, mais la vie en commun a affirmé leur personnalité et leurs études se sont améliorées. Aujourd'hui les classes de neige font partie de l'enseignement dans la plupart des écoles d'Europe.

19. Quel a été le résultat de ces classes de neige pour les enfants? 19.____
Ils
A. ont appris à bien parler
B. en ont beaucoup profité
C. ont refusé de rentrer chez eux
D. sont devenus amateurs de sports d'hiver

PASSAGE

Les touristes canadiens qui achètent à Hong Kong des bijoux en jade ont souvent la surprise de leur vie. De retour chez eux, ils découvrent, la plupart du temps, que ces *souvenirs d'Orient* ont été fabriqués avec du jade venant d'une province canadienne, la Colombie Britannique.

20. Qu'est-ce que ces touristes découvrent? 20.____
A. Le jade vient souvent du Canada.
B. Les bijoux sont très chers en Asie.
C. Le jade n'a pas beaucoup de valeur.
D. Les bijoux en vrai jade n'existent pas.

PASSAGE

Autrefois, on aurait dit que cultiver la Camargue était impossible. Aujourd'hui, on dit que c'est *comme en Amérique*: on creuse les canaux au bulldozer, on sème le riz par avion. Ceci a rendu un immense service à l'économie générale en réduisant beaucoup les importations. Il y a toujours des taureaux, mais ils sont devenus une ressource secondaire à l'économie de la région.

21. Comment la Camargue est-elle devenue prospère? 21.____
A. Il y vient beaucoup de touristes.
B. Les troupeaux de taureaux sont plus nombreux.
C. On utilise des techniques modernes d'agriculture.
D. On mange peu de riz en France.

PASSAGE

L'Eurostar, train à grande vitesse, permet de relier Londres à Lille en 2 heures. Ce nouveau TGV traverse la Manche en 20 minutes dans un tunnel qui constitua l'un des plus importants chantiers d'infrastructure jamais entrepris en Europe, employant plus de 13.000 ingénieurs, techniciens et ouvriers. Pour l'Angleterre, ce tunnel a représenté un grand pas symbolique dans l'ouverture vers l'Europe.

22. Qu'est-ce qu'Eurostar? 22.____
A. Un nouveau modèle de ferry traversant la Manche
B. Un TGV circulant dans le tunnel sous la Manche
C. Un moyen d'aller en Angleterre par autoroute
D. Un rapprochement entre l'Angleterre et l'Irlande

PASSAGE

La pièce est superbe, pleine d'ingéniosité et de grands sentiments démocratiques. A part quelques petites faiblesses, les comédiens sont excellents et obtiennent un plein succès: les spectateurs applaudissent aux bons moments et très fréquemment.

23. Quelle opinion ce critique de théâtre exprime-t-il? 23.
   A. Les acteurs ne savent pas jouer cette pièce.
   B. La pièce est très sentimentale.
   C. L'action est comique.
   D. Le spectacle est bien reçu par le public.

PASSAGE

Dans les villes, de plus en plus les voitures laissent la place aux piétons. Des plans de rénovation du centre-ville prévoient en effet très souvent la création d'une zone piétonnière, interdite aux véhicules automobiles et réservée exclusivement à l'usage de ceux qui préfèrent marcher pour se déplacer.

24. Comment est aménagé le vieux centre de nombreuses villes? 24.
Il
   A. est réservé aux voitures particulières
   B. est interdit au public
   C. devient un endroit pour les promeneurs
   D. est réservé aux taxis

PASSAGE

Vous n'avez pas réussi vos examens, mais vous n'avez aucune envie de retourner à l'école. L'Onisep (Office National d'Information sur les Enseignements et les Professions) publie une brochure sur les possibilités d'emploi sans diplôme. Attention, cependant: certains secteurs professionnels, comme l'architecture, le tourisme, l'hôtellerie, la publicité, les transports aériens ou les carrières artistiques, sont déjà surchargés.

25. A qui s'adresse cette brochure? 25.
A ceux qui
   A. veulent voyager
   B. habitent les grandes villes
   C. ont échoué dans leurs études
   D. sont à l'université

KEY (CORRECT ANSWERS)

1. A	6. D	11. B	16. D	21. C
2. B	7. A	12. D	17. C	22. B
3. C	8. B	13. A	18. C	23. D
4. A	9. D	14. D	19. B	24. C
5. C	10. C	15. B	20. A	25. C

EXAMINATION SECTION

TEST 1

DIRECTIONS: Below each of the following passages, there are one or more questions or incomplete statements about the passage. For each, select the word or expression that BEST answers the question or completes the statement in accordance with the meaning of the passage. *PRINT THE LETTER OF THE CORRECT ANSWER IN THE SPACE AT THE RIGHT.*

PASSAGE

En 1969, le Président Georges Pompidou décidait de créer au coeur de Paris un centre d'art contemporain qui offrirait des activités multiples à un vaste public.

Pour le site de cette entreprise, on choisit le Plateau Beaubourg, situé entre le quartier du Marais et celui des Halles. On choisit le projet architectural au moyen d'un concours international. Ce concours avait pour but de produire les plans d'un bâtiment qui conviendrait aux besoins des différents organismes constituant le futur Centre, à leurs activités, et aux surfaces qui leur étaient nécessaires. Le jury examina 681 projets avant de choisir celui de MM. Piano et Rogers. C'était le seul projet qui conservait la place Beaubourg et qui donnait plus d'importance à l'utilité du bâtiment qu'à sa forme.

Valéry Giscard d'Estaing, Président de la République, a inauguré le Centre Georges Pompidou le 25 janvier 1977. Le bâtiment comprend 4 éléments: le Musée National d'Art Moderne, le Centre de Création Industrielle, une grande bibliothèque, et l'Institut de Recherche et Coordination Acoustique/Musique, dirigé par Pierre Boulez.

1. Qui a pris l'initiative de créer ce Centre? 1.____
   A. Georges Pompidou
   B. Pierre Boulez
   C. Valéry Giscard d'Estaing
   D. MM. Piano et Rogers

2. Où se trouve le Centre? 2.____
   A. Sur une montagne
   B. Dans une île
   C. Dans la capitale
   D. À la campagne

3. Pour qui ce Centre a-t-il été construit? 3.____
   Pour
   A. les artistes
   B. les architectes
   C. le grand public
   D. une élite intellectuelle

4. Le choix du projet architectural a été difficile parce que le jury 4.____
   A. ne savait pas ce qu'il voulait
   B. n'avait pas assez d'argent
   C. se réunissait très rarement
   D. avait beaucoup de projets à considérer

5. Comment peut-on décrire ce bâtiment? 5.
C'est
- A. un musée d'art ancien
- B. un centre culturel
- C. une grande salle d'examen
- D. une école d'architecture

PASSAGE

Les jeunes Français utilisent encore beaucoup aujourd'hui le vélomoteur - sorte de bicyclette à moteur et à pédales - comme moyen de transport pratique et économique pour se rendre à leur travail ou à l'école.

Le vélomoteur ordinaire ressemble beaucoup à une ancienne motocyclette. Il est léger, avec son moteur à essence refroidi à l'air, ses deux pédales ordinaires de bicyclette et sa suspension rudimentaire. Son économie d'essence est considérable: il ne consomme qu' litre et demi aux cent kilomètres.

On attribue l'invention du vélomoteur à l'entreprise Vélosolex qui fixa tout simplement un moteur sur l'avant d'une bicyclette. Il suffit de pédaler un peu avant de pousser un levier pour que ce moteur entre en contact avec le pneu avant du vélo. Le moteur actionne alors un petit cylindre qui entraîne la roue avant.

En France, il arrive souvent de voir une personne en vélomoteur tirer un ami sur une bicyclette ordinaire et lui permettre ainsi de rouler sans effort.

6. Qu'est-ce qu'un vélomoteur? 6.
- A. Une moto de compétition B. Un appareil démodé
- C. Un jouet pour enfants D. Un véhicule personnel

7. Qu'est-ce qui prouve que le vélomoteur est pratique? 7.
- A. Son usage est très répandu.
- B. Les gens riches en achètent beaucoup.
- C. Ses pannes sont très rares.
- D. Il a été inventé en Amérique.

8. Quel est le gros avantage du vélomoteur? 8.
Il
- A. va plus vite que les voitures
- B. est en général très confortable
- C. ne coûte pas très cher à utiliser
- D. peut transporter des charges très lourdes

9. Pour mettre le moteur en marche, il faut 9.
- A. le mettre en contact avec la roue
- B. le refroidir avec de l'eau
- C. appuyer sur la suspension
- D. mélanger l'essence

10. Une personne en vélomoteur peut aider un cycliste en 10.___
    A. le traînant
    B. le laissant passer devant
    C. lui permettant de monter
    D. le poussant dans les descentes

PASSAGE

On a commencé une expérience intéressante à Poitiers: des stages pilotes pour préparer des femmes à l'exercice de métiers traditionnellement masculins. Les organisateurs ont sélectionné certains métiers où il existe des offres d'emploi: réparation de machines agricoles, mécanique auto, peinture, électricité, etc.... A la fin du stage, si le métier choisi ne demande pas d'instruction technique supplémentaire, les femmes sont dirigées directement vers les employeurs.

Pour financer cette opération, une dizaine de millions de francs ont été fournis par le gouvernement. A cause de ce budget limité, vingt volontaires seulement peuvent participer à l'expérience: les candidates reçoivent un salaire pendant qu'elles participent à ces programmes de préparation, et il faut aussi payer les professeurs, bien entendu.

Cette expérience a pour but d'apporter une solution originale aux problèmes du chômage créés par le manque d'emplois dans cette région. En Poitou-Charentes, une région essentiellement rurale, l'industrialisation n'a pas été assez rapide pour permettre une amélioration économique suffisante. De plus, sur trois personnes sans travail, deux sont des femmes. On offre ces stages pour les orienter vers des métiers d'hommes.

11. Quel genre de programme a-t-on organisé? 11.___
    A. Un entraînement pour les aviateurs
    B. La formation des acteurs
    C. Une éducation spéciale pour les femmes
    D. De nouvelles expériences scientifiques

12. Pour quelle raison a-t-on choisi certains métiers? 12.___
    A. Ils sont particulièrement difficiles.
    B. Il y a des possibilités d'emploi dans ces métiers.
    C. Les hommes préfèrent d'autres métiers.
    D. Ce sont des métiers traditionnellement féminins.

13. Comment a-t-on financé ce projet? 13.___
    A. Vingt volontaires ont offert l'argent nécessaire.
    B. Les candidates abandonnent leurs salaires.
    C. Des entreprises privées payent tous les frais.
    D. Les fonds viennent de l'Etat.

14. Pourquoi ce programme coûte-t-il si cher? 14.___
    A. Il y a trop de candidates.
    B. Il y a beaucoup de salaires à payer.
    C. Le programme a besoin d'un équipment moderne.
    D. Les stages durent très longtemps.

15. Pourquoi a-t-on entrepris ce programme? 15.
   A. Il y a beaucoup de chômage dans la région.
   B. L'économie de la région est en pleine expansion.
   C. Les femmes travaillent pour des salaires minimes.
   D. La région a besoin de beaucoup de professeurs.

PASSAGE

Le jardin botanique de Montréal joue son rôle le plus important sur le plan scientifique. A l'origine en effet, le but du jardin était d'enseigner la botanique. On le considère aujourd'hui comme l'un des grands centres de recherche en botanique.

Ce jardin qui est envahi par plusieurs centaines de milliers de visiteurs chaque année offre aussi aux Montréalais une oasis de paix et de beauté. Les hommes et les femmes qui habitent les grandes villes ont souvent besoin de reprendre contact avec la nature. Au jardin, ils peuvent s'arrêter et regarder longuement les arbres, les plantes et les fleurs.

Le jardin botanique entretient des liens très étroits avec l'Université de Montréal et l'Institut botanique y loge une partie de ses services: l'auditorium, les salles d'étude et la bibliothèqu On s'y tient en communication constante avec 600 jardins botaniques dans le monde, avec lesquels on fait des échanges. On y prépare aussi des rapports de recherche pour les revues scientifiques.

Une visite au jardin serait incomplète sans une halte à la maison de la jungle où la végétation luxuriante d'une forêt tropical séduit et enchante. Une incroyable variété de cactus retient longuement l'attention dans le jardin du désert. Plus loin, au moins 200 espèces de bégonias venues de toutes les parties du monde voisinent avec des plantes d'Afrique et d'autres régions chaudes.

Le jardin n'est pas seulement un centre de recherche et un endroit où s'apprend l'amour de la nature. Beaucoup de gens y suivent des cours spéciaux en horticulture. Il y a aussi les jardi pour enfants qui offrent une parfaite initiation à la vie des plant

Le jardin botanique est aussi pour Montréal la source inépuisab des arbres, des arbustes, et des plantes qui embellissent les parcs et les boulevards de la ville. Les jolies corbeilles que l'on suspend aux réverbères du centre-ville, les plantes et les fleurs qui ornent les immeubles municipaux viennent aussi du jardin.

16. Quelle est l'importance principale de ce jardin? 16.
   A. C'est un refuge pour les oiseaux migrateurs.
   B. C'est un centre pour l'étude des végétaux.
   C. On y rencontre beaucoup d'étrangers.
   D. On y trouve un poste de radio très puissant.

17. Le jardin botanique offre aux Montréalais la possibilité 17.
   A. de faire des voyages à l'étranger
   B. de trouver des logements agréables
   C. d'acheter des plantes à bon marché
   D. d'apprécier les charmes de la nature

18. Quand on visite ce jardin, il faut surtout voir 18.___
A. les plantes exotiques B. la bibliothèque
C. les boulevards D. le centre de recherche

19. Pourquoi le jardin est-il bien plus qu'un endroit agréable à visiter pour le public? 19.___
A. Les légumes de Montréal viennent de ce jardin.
B. On peut y participer à des jeux amusants.
C. On y trouve des possibilités d'éducation.
D. Les enfants viennent y apprendre à lire.

20. Comment utilise-t-on les produits de ce jardin? On 20.___
A. en décore les rues
B. les offre aux visiteurs
C. en expédie au marché
D. les plante dans des fermes

PASSAGE

L'ouverture de nouveau *Royal* aura lieu prochainement. On ne reconnaîtra plus le *Royal* du passé, qui fut successivement cirque et music-hall avant de servir de cinéma. L'ancienne salle comportait 1.350 places; maintenant il y en a un millier dans cinq salles différentes. Les sièges sont fixes et suffisamment espacés pour laisser le passage libre aux retardataires, qui peuvent ainsi s'asseoir dans déranger les spectateurs déjà installés. La plus grande salle est à l'étage supérieur de l'édifice et les quatre autres salles sont aménagées en-dessous.

Les ouvreuses disposent même d'une salle de repos. On entre dans les quatre salles en sous-sol par le hall d'entrée, où se trouve la caisse centrale. Celle-ci est équipée d'un écran qui permet de voir d'un coup d'oeil quels fauteuils sont libres dans chaque salle. Ce système de petites salles permet de montrer plusieurs films simultanément - donc d'offrir un choix très étendu - à des horaires multiples et variés. Le *Royal* adoptera la formule du spectacle permanent: du lundi au dimanche, de 14 heures à minuit. L'entracte, entre deux films, n'a plus qu'une seule utilité: permettre aux ouvreuses de vendre des bonbons, des caramels et des glaces.

21. Le *Royal* était autrefois un(une) 21.___
A. salle de spectacles B. restaurant renommé
C. jardin du roi de France D. stade de sports

22. Le *Royal* est aujourd'hui un(une) 22.___
A. théâtre luxueux B. complexe de cinémas
C. musée d'art D. maison de la culture

23. Quel est le principal avantage du nouveau *Royal*? 23.___
A. Il est mieux éclairé.
B. On y présente des spectacles de cirque.
C. Il est très commode pour les acteurs.
D. On peut y présenter plusieurs films à la fois.

24. L'écran de la caisse centrale sert à 24.
   A. voir où sont les places libres
   B. trouver quels films se jouent ailleurs
   C. savoir ce que font les ouvreuses
   D. visionner un film

25. Quand peut-on voir les films? 25.
   A. Le samedi et le dimanche
   B. Vingt-quatre heures sur vingt-quatre
   C. De bonne heure le matin
   D. L'après-midi et le soir

KEY (CORRECT ANSWERS)

1. A
2. C
3. C
4. D
5. B

6. D
7. A
8. C
9. A
10. A

11. C
12. B
13. D
14. B
15. A

16. B
17. D
18. A
19. C
20. A

21. A
22. B
23. D
24. A
25. D

TEST 2

DIRECTIONS: Below each of the following passages, there are one or more questions or incomplete statements about the passage. For each, select the word or expression that BEST answers the question or completes the statement in accordance with the meaning of the passage. *PRINT THE LETTER OF THE CORRECT ANSWER IN THE SPACE AT THE RIGHT.*

PASSAGE

Lucky Luke, ce cow-boy nonchalant imaginé par Morris et Goscinny, est mondialement célèbre. Sont célèbres aussi son cheval Jolly Jumper et son chien Rantanplan, ainsi que ses adversaires comme les frères Dalton. Les auteurs de cette bande dessinée, style western, connaissaient bien leur sujet. Morris, le dessinateur, qui a repris seul la publication de la bande dessinée après le décès de Goscinny, avait auparavant passé six ans aux Etats-Unis pour perfectionner sa connaissance du décor et des personnages. Les villes-fantômes, les saloons, les diligences et les bateaux à roues qui descendaient le Mississippi n'avaient plus de secret pour lui. C'est pendant un séjour à New York qu'il avait rencontré René Goscinny qui venait, lui, d'abandonner le dessin pour la machine à écrire. Ces deux fous du western décidèrent alors de s'associer pour la plus grande gloire de Lucky Luke qui devint rapidement un grand succès de la bande dessinée européenne, et fut traduit en plusieurs langues.

1. Pourquoi Morris connaissait-il bien le décor western? Il 1.___
   A. avait beaucoup étudié des peintures et photos
   B. avait vécu longtemps aux Etats-Unis
   C. avait beaucoup lu
   D. était spécialiste de géographie

2. Morris et Goscinny out décidé de publier Lucky Luke parce qu'ils 2.___
   A. avaient besoin d'argent
   B. avaient beaucoup de photos
   C. aimaient beaucoup les westerns
   D. voulaient quitter la France

PASSAGE

Le tennis est plus qu'une mode, c'est une passion. Il est entré dans la vie des Français comme le beaujolais ou la bicyclette. C'est un sport qui touche surtout les jeunes, de 15 à 29 ans. Les spectateurs du tennis sont aussi des pratiquants: beaucoup d'entre eux jouent plusieurs fois par semaine. Il y a environ cent ans un major anglais inventait le tennis. En 1877 le premier club était fondé à Wimbledon, aujourd'hui La Mecque du tennis. En France, le tennis a fait longtemps figure de jeu *snob*: des messieurs élégants se rendaient à leur club privé, la raquette sous le bras. Le tennis est maintenant un sport pour tout le monde, comme le football ou le rugby. En fait, on compte environ cent millions de joueurs dans notre vaste monde. Les Etats-Unis sont en tête avec trente millions de joueurs et la France suit loin derrière. Ce sport exige un équipement minime: raquette, chaussures, short, chemise, et.... évidemment, un autre joueur.

3. Qu'est-ce qui a beaucoup changé depuis quelques années? 3.
   A. Le nombre de joueurs B. Le courage des partenaires
   C. L'âge des joueurs D. L'équipement du sport

4. Où est-ce qu'on trouve le plus grand nombre de joueurs? 4.
   A. En Angleterre B. En France
   C. Aux Etats-Unis D. À La Mecque

5. Qu'est-ce qui est indispensable pour pratiquer ce sport? 5.
   A. Beaucoup de soleil B. Des spectateurs
   C. Un style élégant D. Un adversaire

PASSAGE

Récemment le journal LE MONDE était si irrité de l'infiltration de mots anglais dans la langue de Voltaire qu'il a remplacé le mot *teenager* par le mot *décagénaire*. Je n'aime pas ce choix mais je trouve courageux leur effort de résister à cette invasion étrangère.

La langue française avec sa splendeur, sa richesse de nuances e son extraordinaire raffinement est comme une magnifique armure de l'ancien temps: elle est couverte de fleurs et de diamants mais el manque d'élasticité, ne permettant pas beaucoup de mouvement. Donc les mots étrangers sont un mal nécessaire.

La France fait face à des changements révolutionnaires. Depuis la production industrielle jusqu'au nombre de gens qui possèdent une voiture, tout se développe à un rythme rapide, tout excepté la langu Les gardiens de la langue, les vieux et prudents membres de l'Acadér française continuent à composer, sans se presser, la neuvième éditi du Grand Dictionnaire et discutent des mots commençant par la lettre H. La première édition a été publiée en 1697 et il est peu probable qu'ils finissent vite ce travail.

Personnellement, je trouve irrésistible cet aspect ancien du français. L'art de l'élégance verbale n'est pas mort; la dispute la plus insignifiante se passe avec la grâce d'un ballet.

Certainement, cette élégance est le résultat du caractère latin de la langue française. Les Anglais choisissent des mots courts d'origine anglo-saxonne de préférence aux mots longs d'origine lati Les Français, qui n'ont pas le choix, sont obligés d'employer des mots longs et latins. Cette tendance donne une majestueuse élégance à leur conversation.

6. L'éditeur d'un journal français s'est fâché à cause 6.___
   A. de l'introduction de mots étrangers dans la langue française
   B. d'une invasion militaire de l'Europe
   C. d'un manque de respect pour la presse
   D. du courage de quelques écrivains

7. La langue française ressemble à une armure parce qu'elle 7.___
   A. manque de beauté
   B. manque de flexibilité
   C. comprend trop d'expressions étrangères
   D. change trop souvent

8. Comment l'Académie française travaille-t-elle? 8.___
   A. Avec beaucoup d'impatience
   B. Sans grandes discussions
   C. D'une manière dynamique
   D. Très lentement

9. L'auteur trouve l'élégance de la langue française particulièrement 9.___
   A. agréable B. révolutionnaire
   C. pompeuse D. insignifiante

10. Le français semble majestueux à cause de l' 10.___
   A. influence anglaise
   B. évolution rapide de la société
   C. usage de mots longs
   D. esprit agressif des Français

PASSAGE

La météo pour demain: brumes matinales avec quelques gelées blanches, nuageux ensuite. Possibilité de neige l'après-midi. Température minimum de 0 à 2 degrés, maximum de 8 à 10.

11. Quel temps fera-t-il demain? 11.___
Il va
   A. faire chaud B. y avoir un orage
   C. pleuvoir D. faire froid

PASSAGE

Modèle: 4 portes, numéro d'immatriculation 8029, kilomètres parcourus selon le compteur: 600. Date et heure de retour: 14 heures, le neuf juillet. Le client accepte l'assurance pour personnes transportées et est responsable des violations de la loi sur la circulation routière.

12. Qu'est-ce que ce monsieur a loué? 12.___
Un(une)
   A. appartement B. bateau
   C. voiture D. salle de conférence

PASSAGE

Un automobiliste de 59 ans a perdu le contrôle de son véhicule après avoir été piqué par une abeille qui était entrée dans sa voiture. Bien qu'il soit grièvement blessé, sa vie n'est cependant pas en danger.

13. Qu'est-il arrivé à ce conducteur? 13
Un(Une)
   A. panne de moteur
   B. accident causé par un insecte
   C. crevaison de pneu
   D. perte de connaissance

PASSAGE

Bord de mer - Chambres meublées pour deux personnes avec douch et W.C. particuliers. Jardin, calme, verdure, fraîcheur. Dix jour minimum. Disponibles du 26 juin au 3 septembre. Téléphoner aux heures des repas.

14. Qu'est-ce que cette annonce publicitaire offre? 14
   A. Des meubles modernes
   B. Les plans d'une villa à votre goût
   C. Un logement de vacances
   D. Un emploi de jardinier pour l'été

PASSAGE

Carte d'Admission des oeuvres universitaires: Cette carte est strictement personnelle. Elle doit être présentée à l'appui de toute demande à l'entrée des restaurants universitaires. Sur présentation de cette carte et de sa carte d'étudiant, le bénéficia recevra un carnet de tickets de repas aux dates indiquées.

15. Qu'est-ce que cette carte permet de faire à prix réduit? 15
   A. Se nourrir
   B. Voir des films
   C. Emprunter des livres
   D. Prendre le métro

Questions 16-20.

DIRECTIONS: In the following passage, there are five blank spaces numbered 16 through 20. Each blank space represents a missing word or expression. For each blank space, fou possible completions are provided. Only one of them makes sense in the context of the passage. *INDICATE TH LETTER OF THE CORRECT ANSWER IN THE SPACE AT THE RIGHT.*

PASSAGE

L'influence française dans l'hémisphère occidental ne s'est pas limitée à l'Amérique du Nord. La Martinique et la Guadeloupe ont été influencées par la culture française dès le XVIIe siècle. Haïti s'est révoltée contre les Français à la fin du XVIIIe siècle et elle est restée __(16)__ depuis cette période. Par contre la Guyane ainsi que la Martinique et la Guadeloupe ont __(17)__ leurs liens avec la France et sont devenues maintenant officiellement françaises.

La présence des noirs dans ces pays date de 300 ans. A cette époque les __(18)__ français importaient des noirs d'Afrique pour travailler dans leurs plantations de sucre.

Au XXe siècle, de nombreux écrivains noirs américains se sont joints aux noirs du monde entier dans une cause commune appelée la *Négritude*. Le terme *négritude* est apparu pour la première fois dans un long poème par Aimé Césaire de la Martinique. Ce mouvement littéraire a été fondé à Paris vers 1930 par trois poètes noirs: Aimé Césaire, Léopold Senghor du Sénégal et Léon Damas de la Guinée Française. La *négritude* __(19)__ une révolte contre l'oppression et la servitude. C'est une affirmation de la dignité humaine des __(20)__, au travers d'une prise de conscience de la culture africaine.

16. A. américaine B. industrielle C. pittoresque D. indépendante 16.____

17. A. brisé B. perdu C. négligé D. maintenu 17.____

18. A. propriétaires B. esclaves C. missionaires D. écrivains 18.____

19. A. corrige B. termine C. représente D. ralentit 19.____

20. A. noirs B. poètes C. blancs D. planteurs 20.____

Questions 21-25.

DIRECTIONS: In the following passage, there are five blank spaces numbered 21 through 25. Each blank space represents a missing word or expression. For each blank space, four possible completions are provided. Only one of them makes sense in the context of the passage. *INDICATE THE LETTER OF THE CORRECT ANSWER IN THE SPACE AT THE RIGHT*

PASSAGE

Six jeunes Québecois âgés de dix-huit à vingt-quatre ans vont partir du Nord de l'Alberta pour Montréal. Ils s'attaqueront en canot à la dure route des *voyageurs*. Ils vont refaire exactement le chemin que parcouraient de 1780 à 1820 les courageux *voyageurs* qui transportaient les fourrures pour la Compagnie de la Baie d'Hudson.

Il s'agit __(21)__ de 4.400 kilomètres de lacs, de rivières, de rapides et de portages dans les forêts. L'expédition partira de Fort McMurray en Alberta vers Montréal à bord d'un canot en fibre de verre de 8 mètres de long et 2 mètres de large. Si tout va bien, le voyage durera quatre mois.

Le groupe a commencé ses préparatifs il y a plusieurs mois, de la définition même du projet jusqu'à la distribution des responsabilités. Les jeunes ont déjà __(22)__ un régime alimentaire composé de 190 kilos de viande et d'une grande variété de légumes et de fruits. Puisqu'il leur est impossible de __(23)__ une telle quantité de nourriture dans le canot, ils ont prévu six points de ravitaillement où ils trouveront des provisions laissées là à l'avance.

L'équipe compte faire 40 kilomètres par jour. Une fois par semaine, pour rassurer leurs familles, ils transmettront __(24)__ par radio à l'école Richelieu-Quatre Saisons qui suivra de près leurs progrès. Cette école se spécialise dans ce genre de projet. Elle a pour objectif d'encourager les adolescents à __(25)__ des expéditions en canot-camping. Il n'est pas étonnant qu'aujourd'hui beaucoup de jeunes s'intéressent à ces activités.

21. A. d'un film B. d'un voyage C. d'une exploitation D. d'une description 21.

22. A. préparé B. inventé C. publié D. mangé 22.

23. A. servir B. vendre C. transporter D. digérer 23.

24. A. de la musique B. leurs félicitations C. des SOS D. de leurs nouvelles 24.

25. A. financer B. faire C. imaginer D. décrire 25.

KEY (CORRECT ANSWERS)

1. B
2. C
3. A
4. C
5. D

6. A
7. B
8. D
9. A
10. C

11. D
12. C
13. B
14. C
15. A

16. D
17. D
18. A
19. C
20. A

21. B
22. A
23. C
24. D
25. B

TEST 3

DIRECTIONS: Below each of the following passages, there are one or more questions or incomplete statements about the passage. For each, select the word or expression that BEST answers the question or completes the statement in accordance with the meaning of the passage. *PRINT THE LETTER OF THE CORRECT ANSWER IN THE SPACE AT THE RIGHT.*

PASSAGE

Le village d'Arragné est en train de livrer une bataille et probablement de la perdre. Il s'agit de l'école qui compte 4 élèves en tout: Hervé, 8 ans; Jean-Claude, 7 ans; Michèle, 6 ans; et François, 4 ans. A première vue ce n'est pas un événement d'importance capitale, mais c'est un symbole. Il mérite réflexion parce que ce n'est pas seulement Arragné mais tous les petits villages qui veulent garder leur vie telle qu'elle est. Tous les villages de cette faible importance sont promis au même destin. Peu à peu la population émigre vers la ville. Chaque année l'école compte quelques enfants de moins. De plus, notre époque demande que l'on finisse ses études dans un centre d'enseignement mieux équipé mais plus lointain.

D'habitude, quand on ferme les écoles, les petits villages en souffrent. La vie y est profondément affectée. A Arragné, ce petit village du Pays Basque, l'Education nationale ne voulait plus payer de maîtresse d'école. Alors, les paysans se sont réunis à l'auberge. Ils ont discuté, en basque, et ils ont décidé d'établir leur propre école, avec une institutrice locale nommée Anne Godement. Ce sont les parents qui paient son salaire et c'est pourquoi l'école fonctionne toujours. L'école est interdite par les règlements et on l'appelle une classe sauvage.

1. Qu'est-ce qui caractérise l'école d'Arragné? 1.____
   A. C'est une école pour filles.
   B. Elle est surpeuplée.
   C. Il y a très peu d'écoliers.
   D. Les enfants ont tous le même âge.

2. Pourquoi est-ce que la population d'Arragné diminue? 2.____
   A. On quitte le village pour la ville.
   B. Il n'y a plus de maîtresse d'école.
   C. On a fermé l'auberge.
   D. La guerre a ravagé le village.

3. Qu'est-ce que ces villageois ont fait? 3.____
   Ils
   A. ont organisé leur propre école
   B. ont ouvert une école bilingue
   C. ont envoyé leurs enfants à l'école en ville
   D. se sont installés à l'étranger

4. Qu'est-ce que les villageois ont demandé à Anne? 4.
   A. D'assister à une réunion
   B. De se charger de la classe
   C. De quitter le village
   D. De s'occuper de l'auberge

5. Pourquoi appelle-t-on cette école une classe sauvage? 5.
   A. Elle est située à la campagne.
   B. La discipline y est mauvaise.
   C. On y parle une langue étrangère.
   D. Elle fonctionne sans l'autorisation du gouvernement.

PASSAGE

Il a quarante-huit ans et des épaules qui font beaucoup plus penser à un boxeur qu'à un chercheur scientifique. Et pourtant, samedi il est devenu docteur d'Etat en Lettres. Il a soutenu avec succès sa thèse sur la toponymie, l'étude des noms de lieux, de villages, etc..... C'est un exploit d'autant plus étonnant que ce f et petit-fils de paysan a quitté l'école à l'âge de 16 ans pour part à l'aventure pendant une dizaine d'années en Amérique et dans le Pacifique. Il a été bûcheron, ouvrier agricole, marin et même solda De retour au pays, il a travaillé dans la ferme paternelle avant de reprendre ses études.

Son goût des voyages et des découvertes s'accompagnait chez lui d'un désir d'apprendre l'espagnol, le portugais et la linguistique. C'est ce qui l'a amené un jour à la faculté des Lettres de Rouen où il a obtenu une licence d'anglais. Grâce à ce diplôme, il enseigne maintenant au lycée.

La toponymie n'est pas un sujet qui passionne tout le monde! Il s'y intéresse parce qu'il a gardé des racines profondément ancrées dans le sol de son pays.

L'originalité de son travail vient du fait que dans ses recherches, il a tourné le dos aux documents écrits pour trouver ses sources chez les paysans de sa région. Ces paysans qui connaissent admirablement leurs terres l'ont beaucoup aidé dans ses recherches. Ce sont eux qui connaissent les rapports entre les noms des lieux et l'histoire des familles qui y ont vécu et travaillé pendant des générations.

6. Le fait que cet homme a obtenu un doctorat est étonnant parce qu'il 6.
   A. a fait un carrière sportive
   B. avait peu d'argent
   C. a abandonné ses études très jeune
   D. était trop vieux

7. Il a recommencé ses études à Rouen pour 7.
   A. apprendre des langues étrangères
   B. passer le temps
   C. faire plaisir à son père
   D. entrer dans l'armée

8. Avant de commencer son doctorat, il a étudié pour devenir 8.___
A. ingénieur
B. officier
C. navigateur
D. professeur

9. Il a été attiré à la toponymie par son intérêt pour 9.___
A. la littérature
B. son pays
C. les océans
D. ses aventures

10. Les recherches de cet homme sont originales parce qu'il 10.___
A. refuse de les publier
B. les a terminées rapidement
C. les a faites entièrement dans une bibliothèque
D. y a travaillé avec des paysans

PASSAGE

Voyageurs, attention!

L'horaire de certains trains change pendant les mois d'été. Ceci nous permet d'augmenter notre capacité durant cette période de pointe... Cet indicateur est valable pour le printemps et pour l'été. Vérifiez bien les dates d'entrée en vigueur pour vous assurer que vous consultez le bon horaire.

11. Pourquoi faut-il faire attention quand on lit ce document? 11.___
A. Il faut connaître les heures de pointe.
B. L'heure des trains change à certaines dates.
C. Les trains sont souvent en retard.
D. Le langage est très difficile à comprendre.

PASSAGE

J'ai lu avec beaucoup d'intérêt le sondage d'opinion concernant les vacances scolaires que votre journal a publié, le 9 février. Mais je suis tout de même fort étonné: on interroge des professeurs, des parents, des pédiatres, des chronobiologistes, etc., mais je ne vois jamais l'opinion des collégiens, des lycéens ou des étudiants. Pourtant, ce sont eux qui passent cinq jours sur sept à l'école, d'interminables heures, à la maison, devant leurs livres, et non leurs parents.

12. Ce lecteur s'étonne que le journal néglige le point de vue des 12.___
A. parents
B. jeunes
C. professeurs
D. spécialistes

PASSAGE

En avant, marche! C'est à pied, bagages à la main, que les 75 danseurs et les 20 techniciens de l'American Ballet Theatre ont dû gagner l'hôtel Meurice où ils résident pendant le Festival du Louvre. Toutes les rues avoisinantes étaient bloquées par la foule des spectateurs d'une grande course cycliste.

13. Pourquoi les danseurs ont-ils été obligés d'aller à leur hôtel à pied? 13.
   A. La rue était en réparation.
   B. Les chauffeurs de taxis étaient en grève.
   C. Il y avait un événement sportif dans le quartier.
   D. Ils voulaient éviter leurs admirateurs.

PASSAGE

Nous recherchons dix hommes et femmes à temps complet ou à mi-temps, jeunes, dynamiques, ayant le goût du contact humain, liberté d'action dans le travail. Rien à vendre. Voiture indispensable. Se présenter Galerie Delgres, 22 Rue Delgres, 1er étage, les mardi 3 et mercredi 4 juillet de 8h à 12h et de 14h à 18h.

14. Qui cherche-t-on pour cet emploi? 14.
Des
   A. vendeurs
   B. gens qui ont beaucoup d'expérience
   C. chercheurs scientifiques
   D. gens actifs et enthousiastes

PASSAGE

Sur une tranche de pain, placez une lamelle de gruyère, puis une demi-tranche de jambon, ensuite une autre lamelle de gruyère, puis une deuxième tranche de pain. Pressez le tout ensemble.

Faites chauffer un peu de beurre à température moyenne dans une poêle épaisse. Mettez le tout dans la poêle. Quand le pain est bien blond d'un côté, retournez-le. Laissez rissoler. Servez très chaud.

15. Cette recette vous indique comment préparer un(une) 15.
   A. soupe B. poisson C. sandwich D. dessert

PASSAGE

Le temps des vacances, c'est aussi le temps des reptiles et surtout des vipères. Elles sont particulièrement dangereuses, quand il fait chaud, aux mois d'août et de septembre. Que faut-il faire après une morsure? Il ne faut surtout pas s'affoler. Le blessé ne doit pas courir, ni s'énerver, car cela favorise la diffusion du venin dans l'organisme. Le mieux est de se rendre à l'hôpital le plus proche.

16. Cet article vous indique comment vous protéger contre les dangers 16.
   A. des indigestions B. des serpents
   C. de la chaleur D. de la fatigue

PASSAGE

Le vaudou. La peinture naïve. Des vêtements brodés superbes. Des plats créoles délicieux. La cuisine française, pour la joie du palais même le plus blasé. Des aubaines exceptionnelles en fait de tourisme dans un pays qui allie les mystères de l'Afrique au raffinement de la France et à la beauté spectaculaire des Antilles. Vous trouverez tout cela dans une collection de brochures intéressantes en couleur, qui vous permettront de vous faire une idée d'Haïti sans bouger de chez vous. Vous pourrez organiser ainsi des vacances remplies d'aventures, à des prix pour ainsi dire irrésistibles. Pour recevoir gratuitement votre série de brochures sur Haïti, envoyez-nous le coupon ci-dessous.

Office national haïtien du tourisme
44 Fundy, Etage F
Montréal H5A 1A9

920 Vonge Street, Bureau 808
Toronto M4W 3C7

____
Nom

____
Adresse

____
Province

____
Pays

17. Qu'est-ce que cette réclame vous propose? 17.___
Des
   A. documents pour préparer vos vacances
   B. recettes de cuisine exotique
   C. voyages gratuits
   D. romans d'aventure

PASSAGE

Est-ce qu'il paraît compliqué et surtout cher de téléphoner chez vous alors que vous vous trouvez à l'étranger? Vous faciliterez grandement votre tâche en utilisant votre carte de crédit téléphonique américaine.

Cette carte de crédit est reconnue dans plus de cent pays dont les pays d'Europe et le Canada. Son utilisation élimine tous les problèmes de change: Vous pouvez téléphoner de l'étranger et payer votre facture aux Etats-Unis.

18. Quel avantage y a-t-il à utiliser cette carte de crédit? 18.___
   A. Vous obtenez votre numéro immédiatement.
   B. Elle permet de changer de l'argent à l'étranger.
   C. Vous pouvez faire des courses à l'étranger.
   D. Elle simplifie le paiement des coups de téléphone.

PASSAGE

LES DEUX AÉROPORTS DE MONTRÉAL

Montréal a deux aéroports: celui de Dorval et celui de Mirabel L'aéroport de Dorval, le plus proche de la ville, dessert davantage les destinations internes, tandis que celui de Mirabel, le plus moderne des deux, situé un peu plus à l'écart de Montréal, est un aéroport international.

19. L'aéroport de Dorval 19.
    A. dessert tout le Canada
    B. est le plus récent des deux aéroports
    C. dessert les capitales étrangères
    D. est éloigné de Montréal

PASSAGE

VACANCES SCOLAIRES EN RÉGION PARISIENNE

Les rectorats des académies de Paris, Créteil et Versailles viennent d'arrêter leurs dates de vacances *décentralisées* pour l'an prochain.

Rentrée scolaire: mardi 15 septembre au matin.
Toussaint: du samedi 31 octobre, après la classe, au 9 novembre au matin.
Noël: du mardi 22 décembre au mardi 5 janvier.
Février: du samedi 6 février au lundi 15 février.
Printemps: du samedi 27 mars au mercredi 14 avril.
Ascension: du samedi 15 mai au lundi 24 mai.
Départ grandes vacances: vendredi 9 juillet.

20. Quelles vacances donneront aux élèves l'occasion de faire un voyage de plus de deux semaines? 20
    A. Toussaint B. Février
    C. Printemps D. Ascension

Questions 21-25.

DIRECTIONS: In the following passage, there are five blank spaces numbered 21 through 25. Each blank space represents a missing word or expression. For each blank space, four possible completions are provided. Only one of them makes sense in the context of the passage.
First read the passage in its entirety to determine its general meaning. Then read it a second time. For each blank space, choose the completion that makes the BEST sense. *INDICATE THE LETTER OF THE CORRECT ANSWER IN THE SPACE AT THE RIGHT.*

PASSAGE

L'hiver est peut-être la saison où se pratiquent le plus de sports au Québec. Il y a d'abord le patinage sur glace. A peu près tous les enfants en âge de marcher apprennent à __(21)__. Durant l'hiver chaque cour d'école, chaque parc public possède sa patinoire à la surface bien glacée et bien lisse où on va avec ses amis. Ces patinoires servent aussi à la pratique du sport national, le hockey. Tous les petits Québécois rêvent de devenir un jour des étoiles de ce __(22)__.

Le ski alpin est aussi très pratiqué. Ses régions de montagnes ont permis au Québec d'établir de nombreuses stations de ski et de produire des champions internationaux. Le ski de fond et la raquette sont de plus en plus populaires. La raquette est un instrument inventé par les indiens. C'est un cadre de bois sur lequel sont tendues des bandes de peau. On fixe les raquettes sous ses chaussures et on peut ainsi __(23)__ sur la neige sans grand effort.

Le sport d'hiver le plus nouveau, c'est la *motoneige*, sorte de véhicule sur skis d'invention québécoise, qui permet de se déplacer rapidement sur toute surface enneigée. Ce véhicule rend aussi de grands services dans le Grand Nord où il __(24)__ maintenant les traîneaux tirés par des chiens qui étaient autrefois le seul moyen de transport dans cette région. Mais il cause aussi beaucoup d'ennuis: très bruyant, il fait fuir les animaux sauvages et il brise les plantes. Malgré tout, à la campagne, il n'est pas rare de voir une ou plusieurs motoneiges à la porte des maisons. D'autre part, quand il y a des tempêtes de neige particulièrement __(25)__, et que les routes sont bloquées, c'est la motoneige qui permet de secourir les automobilistes en détresse.

21. A. courir B. parler C. lire D. patiner 21.___
22. A. film B. cours C. sport D. ciel 22.___
23. A. marcher B. peindre C. dormir D. conduire 23.___
24. A. guide B. remplace C. cache D. aide 24.___
25. A. pittoresques B. courtes C. amusantes D. violentes 25.___

KEY (CORRECT ANSWERS)

1. C	6. C	11. B	16. B	21. D
2. A	7. A	12. B	17. A	22. C
3. A	8. D	13. C	18. D	23. A
4. B	9. B	14. D	19. A	24. B
5. D	10. D	15. C	20. C	25. D

EXAMINATION SECTION
TEST 1

DIRECTIONS: Each question or incomplete statement is followed by several suggested answers or complétions. Select the one that BEST answers the question or completes the statement. *PRINT THE LETTER OF THE CORRECT ANSWER IN THE SPACE AT THE RIGHT.*

Questions 1-5.

DIRECTIONS: Questions 1 through 5 are to be answered on the basis of the following passage.

Voilà, très bien...Maintenant, attention, hop, on y va!

Dans l'eau bleue de la piscine, la jeune prof de natation tient fermement son élève - un bébé! -au-dessus de l'eau; elle prend une bonne bouchée d'air puis referme la bouche. L'enfant l'imite...Et doucement, le bébé dans ses bras, elle disparaît sous l'eau. Une seconde plus tard, la jeune femme et le petit reparaissent en souriant à la surface.

Il est courant aujourd'hui d'apprendre aux enfants à nager dès le plus jeune âge. Une grande partie des Français passent leurs vacances au bord de l'eau, et le nombre des piscines municipales et individuelles ne cesse d'augmenter. La natation est considérée comme un sport complet, vivement encouragé par les pédiatres.

1. La première scène de ce passage se passe dans un(une) 1.____

   A. jardin d'enfants
   B. salle de bain
   C. piscine
   D. salle de classe

2. La jeune femme est occupée à 2.____

   A. remplir la piscine
   B. laver l'enfant
   C. enseigner la natation
   D. jouer un rôle à la télé

3. Apprendre à nager est particulièrement utile aux Français qui 3.____

   A. n'ont pas de champions de natation
   B. ont le plus grand nombre d'accidents d'Europe
   C. ont un nombre énorme de piscines
   D. passent très souvent leurs vacances au bord de l'eau

4. La natation est considérée comme un(une) 4.____

   A. activité de loisirs
   B. excellente activité sportive
   C. passe-temps inutile
   D. luxe à la portée de peu de Français

5. En habituant les enfants à l'eau dès le plus jeune âge, on espère 5.____

   A. leur faire aimer plus tôt la natation
   B. développer des champions pour les Jeux Olympiques
   C. éviter les pédiatres
   D. rentabiliser les piscines publiques

Questions 6-10.

DIRECTIONS: Questions 6 through 10 are to be answered on the basis of the following passage.

Il y a, entre la langue des livres et celle du people, de très grandes différences. Les Français ne sont souvent pas conscients de ces différences parce qu'elles leur sont familières. Pour bien faire comprendre ces différences, un de nos plus illustres linguistes racontait dans un de ses cours l'anecdote suivante:

Il se promenait un jour aux environs de Paris avec un ami étranger, savant des plus distingués, qui parlait un français très pur et sans aucun accent. Mais c'était le français des livres.

Les deux promeneurs arrivent près d'un champ où un paysan cueillait des poires. Ils se mettent à parler avec lui et, au cours de la conversation, l'étranger vient à demander au brave homme à qui il montrait un fruit:

- Pourriez-vous me dire quelle en est la saveur?

C'était du français tel qu'on l'écrit, et non tel qu'on le parle. Le paysan, qui n'avait pas grande éducation, ne comprend pas et reste là tout confus.

Alors le professeur français, voyant d'où venait toute la difficulté, traduisit la question dans la langue du peuple:

- Ce monsieur vous demande quel goût ça a. Et tout de suite le paysan comprit.

6. Qu'est-ce que les Français semblent ignorer?

   A. Qu'on étudie la composition française au lycée
   B. Que tout le monde parle français
   C. Qu'il faut parler sa langue maternelle en famille
   D. Que le français oral ressemble peu au français écrit

7. Un professeur de langues explique son point de vue en

   A. racontant une histoire
   B. lisant un texte
   C. écrivant un livre
   D. faisant un long voyage

8. Le paysan ne comprend pas le visiteur qui parle français

   A. avec beaucoup d'erreurs
   B. d'une voix très basse
   C. d'une façon trop littéraire
   D. avec beaucoup de vulgarité

9. Continent le professeur français aide-t-il le paysan à comprendre?
   Il

   A. lui demande de goûter ses poires
   B. emploie le langage populaire
   C. lui donne une leçon de français
   D. répond à la question

10. Cette anecdote montre bien que le français

   A. est une langue internationale
   B. est une langue très difficile
   C. change très peu avec le temps
   D. varie avec le degré d'instruction

Questions 11-15.

DIRECTIONS: Questions 11 through 15 are to be answered on the basis of the following passage.

Liane passait avec sa famille ses vacances à la plage en Bretagne. Deux jeunes gens l'aimaient: Jean, un ingénieur, et Gérard, un avocat. Mais Liane hésitait à se choisir un époux. Par prudence elle décida un jour de les soumettre à une épreuve. Elle leur demanda de la photographier.

Jean eut un sourire de triomphe parce qu'il connaissait la photographie en couleurs. Gérard, lui, ne possédait qu'un modeste appareil qu'utilisent les amateurs qui n'ont ni talents ni initiative pour cet art.

Jean, en toutes occasions, révélait ses talents alors que Gérard se battait avec un appareil qui refusait de lui obéir. Finalement, le jour de la confrontation arrivé, les photos de Jean étaient parfaites tandis que celles de Gérard étaient un désastre causé par une main nerveuse. Gérard pensait: *C'est fini, elle va croire que je ne suis qu'un pauvre type qui. ne réussit rien dans la vie.*

Cependant, c'est lui que Liane choisit. A la fin des vacances, ils étaient fiancés et trois mois plus tard mariés. Les photos de Jean étaient l'oeuvre d'un égoïste alors que celles de Gérard révélaient son émotion tendre bien mieux que des déclarations d'amour. Mais Gérard n'oublia jamais l'incident des photographies.

11. Où Liane passait-elle ses vacances? 11.____

A. Dans la capitale
B. Dans un studio
C. Près de la mer
D. Chez des amis

12. Elle avait beaucoup de difficulté à 12.____

A. se faire des amis
B. choisir un mari
C. faire de la photo
D. distinguer les couleurs

13. Elle suggéra à Jean et à Gérard de 13.____

A. se battre en duel
B. demander sa main à son père
C. faire du sport
D. prendre sa photographie

14. Quels résultats Gérard a-t-il obtenu? 14.____

A. Ses photos étaient médiocres.
B. Ses photos n'ont pas plu à Liane.
C. Toutes ses photos étaient excellentes.
D. Il s'est montré bon photographie.

15. Liane décida d'épouser le mauvais photographe parce qu'il 15.____

A. avait meilleure mémoire
B. avait une personnalité plus sincère
C. exerçait une meilleure profession
D. pouvait se marier sans délai

Questions 16-20.

DIRECTIONS: Questions 16 through 20 are to be answered on the basis of the following passage.

Le 21 août 1911, à 8h du matin, commence l'aventure la plus extraordinaire de la Joconde, le tableau le plus célèbre du musée du Louvre. Un peintre, venu au musée pour copier la Joconde, découvre qu'elle a disparu. Il informe un gardien. Le gardien ne fait rien parce qu'il pense qu'elle est au studio de photographie. Mais les heures passent et la Joconde ne revient pas. On commence à s'inquiéter. On appelle le directeur du musée, puis le Ministre de l'Intérieur, puis la police. C'est la panique au Louvre. La Joconde a été volée!

Tout le monde est suspect. Quelques jours plus tard, un touriste est arrêté à la frontière suisse. Il avait la Joconde...ou plus exactement une boîte de chocolats décorée d'une copie de ce tableau. La recherche continue. On interroge tous les gardiens et tous les ouvriers qui travaillent au Louvre. La police arrive chez un de ces ouvriers, Vincent Péruge. *Vous n'avez rien remarqué de bizarre?* lui demande la police. Un agent, assis à une table, prend note de la réponse négative et s'en va. La Joconde était sous cette table. C'est Péruge qui l'avait volée.

Deux ans après, Péruge écrit à un marchand de tableaux de Florence, Carlo Alfredo Geri: *Monsieur, j'ai appris par une annonce que vous étiez acheteur de tableaux anciens et j'ai l'honneur de vous proposer quelque chose qui vous intéressera certainement. Il s'agit de la Joconde., de Léonard de Vinci.* Le marchand croit d'abord que c'est une mauvaise plaisanterie, puis il change d'avis et répond à Péruge qu'il aimerait la voir.

La Joconde passe la frontière dans un vieille valise. Le marchand la reconnaît immédiatement. Il dit à Péruge qu'il a besoin de la faire examiner par un expert et demande à la garder quelques jours tout en l'assurant qu'il lui en donnera un bon prix. Quand l'authenticité est établie, le voleur est arrêté par la police italienne. Le 31 décembre 1913, la Joconde a repris sa place au musée du Louvre.

16. Quelle est la première réaction du gardien quand le peintre découvre que la Joconde n'est plus à sa place? Il

    A. pense que ce n'est pas grave
    B. est pris de panique
    C. alerte le studio de photographie
    D. arrête tout de suite le peintre

17. Un voyageur à la frontière suisse est suspect parce qu'il

    A. vient de quitter le musée
    B. porte sur lui le vrai tableau
    C. a beaucoup photographié la Joconde
    D. a une reproduction du tableau

18. Après avoir interrogé Vincent Péruge, l'agent de police

    A. ne sait toujours pas où se trouve la Joconde
    B. n'accepte pas la réponse de Péruge
    C. pense que le peintre est le voleur
    D. découvre l'auteur du vol

19. Quand le marchand reçoit la lettre de Péruge, il commence par 19.____

A. aller en France pour lui parler
B. douter de l'authenticité de la lettre
C. informer le directeur du musée
D. appeler la police

20. Le marchand veut garder le tableau pour avoir le temps 20.____

A. d'obtenir l'argent nécessaire
B. de s'échapper avec le tableau
C. de vérifier l'authenticité
D. de rentrer à Paris

Questions 21-25.

DIRECTIONS: Questions 21 through 25 are to be answered on thé basis of thé following passage.

Depuis le mois de Janvier, la bonne vieille planète terre s'est mise à tourner sur elle-même plus rapidement. On croyait d'abord que cette vitesse anormale de rotation était causée par une explosion soudaine de l'activité magnétique au centre de la planète. Cependant, les chercheurs scientifiques sont toujours incapables d'expliquer les causes de ce phénomène. C'est du moins ce qu'a déclaré le professeur Smylie, qui a précisé cependant que cette accélération de la vitesse de rotation de la terre était le résultat de causes internes.

Le phénomène n'est pourtant pas très alarmant: l'augmentation de la vitesse de rotation est en effet d'environ un centième de seconde par 24 heures. Et, si les chercheurs semblent intrigués par ce phénoriène étrange, ils ne croient cependant pas qu'il y ait lieu de s'inquiéter.

21. On vient de remarquer un changement dans 21.____

A. le mouvement de notre planète
B. la position de la terre par rapport au soleil
C. l'ordre des saisons
D. la composition de la terre

22. Depuis quand est-ce qu'on a observé ce phénomène? Depuis 22.____

A. le commencement du monde
B. la pleine lune
C. la dernière explosion atomique
D. le début de l'année

23. Quelles sont les causes de ce phénomène? Elles 23.____

A. sont attribuées à un volcan
B. ne sont pas certaines
C. sont dues à la position du soleil
D. sont associées à la proximité de la lune

24. Il n'y a pas besoin de s'inquiéter parce que

    A. ce changement est maintenant terminé
    B. les savants peuvent contrôler ce phénomène
    C. la variation est minuscule
    D. ce phénomène est très commun

25. Les savants étudient ce phénomène parce qu'ils

    A. ont peur de ses conséquences
    B. sont curieux d'en connaître les causes
    C. l'attendaient depuis longtemps
    D. recherchent une nouvelle source d'énergie

KEY (CORRECT ANSWERS)

1. C
2. C
3. D
4. B
5. A

6. D
7. A
8. C
9. B
10. D

11. C
12. B
13. D
14. A
15. B

16. A
17. D
18. A
19. B
20. C

21. A
22. D
23. B
24. C
25. B

TEST 2

DIRECTIONS: Each question or incomplete statement is followed by several suggested answers or completions. Select the one that BEST answers the question or completes the statement. *PRINT THE LETTER OF THE CORRECT ANSWER IN THE SPACE AT THE RIGHT.*

Questions 1-5.

DIRECTIONS: Questions 1 through 5 are to be answered on the basis of the following passage.

Le voyageur qui quitte les autoroutes pour prendre les routes secondaires a certainement une connaissance bien plus complète des régions qu'il traverse. C'est que, par opposition aux autoroutes qui sont artificielles et destinées à permettre une circulation plus rapide, les autres routes sont naturelles, en ce sens qu'elles suivent un itinéraire créé par l'usage depuis des temps souvent très anciens.

C'est le cas de la Route Nationale No. 99, qui commence à la route No. 7, au nord de Salon en Provence, et va jusqu'à Montauban. Le touriste est loin de penser qu'il circule sur l'antique chemin qui, aux temps préhistoriques déjà, permettait aux marchands méditerranéens de faire du commerce avec les peuples de la côte atlantique. Le long de la route, on peut voir des constructions que les hommes de toutes les époques ont bâties.

La région de Sauve est une de celles qui furent très peuplées aux temps préhistoriques et jusqu'au Moyen-Age. Les vestiges de constructions et les ruines de Mus sont des preuves de la civilisation avancée des habitants de cette région.

1. Pourquoi est-il quelquefois préférable de prendre les routes secondaires? On 1.____

   A. évite les grandes villes
   B. voyage plus rapidement
   C. apprécie mieux le pays
   D. se repose quand on veut

2. Quel est l'avantage des autoroutes? Elles 2.____

   A. suivent des itinéraires pittoresques
   B. permettent d'aller plus vite
   C. permettent de nombreux détours
   D. sont parallèles aux routes nationales

3. Quelles routes datent souvent de l'antiquité? Les 3.____

   A. chemins artificiels
   B. chemins de fer
   C. autoroutes
   D. routes secondaires

4. Qu'est-ce qui prouve l'existence d'une civilisation ancienne le long de la Route Nationale No. 99? Les 4.____

   A. édifices anciens
   B. beaux châteaux dans la campagne
   C. noms latins des villages
   D. nombreux grands magasins

5. Qu'est-ce qui indique que les anciens habitants de la région de Sauve avaient une civilisation très avancée?

   A. De nombreux fossiles
   B. Leurs grands bateaux
   C. Les restes de leur architecture
   D. L'excellente condition de leurs routes

Questions 6-10.

DIRECTIONS: Questions 6 through 10 are to be answered on the basis of the following passage.

Voisin des Etats-Unis, mais en retard sur eux à cause de son climat dur et froid, le Canada bénéficie maintenant d'un progrès extraordinaire. Depuis quarante ans, la partie sud du Canada, qui réunit l'Atlantique au Pacifique, a connu des transformations multiples. La conquête progressive du Nord, qui est aujourd'hui pour le Canada ce qu'était il y a cent ans le Far West américain, est encore plus remarquable. Malgré le froid intense et la neige de l'hiver, les Canadiens réussissent à s'installer toujours plus au Nord, à la recherche de produits minéraux qui sont très demandés sur le marché mondial.

Cette progression vers le Nord continue depuis une trentaine d'années plus rapidement encore que par le passé. Au cours du premier tiers du 20ème siècle, la construction de chemins de fer avait permis l'accès aux régions désertes. Plus récemment, l'aviation a mis fin à l'isolement des postes éloignés et a facilité aussi l'activité des prospecteurs de richesses minières. Au bord des milliers de lacs du Canada s'installent de nouvelles cités. Pour le transport des marchandises, on a ouvert de grandes routes internationales. La grande route de l'Alaska (2500 kilomètres), qui a été construite pendant la deuxième guerre mondiale, réunit le Grand Nord aux régions tempérées.

Avec cette expansion soudaine, il n'est pas étonnant que le Canada attire beaucoup d'immigrants. La progression naturelle de la population, qui était très rapide au début du siècle, commence maintenant à ralentir à cause de l'évolution de la société. Malgré de nombreux départs pour les Etats-Unis, l'immigration reste constante et la population est passée de 18 millions en 1961 à plus de 22 millions en 1973.

Bien que le nombre des immigrants varie d'une année à l'autre, on l'évalue à 125.000 par un environ. Ceci représente un pourcentage important du total de la population. Il est vrai que des difficultés politiques existent au Canada, mais cette progression reste impressionnante.

6. Aujourd'hui, le développement du Canada est marqué par

   A. des difficultés insurmontables
   B. une expansion rapide
   C. une économie agricole
   D. des marchés commerciaux limités

7. Dans un passé récent, les Canadiens ont réussi à 7.____

   A. devenir rivaux des Etats-Unis
   B. s'isoler du marché mondial
   C. coloniser les territoires du sud
   D. s'installer dans les régions du nord

8. La création de nouvelles communautés canadiennes est facilitée par 8.____

   A. le climat favorable
   B. l'exode vers les Etats-Unis
   C. les communications routières et aériennes
   D. la situation politique

9. Quelle est la raison principale de l'augmentation de la population canadienne? 9.____

   A. Le nombre des naissances
   B. L'immigration constante
   C. La transformation des habitudes sociales
   D. Les convictions religieuses

10. Du point de vue international, le Canada est considéré comme un (une) 10.____

   A. nation en progrès
   B. centre d'art et de culture
   C. territoire inexploré
   D. démocratie en difficulté

Questions 11-15.

DIRECTIONS: Questions 11 through 15 are to be answered on the basis of the following passage.

Depuis que la neige avait commencé à tomber sur les hauteurs, le jeune homme était tellement occupé qu'il ne mangeait plus et qu'il ne dormait même pas. Les clients devenaient de plus en plus nombreux et, pour les satisfaire, on devait ouvrir le petit magasin tôt le matin et le fermer tard le soir. Il y avait toujours des skis à réparer, des skis à vendre, des skis à louer et des chaussures à ajuster. Guy avait vu son commerce se transformer rapidement d'un métier modeste en une entreprise lucrative. Ses parents, qui habitaient en ville, avaient été autrefois de riches touristes dans ce même village montagnard. Ils se résignaient maintenant à la façon de vivre de leur fils. La crise économique, qui les avait ruinés, avait forcé Guy à interrompre ses études, et il était venu ouvrir cette boutique. Les parents s'étaient d'abord dit qu'il ne réussirait pas et qu'il reviendrait chez eux.

Au début, Guy parlait plus de ses exploits en skis que de ses clients et, au lieu de s'occuper de son magasin, il passait tout son tenps à son sport favori. Mais soudain, ce sport prit une expansion extraordinaire, et le tourisme d'hiver devint plus considérable et plus riche que celui de l'été. De nouveaux hôtels furent construits, et dans le village, de décembre à avril, il y avait une atmosphère de fête; et le commerce de Guy commença à prospérer.

11. Où se passe cette histoire?

    A. Dans une grande ville
    B. Au bord de la mer
    C. Dans les montagnes
    D. À la campagne

12. Pourquoi est-ce que Guy a interrompu ses études? Il

    A. n'avait pas assez d'argent
    B. aimait beaucoup la neige
    C. s'était disputé avec ses parents
    D. voulait être touriste

13. Comment les parents de Guy ont-ils d'abord réagi à sa nouvelle profession? Ils

    A. lui ont prêté beaucoup d'argent
    B. lui ont défendu de partir
    C. en étaient très heureux
    D. s'attendaient à le voir rentrer à la maison

14. Au commencement, qu'est-ce qui plaisait le plus à Guy dans ce métier?

    A. Vivre à l'hôtel
    B. Faire du ski
    C. Gagner beaucoup d'argent
    D. Fréquenter les gens riches

15. Pourquoi est-ce que Guy a fini par prospérer?

    A. Il a ouvert un nouvel hôtel.
    B. Il est devenu champion de ski.
    C. Le ski est devenu très populaire.
    D. Ses études l'avaient bien préparé.

Questions 16-20.

DIRECTIONS: Questions 16 through 20 are to be answered on the basis of the following passage.

L'aéroport Charles de Gaulle, ou aéroport de Roissy, n'a cessé de s'agrandir depuis sa création. Après l'aérogare I ont été ouvertes les quatre aérogares de Roissy II, réservées surtout au trafic d'Air France. Mais le bâtiment le plus spectaculaire est l'aérogare I, avec sa forme cylindrique que les architectes avaient choisie pour éviter toute longue marche aux passagers. Le voyageur peut en effet atteindre n'importe quel point de cette aérogare diriger vers les sept bâtiments satellites, également circulaires, qui sont situés autour dû bâtiment central.

Tout autour de l'étage des arrivées se trouvent les carrousels de distribution des bagages. Après avoir obtenu vos valises, vous vous présentez ensuite au contrôle de la douane. Après ce contrôle, vous avez accès au système routier où vous avez le choix de prendre votre voiture, un taxi, un autocar ou le RER qui vous mènera enfin vers Paris. Vous pouvez prendre un repas à l'un des nombreux restaurants, qui sont tous sous la direction du grand restaurant parisien Maxim"s. Les uns sont plus chers, les autres moins, selon le confort du restaurant et la qualité des menus proposés.

16. A quoi servent les nouvelles aérogares de Roissy II? 16.____

    A. Au trafic commercial
    B. Au trafic des compagnies étrangères
    C. À des compétitions aériennes
    D. Au trafic des avions d'Air France

17. Que peut remarquer le voyageur à Roissy I? 17.____

    A. La forme originale de l'aéroport
    B. L'absence d'annonces publicitaires
    C. Le nombre de contrôles auxquels il devra se soumettre
    D. Une grande confusion causée par les dimensions du bâtiment

18. Pourquoi le plan de cette aérogare avait-il été adopté? Il 18.____

    A. permettait d'éliminer de longs déplacements à pied
    B. était moins cher qu'un bâtiment traditionnel
    C. était obligatoire pour tous les aéroports français
    D. encourageait les touristes à visiter les magasins

19. Qu'est-ce qu'il faut faire avant de se présenter à la douane? 19.____

    A. Vérifier son billet de retour
    B. Passer par la salle d'attente
    C. Trouver toutes ses valises
    D. Prendre un taxi

20. Qu'est-ce qui caractérise les restaurants de l'aéroport? Ils 20.____

    A. servent surtout des repas de style américain
    B. font partie de la même compagnie
    C. sont très chers
    D. ont les mêmes menus

Questions 21-25.

DIRECTIONS: Questions 21 through 25 are to be answered on the basis of the following passage.

L'université Laval met quatre résidences à la disposition de ses étudiants des cours d'été: le pavillon Lacerte (466 chambres), le pavillon Lemieux (466 chambres), le pavillon B. Moraud (380 chambres), le pavillon Parent (996 chambres). Pour les cours d'été, le pavillon Parent est réservé aux étudiants, alors que les trois autres sont réservés aux étudiantes.

Ces résidences sont situées dans la Cité Universitaire à Saint-Foy et chacune contient des salons, des salles de lecture, d'étude, de télévision, de musique et de loisirs; un bureau de renseignements ouvert 24 heures par jour; des distributeurs automatiques de café, de sandwichs, de chocolat et de cigarettes.

Les résidences d'étudiants offrent des conditions favorables à la vie intellectuelle et sociale de l'étudiant. En plus d'une chambre très agréable, l'étudiant y trouve des occasions de se divertir. Pour être assuré d'avoir une chambre sur le campus, il faut réserver tôt en s'adressant au Directeur Général des Résidences.

L'Université Laval possède plusieurs bibliothèques: la Bibliothèque générale et des bibliothèques spécialisées en Sciences, Médecine, Sciences de l'Administration, Théologie, Agriculture, et Musique. Tous les étudiants inscrits aux cours d'été et possédant leur carte d'identité ont accès à ces bibliothèques, qui sont ouvertes de 8h 30 à 23h.

Chaque année, un certain nombre d'étudiants demandent au Secrétariat de leur trouver un emploi qui les aidera à payer les dépenses de leur séjour à Québec. L'administration a le regret de leur annoncer que c'est impossible.

21. La description des différents pavillons de résidence semble indiquer que les 2

    A. jeunes filles ont les plus belles chambres
    B. étudiantes sont plus nombreuses que les étudiants
    C. chambres ne sont pas confortables
    D. études ne sont pas très sérieuses

22. Quel est l'avantage de faire ses études à l'Université Laval? 2

    A. On peut y obtenir son diplôme sans quitter sa chambre.
    B. On y trouve tout ce dont un étudiant pourrait avoir besoin.
    C. Il y a un restaurant dans chaque bâtiment.
    D. Chaque résidence a sa propre bibliothèque.

23. Qu'est-ce qu'il faut faire pour obtenir une chambre à la Cité Universitaire? 2

    A. Avoir la recommandation d'un professeur
    B. Payer sa chambre d'avance
    C. Faire sa demande longtemps à l'avance
    D. Accepter une discipline stricte

24. Pour entrer dans les bibliothèques, il faut 2

    A. suivre un cours spécialisé
    B. avoir une chambre sur le campus
    C. s'inscrire de très bonne heure
    D. prouver qu'on est étudiant

25. Ce document indique aux étudiants que l'université refuse de 2

    A. leur trouver un emploi
    B. leur réserver une chambre
    C. les accepter à la bibliothèque
    D. mettre une secrétaire à leur disposition

KEY (CORRECT ANSWERS)

1. C
2. B
3. D
4. A
5. C

6. B
7. D
8. C
9. B
10. A

11. C
12. A
13. D
14. B
15. C

16. D
17. A
18. A
19. C
20. B

21. B
22. B
23. C
24. D
25. A

TEST 3

DIRECTIONS: Each question or incomplete statement is followed by several suggested answers or completions. Select the one that BEST answers the question or completes the statement. *PRINT THE LETTER OF THE CORRECT ANSWER IN THE SPACE AT THE RIGHT.*

Questions 1-5.

DIRECTIONS: Questions 1 through 5 are to be answered on the basis of the following passage.

Pichegru était un anachronisme: en plein vingtième siècle, il menait encore la vie du chercheur d'or du siècle dernier. Il vivait dans une cabane isolée, près d'une petite rivière, quelque part entre Whitehorse et Dawson City. L'été, il se déplaçait dans un vieille camionnette et, l'hiver, en skimobile. Il parquait les deux véhicules derrière sa cabane. Au printemps, il allait extraire du lit de la rivière de gros blocs de sable et de gravier gelés qu'il dissolvait ensuite au moyen d'un jet d'eau. Quelquefois il y trouvait de l'or, quelquefois il n'en trouvait pas. Le travail était dur et monotone, mais Pichegru se faisait ainsi une cinquantaine de dollars par jour, ce qui n'aurait pas été si mal s'il avait travaillé tout l'année; mais, décontracté par nature, il ne commençait qu'en juillet et s'arrêtait à la mi-octobre. Pourtant, ce n'était pas un imbécile, Pichegru. Il se rendait parfaitement compte que, comme conducteur de camion ou comme mécanicien, il aurait gagné deux ou trois fois plus. Seulement, il aimait son indépendance; il aimait la solitude. Il n'allait à Whitehorse que pour vendre son or et faire ses provisions.

1. Comment Pichegru vivait-il?
   Il

   A. voyageait partout dans le monde
   B. travaillait sans arrêt
   C. avait un mode de vie d'autrefois
   D. profitait de tous les conforts

2. Pichegru gagnait sa vie en

   A. travaillant pour une entreprise de transport
   B. cherchant un métal précieux
   C. faisant du skimobile
   D. cultivant la terre

3. Pichegru n'était pas très riche, parce qu'il

   A. travaillait seulement quelques mois par an
   B. n'était pas très intelligent
   C. avait une mauvaise santé
   D. ne savait rien faire

4. Pichegru aurait pu gagner plus d'argent en

   A. prenant un emploi salarié
   B. modernisant son magasin
   C. vendant sa maison
   D. passant des examens

5. Qu'est-ce qui empêchait Pichegru de changer de mode de vie? 5.____

   A. La ville était trop loin.
   B. Sa liberté lui était indispensable.
   C. Son niveau d'éducation était insuffisant.
   D. Le chômage était très répandu.

Questions 6-10.

DIRECTIONS: Questions 6 through 10 are to be answered on the basis of the following passage.

Quelque part sur les hauteurs de la chaîne des Maures, en Provence, de jeunes ingénieurs sont venus de plusieurs pays d'Europe pour construire un merveilleux vaisseau de l'air, l'un des plus grands jamais réalisés dans le monde. Ces *hippies* sont presque tous des experts scientifiques. A Cabasse, dans une ancienne mine, ils construisent, très sérieusement, un ballon dirigeable. Leur projet a enthousiasmé les industriels, et ils ont obtenu le soutien du Centre National d'Etudes Spatiales. Venus de toute l'Europe, ils travaillent autant avec leurs mains qu'avec leur tête. Ce groupe est un société sans chefs. Ils communiquent en anglais pour la conversation de tous les jours, en allemand pour la technique. Sous une apparente liberté totale, ils se soumettent à une discipline de fer et se jugent continuellement et sans pitié. Henri est chimiste; Hoffman, spécialiste de l'aéronautique, et Bothe spécialiste de la rétention de l'hélium. Pierre était ingénieur dans l'industrie automobile. Un Autrichien, lui, travaille sur la résistance des métaux. C'est un jeune Allemand qui, le premier, eut l'idée de ce projet. Ce sera, disent-ils, le plus grand dirigeable de tous les temps. Il sera renpli de 12.000 mètres cubes d'hélium et propulsé par quatre moteurs à turbine de 200 chevaux, sans polluer l'atmosphère. Les paysans du Var ont tout de suite adopté *les fous qui font le ballon.* Tous y croient. *Je ne voudrais pas mourir avant d'avoir vu voler leur machine,* a déclaré l'un d'eux.

6. Où cette communauté de jeunes s'est-elle établie? 6.____

   A. Dans un île
   B. Dans les montagnes
   C. Au bord d'un lac
   D. Dans une plaine

7. De qui se compose ce groupe? 7.____

   A. De mineurs
   B. De fermiers
   C. D'astronautes
   D. D'ingénieurs

8. De quelle langue ces jeunes se servent-ils pour leurs discussions scientifiques? 8.____

   A. De l'anglais
   B. De l'allemand
   C. Du français
   D. Du russe

9. Qu'est-ce qu'ils sont en train de construire? 9.____

   A. Une fusée interplanétaire
   B. Une voiture électrique
   C. Une machine volante
   D. Un hélicoptère industriel

10. Quelle est l'attitude des habitants de la région vis-à-vis de ce groupe de jeunes? 10
Ils

A. participent activement au projet
B. one confiance en eux
C. ont peur d'eux
D. leur sont indifférents

Questions 11-15.

DIRECTIONS: Questions 11 through 15 are to be answered on the basis of the following passage.

La France a adopté une loi qui élimine *le franglais* de la publicité française. Le franglais, c'est, bien sûr, l'emploi des mots anglais dans la langue française. Aussitôt après la publication de cette loi, la presse de Londres l'a jugée inutile. La presse anglaise estime en effet que la loi ne changera rien car on ne peut pas empêcher, par un acte d'autorité, l'emploi des mots nouveaux dont un peuple a besoin pour s'exprimer. Les Anglais estiment que, s'ils refusent l'importation des mots étrangers, les Français auront des difficultés, surtout dans les domaines de la science et de l'économie.

Par contre, le français se porte très bien dans le langage des Britanniques, où on trouve des mots tels que: *chic, boutique.*, *cafê, de luxe,* etc. Même le journal TIMES utilise l'expression *Pour la femme* dans les messages publicitaires des boutiques de mode ou des vendeurs de parfums. De plus, la langue française reste celle que les Anglais étudient le plus souvent après leur langue maternelle. Ni l'espagnol ni l'allemand ne disputent sa suprématie.

Les Britanniques ne montrent aucune crainte pour l'avenir et la pureté de leur langue. L'anglais est par nature une langue *ouverte*, qui a absorbé une quantité de mots étrangers. Le français lui a fourni un nombre très important de mots et d'expressions. Il n'existe pas en Angleterre d'organisation comparable à l'Académie Française, qui est chargée de garder la pureté du français.

11. Une nouvelle loi a été adoptée dans le but 1

A. d'encourager l'entrée des mots étrangers en France
B. de favoriser plus de publicité française dans les journaux anglais
C. de décorager l'usage de l'anglais dans les publicités françaises
D. de pousser les Français à lire la presse anglaise

12. Quelle est l'opinion de la presse anglaise à propos de cette loi? 1
Elle

A. sera très facile à appliquer
B. est nécessaire pour préserver la pureté du français
C. favorise le commerce français
D. va poser des problèmes d'expression aux Français

13. Qu'est-ce qui caractérise la langue britannique? 1
Elle

A. refuse l'entrée du français dans son vocabulaire
B. n'adopte pas les mots français

C. utilise beaucoup d'expressions étrangères
D. est très conservatrice et ne change pas

14. Quelle est la langue étrangère la plus fréquemment étudiée par les Anglais? 14.____

A. L'espagnol
B. L'allemand
C. Le russe
D. Le français

15. Quelle est l'attitude des Britanniques envers l'adoption de riots étrangers? 15.____
Cela

A. leur fait très peur
B. ne pose pas de problèmes
C. ruine la beauté de l'anglais
D. sera terminé dans quelques années

Questions 16-20.

DIRECTIONS: Questions 16 through 20 are to be answered on the basis of the following passage.

Paris, ce n'est pas seulement le Paris des touristes, c'est aussi une ville où vivent et travaillent 8 millions de personnes. Cependant, il est difficile d'y vivre. On construit de grandes tours dans le centre de Paris, mais elles sont destinées à des bureaux commerciaux ou à des hôtels. Comme les appartements sont de plus en plus chers et de plus en plus rares dans le centre de Paris, beaucoup de gens habitent en banlieue, à l'extérieur de la ville. Les banlieusards ont besoin de plusieurs heures chaque jour pour se rendre à leur travail dans le centre de Paris et ils ont à faire face à beaucoup de problèmes: les embouteillages, les conséquences des infractions au code de la route, l'impatience au volant d'une voiture, les accidents. Quelquefois, ils ne retrouvent pas leur voiture là où ils l'avaient laissée: c'est la police qui l'a emmenée. Ils doivent alors aller la chercher dans un garage de la police sur les bords de la Seine. D'autres prennent le métro, par choix ou par obligation. Souvent, après deux heures de métro, il faut encore prendre l'autobus et l'attendre longtemps dans le froid et dans les courants d'air. Pour ceux qui habitent en banlieue, le moyen de transport le plus rapide, c'est encore le train. Mais avez-vous déjà vu l'arrivée d'un train de banlieue, à la gare Saint-Lazare ou à la gare de Lyon, à 8 heures du matin?

Pour fuir l'agitation de la capitale, les travaux, le bruit, la pollution, 1'énervement, le Parisien n'a trouvé qu'un remède: partir. Partir pour retrouver sa maison de compagne ou son petit pavillon de banlieue. Là, il retrouvera la nature, les joies simples et les contacts humains.

16. Pourquoi est-il difficile de trouver un logement dans le centre de Paris? 16.____
Les

A. appartements sont peu nombreux et leurs loyers sont très élevés
B. étrangers occupent tous les hôtels de la ville
C. nouveaux bâtiments construits à Paris appartiennent aux ministères
D. Parisiens refusent d'habiter dans les tours

17. Quel est le plus gros problème des banlieusards?
Ils

  A. mettent trop de temps pour aller au travail
  B. ne peuvent pas trouver de taxi
  C. doivent garer leur voiture près de la Seine
  D. paient trop cher pour les transports

18. Quel est le meilleur moyen de transport pour ceux qui habitent en banlieue?

  A. Le métro   B. La voiture
  C. Le train   D. L'autobus

19. Pourquoi est-ce qu'on ne retrouve pas toujours sa voiture où on l'a laissée?

  A. Les zones de stationnement changent tous les jours.
  B. Il y a beaucoup de voleurs de voitures.
  C. La police enlève les voitures mal garées.
  D. On s'énerve et on oublie où on l'a mise.

20. Pourquoi beaucoup de Parisiens ont-ils quitté la ville?
Ils

  A. adorent conduire leur voiture
  B. veulent une vie plus tranquille
  C. ne trouvent plus de travail à Paris
  D. essayent de guérir leurs maladies

Questions 21-25.

DIRECTIONS: Questions 21 through 25 are to be answered on the basis of the following passage.

La forêt de Fontainebleau a toujours eu beaucoup d'amis. Son charme, fait de diversité, est très mal connu des automobilistes du dimanche qui campent bêtement au bord des routes. Un metteur en scène de cinéma déclarait pouvoir trouver dans la forêt le décor de tous ses films: le Far-West, le Canada ou la Camargue. Les naturalistes n'ont pas encore terminé l'inventaire d'une flore dont certaines variétés existent seulement dans cette forêt. Mais lorsque Paris est devenu une métropole monstrueuse, de nouveaux mérites sont venus s'ajouter aux attraits touristiques de la forêt. A moins de 50 kilomètres de Paris, cette immense forêt constitue une véritable réserve d'oxygène pour les habitants de la capitale. Beaucoup d'autres capitales envient à Paris ses espaces verts, dont le massif de Fontainebleau est l'élément le plus important. La question se pose aujourd'hui de savoir si sa beauté et son utilité pourront être préservées face à la lente invasion des constructeurs et des industriels. Ceux-ci n'y voient souvent qu'une réserve de terrains à proximité d'une ville de plusieurs millions d'habitants. Leurs attaques sur la forêt se sont précisées et multipliées. L'armée y a depuis longtemps installé ses champs de manoeuvre: les pétroliers y ont planté leurs pompes; le prolongement de l'autoroute sud de Paris a détruit la partie ouest, et à l'est, le développement industriel de la Haute-Seine risque de détériorer cette région. Prise isolément, chacune de ces menaces peut sembler négligeable. Bien sûr, d'excellentes raisons techniques ou économiques peuvent les justifier, mais la forêt doit rester ce qu'elle est: la source d'oxygène d'une capitale surchargée.

21. Qu'est-ce qui fait le charme de la forêt de Fontainebleau? 21.____

    A. Le nombre des gens qui s'y promènent
    B. Les résidences d'artistes de cinéma
    C. La grande variété de ses paysages
    D. La richesse de son sous-sol

22. Est-ce que la forêt de Fontainebleau est facile d'accès pour les Parisiens? 22.____
    IKs)

    A. y vont souvent à pied quand ils ont le temps
    B. peuvent facilement aller y passer la journée en voiture
    C. leur faut au moins deux jours pour y aller par le train
    D. faut obtenir la permission des autorités militaires

23. Qu'est-ce que la forêt fournit aux Parisiens? 23.____

    A. De l'air pur
    B. De nombreux produits d'exportation
    C. Une réserve de chasse
    D. Le bois nécessaire à la construction de leurs maisons

24. Quel danger menace la forêt? 24.____

    A. L'air y est très pollué.
    B. Il y a trop de touristes qui la visitent.
    C. Les industries commencent à l'envahir.
    D. Un parasite attaque les arbres.

25. Pourquoi faut-il préserver la forêt de Fontainebleau? 25.____
    Elle

    A. est essentielle à l'industrie cinématographique
    B. contient des animaux extrêmement rares
    C. va permettre une grande expansion industrielle
    D. a une grande valeur écologique

KEY (CORRECT ANSWERS)

1. C
2. B
3. A
4. A
5. B

6. B
7. D
8. B
9. C
10. B

11. C
12. D
13. C
14. D
15. B

16. A
17. A
18. C
19. C
20. B

21. C
22. B
23. A
24. C
25. D

ANSWER SHEET

NO. ______________ PART ______ TITLE OF POSITION ______________________________
(AS GIVEN IN EXAMINATION ANNOUNCEMENT - INCLUDE OPTION, IF ANY)

OF EXAMINATION ______________________________ ______________ DATE ______________
(CITY OR TOWN) (STATE)

RATING

USE THE SPECIAL PENCIL. MAKE GLOSSY BLACK MARKS.

1 A B C D E	26 A B C D E	51 A B C D E	76 A B C D E	101 A B C D E
2 A B C D E	27 A B C D E	52 A B C D E	77 A B C D E	102 A B C D E
3 A B C D E	28 A B C D E	53 A B C D E	78 A B C D E	103 A B C D E
4 A B C D E	29 A B C D E	54 A B C D E	79 A B C D E	104 A B C D E
5 A B C D E	30 A B C D E	55 A B C D E	80 A B C D E	105 A B C D E
6 A B C D E	31 A B C D E	56 A B C D E	81 A B C D E	106 A B C D E
7 A B C D E	32 A B C D E	57 A B C D E	82 A B C D E	107 A B C D E
8 A B C D E	33 A B C D E	58 A B C D E	83 A B C D E	108 A B C D E
9 A B C D E	34 A B C D E	59 A B C D E	84 A B C D E	109 A B C D E
10 A B C D E	35 A B C D E	60 A B C D E	85 A B C D E	110 A B C D E

Make only ONE mark for each answer. Additional and stray marks may be counted as mistakes. In making corrections, erase errors COMPLETELY.

11 A B C D E	36 A B C D E	61 A B C D E	86 A B C D E	111 A B C D E
12 A B C D E	37 A B C D E	62 A B C D E	87 A B C D E	112 A B C D E
13 A B C D E	38 A B C D E	63 A B C D E	88 A B C D E	113 A B C D E
14 A B C D E	39 A B C D E	64 A B C D E	89 A B C D E	114 A B C D E
15 A B C D E	40 A B C D E	65 A B C D E	90 A B C D E	115 A B C D E
16 A B C D E	41 A B C D E	66 A B C D E	91 A B C D E	116 A B C D E
17 A B C D E	42 A B C D E	67 A B C D E	92 A B C D E	117 A B C D E
18 A B C D E	43 A B C D E	68 A B C D E	93 A B C D E	118 A B C D E
19 A B C D E	44 A B C D E	69 A B C D E	94 A B C D E	119 A B C D E
20 A B C D E	45 A B C D E	70 A B C D E	95 A B C D E	120 A B C D E
21 A B C D E	46 A B C D E	71 A B C D E	96 A B C D E	121 A B C D E
22 A B C D E	47 A B C D E	72 A B C D E	97 A B C D E	122 A B C D E
23 A B C D E	48 A B C D E	73 A B C D E	98 A B C D E	123 A B C D E
24 A B C D E	49 A B C D E	74 A B C D E	99 A B C D E	124 A B C D E
25 A B C D E	50 A B C D E	75 A B C D E	100 A B C D E	125 A B C D E

ANSWER SHEET

TEST NO. ______________ PART ______ TITLE OF POSITION ______________________________
(AS GIVEN IN EXAMINATION ANNOUNCEMENT - INCLUDE OPTION, IF ANY)

PLACE OF EXAMINATION ______________________________ DATE ______
(CITY OR TOWN) (STATE)

RATING

USE THE SPECIAL PENCIL. MAKE GLOSSY BLACK MARKS.

1 A B C D E	26 A B C D E	51 A B C D E	76 A B C D E	101 A B C D
2 A B C D E	27 A B C D E	52 A B C D E	77 A B C D E	102 A B C D
3 A B C D E	28 A B C D E	53 A B C D E	78 A B C D E	103 A B C D
4 A B C D E	29 A B C D E	54 A B C D E	79 A B C D E	104 A B C D
5 A B C D E	30 A B C D E	55 A B C D E	80 A B C D E	105 A B C D
6 A B C D E	31 A B C D E	56 A B C D E	81 A B C D E	106 A B C D
7 A B C D E	32 A B C D E	57 A B C D E	82 A B C D E	107 A B C D
8 A B C D E	33 A B C D E	58 A B C D E	83 A B C D E	108 A B C D
9 A B C D E	34 A B C D E	59 A B C D E	84 A B C D E	109 A B C D
10 A B C D E	35 A B C D E	60 A B C D E	85 A B C D E	110 A B C D

Make only ONE mark for each answer. Additional and stray marks may be counted as mistakes. In making corrections, erase errors COMPLETELY.

11 A B C D E	36 A B C D E	61 A B C D E	86 A B C D E	111 A B C D
12 A B C D E	37 A B C D E	62 A B C D E	87 A B C D E	112 A B C D
13 A B C D E	38 A B C D E	63 A B C D E	88 A B C D E	113 A B C D
14 A B C D E	39 A B C D E	64 A B C D E	89 A B C D E	114 A B C D
15 A B C D E	40 A B C D E	65 A B C D E	90 A B C D E	115 A B C D
16 A B C D E	41 A B C D E	66 A B C D E	91 A B C D E	116 A B C D
17 A B C D E	42 A B C D E	67 A B C D E	92 A B C D E	117 A B C D
18 A B C D E	43 A B C D E	68 A B C D E	93 A B C D E	118 A B C D
19 A B C D E	44 A B C D E	69 A B C D E	94 A B C D E	119 A B C D
20 A B C D E	45 A B C D E	70 A B C D E	95 A B C D E	120 A B C D
21 A B C D E	46 A B C D E	71 A B C D E	96 A B C D E	121 A B C D
22 A B C D E	47 A B C D E	72 A B C D E	97 A B C D E	122 A B C D
23 A B C D E	48 A B C D E	73 A B C D E	98 A B C D E	123 A B C D
24 A B C D E	49 A B C D E	74 A B C D E	99 A B C D E	124 A B C D
25 A B C D E	50 A B C D E	75 A B C D E	100 A B C D E	125 A B C D